CHRISTINE SCHIRRMACHER
URSULA SPULER-STEGEMANN

Frauen und die Scharia

Buch

Die Scharia, das islamische Gesetz, zielt auf ein ideales Gesetz Gottes und pocht auf strikte Einheit von Staat und Religion. Unter Berufung auf das islamische Erb-, Ehe- und Zeugenrecht enthalten Politiker, Juristen, Theologen und männliche Familienmitglieder den Frauen grundlegende Rechte vor und schreiben ihre untergeordnete Rolle in Familie und Gesellschaft fest. Die Frauen werden zwar als religiös gleichwertig, niemals aber als rechtlich gleichberechtigt angesehen.

Mit wenigen Ausnahmen ist die Scharia in allen islamischen Ländern, aber auch in Teilen von Afrika und Südostasien eine wesentliche oder sogar die einzige Grundlage des Personenstandrechts und damit der Rechtsprechung in Zivilprozessen. Eine zivile, von religiösen Normen abgekoppelte Rechtsprechung in Ehe- und Familienangelegenheiten existiert dort faktisch nicht. Einzig die Türkei schaffte die Scharia als Gesetzesgrundlage ab und richtete 1926 ihre Ehe- und Familiengesetzgebung am Schweizerischen Zivilgesetzbuch aus. Doch auch in westlichen Staaten wie Deutschland beziehen sich heute immer mehr Gerichte in ihren Urteilen auf die Scharia. Christine Schirrmacher und Ursula Spuler-Stegemann zeigen die Anwendung der Scharia in den islamischen Ländern und den Diaspora-Gemeinden der Welt und richten den Blick auf mutige Frauen, die sich gegen ihre Benachteiligung durch das islamische Recht wehren.

Autorinnen

Christine Schirrmacher, geboren 1963, ist wissenschaftliche Leiterin des deutschen Instituts für Islamfragen in Bonn. Sie studierte Islamwissenschaft (Arabisch, Persisch, Türkisch), Geschichte und Vergleichende Religionswissenschaft. Ihre Forschungen führten Christine Schirrmacher in viele islamische Länder. Sie hat bereits mehrere Bücher zum Islam veröffentlicht.

Ursula Spuler-Stegemann, geboren 1939, lehrt als Professorin an der Philipps-Universität Marburg Islamwissenschaft, Religionsgeschichte und Türkisch. Sie studierte Orientalistik, Semitistik (u.a. Arabisch, Persisch und Türkisch), Vergleichende Religionswissenschaft und Germanistik. Seit mehr als dreißig Jahren arbeitet sie schwerpunktmäßig zum Islam der Gegenwart und forschte in vielen islamischen Ländern. Sie ist Autorin und Herausgeberin zahlreicher Publikationen.

Christine Schirrmacher
Ursula Spuler-Stegemann

Frauen und die Scharia

Die Menschenrechte im Islam

GOLDMANN

Editorische Notiz

Aus Gründen der besseren Lesbarkeit werden alle Zitate in der neuen Rechtschreibung wiedergegeben. Fremdsprachige Bezeichnungen sind klein und kursiv gesetzt; wenn nicht anders angegeben handelt es sich um arabische Begriffe. Auf diakritische Zeichen wurde verzichtet.

FSC
Mix
Produktgruppe aus vorbildlich bewirtschafteten Wäldern und anderen kontrollierten Herkünften

Zert.-Nr. SGS-COC-1940
www.fsc.org

Verlagsgruppe Random House FSC-DEU-0100
Das FSC-zertifizierte Papier *München Super* für Taschenbücher aus dem Goldmann Verlag liefert Mochenwangen Papier.

1. Auflage
Taschenbuchausgabe Juni 2006
Wilhelm Goldmann Verlag, München,
in der Verlagsgruppe Random House GmbH

Umschlaggestaltung: Design Team München
Umschlagfoto: Corbis/Howard (AAHV001866)
Satz: IBV Satz- und Datentechnik GmbH, Berlin
Druck und Bindung: GGP Media GmbH, Pößneck
Printed in Germany
ISBN 10: 3-442-15388-3
ISBN 13: 978-3-442-15388-6

www.goldmann-verlag.de

Inhalt

Frauen unter der Scharia

(Christine Schirrmacher)

Lebenswirklichkeiten zwischen Tradition und Aufbegehren

(Ursula Spuler-Stegemann)

Frauen unter der Scharia

Christine Schirrmacher

Einleitung

In einer Zeit, in der die islamische und die westliche Welt durch die Migration vieler Muslime in den Westen sowie durch die allgegenwärtigen Medien einander näher gekommen sind als je zuvor in der Geschichte, scheinen sich beide Welten noch immer konträr und größtenteils verständnislos gegenüberzustehen. Ein Grund für die Verständnislosigkeit ist mit Sicherheit das noch immer fehlende Wissen über »den anderen«, beispielsweise um die rechtliche Stellung der Frau im Islam. Dabei prägt nichts stärker die Stellung der muslimischen Frau als die rechtlichen Vorgaben zum Eherecht aus der Scharia, dem islamischen Gesetz.

Familien- und Erbrecht bilden den Kernpunkt des islamischen Gesetzes, der Scharia. Mit wenigen Ausnahmen ist die Scharia in allen islamischen Ländern, aber auch in Teilen von Afrika und Südostasien eine wesentliche oder sogar die einzige Grundlage des Personenstandsrechts und damit der Rechtsprechung in Zivilprozessen. Das bedeutet, dass eine »zivile«, von religiösen Normen abgekoppelte Rechtsprechung in Ehe- und Familienangelegenheiten nicht existiert. Einzig die Türkei schaffte die Scharia als Gesetzesgrundlage ab und richtete im Zuge der Gründung der Türkischen Republik unter Kemal Atatürk die Ehe- und Familiengesetzgebung 1926 am Schweizerischen Zivilgesetzbuch aus. Das schließt nicht aus, dass vor allem im ländlichen Bereich gewisse Parallelstrukturen bestehen blieben und die nach türkischem Recht prinzipiell verbotene Mehrehe als »Imamehe« vor einem religiösen Würdenträger bis heute geschlossen werden kann.

In den übrigen Teilen der islamischen Welt wird die ungebrochene Gültigkeit der Schariagebote jedoch insbesondere in der Ehe- und Familiengesetzgebung weder von maßgeblichen theologischen Autoritäten noch von der Bevölkerung infrage gestellt. Aufgrund der Tatsache, dass in den islamischen Kernländern keine Aufklärung im europäischen Sinn stattgefunden hat und keine von religiösen oder staatlichen Lehrinstitutionen formulierte Religionskritik existiert, geht es im Hinblick auf die Scharia im Wesentlichen um Auslegungsfragen. Es geht nicht um Erwägungen, *ob* die Scharia Gültigkeit besitzt oder darum, grundlegende Abstriche an der Autorität des – nach muslimischer Auffassung ewigen, göttlichen Gesetzes – zu machen. Mit der grundlegenden Anerkennung der ungebrochenen Gültigkeit der Schariabestimmungen für die Moderne sind die entscheidenden Leitlinien für den Bereich des Ehe- und Familienrechts vorgegeben, die nicht beliebig weit interpretierbar sind.

Obwohl die Scharia insbesondere den Bewegungs- und Entscheidungsspielraum für Frauen definiert, gestaltet sich ihre Situation in den einzelnen Ländern durchaus unterschiedlich. Während einige Länder die Position der Frau vor allem im Scheidungs- und Kindschaftssorgerecht verbessert haben, verfügen andere noch über kein kodifiziertes Familiengesetzbuch. Wo das der Fall ist – wie in einigen Golfstaaten – bleiben Frauen kaum gerichtlich einklagbare Eherechte und der Entscheidungsgewalt des Familienrichters weiter Spielraum. Mit der zu weiten Teilen unstrittigen Anerkennung der Scharia, normative Gesetzgebung für die Moderne, ja das einzige System auf Erden zu sein, das Mann und Frau zu Freiheit, Gerechtigkeit und Würde verhilft, orientieren sich allerdings auch diejenigen Staaten an den normativen Koran- und Überlieferungstexten sowie deren Auslegung durch maßgebliche Theologen, die Abstriche an ihrer »strengen« Auslegung machen.

Bei der Begründung für die Beschränkung der Frauenrechte in der islamischen Welt geht es jedoch nicht nur um das Thema Religion. Auch tief verwurzelte kulturelle Normen, die mit religiösen Werten eng verflochten sind, machen es Frauen häufig schwer oder unmöglich, unter einer Vielzahl von Lebensperspektiven für ihren beruflichen wie privaten Alltag frei wählen zu können. So verhindern nicht selten dort, wo der Islam Freiräume gewähren würde (zum Beispiel empfiehlt die islamische Überlieferung Männern wie Frauen den Erwerb von Wissen und Bildung), die nahöstlichen Vorstellungen von ehrbarem Verhalten für Frauen den höheren Schul- oder Universitätsbesuch. Sofern mit dem Unterricht nämlich lange Wege oder der Kontakt zu nichtverwandten männlichen Lehrern, Dozenten oder Mitstudenten verbunden ist, wird der Schulbesuch in vielen Fällen vorzeitig enden bzw. ein Universitätsstudium auch dort nicht erwogen werden, wo die ökonomischen Möglichkeiten vorhanden wären. Das kulturell-religiös begründete Prinzip der Geschlechtersegregation und die unbedingte Notwendigkeit zur Wahrung des guten Rufes für die junge Frau wiegen nach allgemeiner Auffassung weitaus schwerer als der Nutzen des Bildungserwerbs, zumal das Selbstbestimmungsrecht des Einzelnen in aller Regel Familien- und Gesellschaftsinteressen nachgeordnet wird. Dennoch haben sich die Bildungs- und Berufschancen für Frauen in islamischen Ländern in den letzten Jahrzehnten deutlich verbessert, vor allem im städtischen Bereich.

Während nach westlicher Auffassung die Unterdrückung der Frau im Islam vor allen Dingen an Äußerlichkeiten wie dem Kopftuch festgemacht wird, finden die wirklichen Benachteiligungen von Frauen in islamischen Ländern an ganz anderer Stelle statt: Während das Kopftuch nach allgemeiner Auffassung weder einen Universitätsbesuch noch eine Berufstätigkeit verbietet und Kopftuchträgerinnen nicht selten sehr gebildete und selbstbewusste Musliminnen sind, finden die eigentlichen Benachteiligungen muslimischer Frauen im rechtlichen Bereich statt. Die Darstellung dieser rechtlichen Bestimmungen nach Koran und Überlieferung, die Auslegung maßgeblicher Theologen in Vergangenheit und

Gegenwart sowie die Anwendung dieser Bestimmungen in verschiedenen islamischen Ländern sind Thema dieses Buches.

Etliche islamische Länder haben in den letzten Jahrzehnten gesetzliche Veränderungen im Familienrecht vorgenommen, die eine Besserstellung der Frau mitbedingen. So geht die Tendenz in vielen islamischen Ländern zu einer gesetzlichen Heraufsetzung des Mindestheiratsalters (anstelle der früher weit verbreiteten Verheiratung der Tochter mit Eintritt der Pubertät) und zu der vermehrten staatlichen Registrierung der Eheschließungen (anstelle des herkömmlichen, nicht öffentlichen Vertragsschlusses zwischen zwei Familien). Die Tendenz geht auch zu einer Beschränkung der Polygamie durch die Erfordernis einer richterlichen Genehmigung (anstelle der zuvor dem Einzelnen überlassenen mehrfachen Eheschließung) und zur Auflage eines Versöhnungsversuches vor der Gewährung der gerichtlichen Scheidung (anstelle des traditionellen Scheidungsverfahrens, des formlosen dreimaligen Aussprechens der Scheidungsformel »›Ich verstoße dich‹ durch den Ehemann). Auch die Erweiterung der gerichtlich anerkannten Scheidungsgründe bei Klageerhebung durch die Frau (anstelle der nach traditioneller Auffassung für die Frau kaum möglichen Scheidung) ist in vielen Ländern auszumachen sowie eine prinzipielle Verbesserung der Kindschaftssorgeregelung, die die Mutter nach einer Scheidung nicht mehr grundsätzlich von der Erziehung und dem Kontakt zu ihren Kindern ausschließt (anstelle der alleinigen Wahrnehmung der Erziehung durch den Vater ab dem Alter von sieben Jahren für Jungen bzw. neun Jahren für Mädchen).

In anderen islamischen Staaten scheint eine umgekehrte Entwicklung im Gange zu sein: In der Rückbesinnung auf den Islam und seine Rechtsprinzipien wird eine »Reinigung« der Gesetzgebung von europäischen Rechtselementen ebenso proklamiert wie die vollständige Einführung der Scharia. In den letzten Jahren sind in Ländern wie Nigeria, dem Iran oder dem Sudan Schauprozesse, insbesondere wegen Ehebruch, geführt worden, um die zuvor proklamierte Wiedereinführung der Scharia zu demonstrieren. Selbstverständlich spielen hier nicht nur religiöse, sondern auch vielschichtige gesellschaftliche wie politische Gründe eine Rolle. Nicht immer ging es offensichtlich darum, einen schariakonformen Prozess zu führen – der beipielsweise den männlichen Teil hätte ebenso schuldig sprechen müssen wie den weiblichen –, sondern wohl eher darum, an einer Angehörigen einer rechtlosen Minderheit oder unterprivilegierten Schicht vor der Weltöffentlichkeit ein Exempel zu statuieren, dessen wahre Beweggründe nur vermutet werden können.

Trotz mancher Bestrebungen zur Verbesserung der Stellung der Frau allerdings wird auch in modernen islamischen Gesellschaften die Höherordnung des Mannes und seine rechtliche Bevorzugung vor der Frau als Fundament der islamischen Ehe- und Familienordnung nicht hinterfragt. Riffat Hassan ist Recht zu geben, dass »Muslime es im Allgemeinen als anerkannte Wahrheit betrachten, dass Frauen Männern nicht ebenbürtig sind.«[1] Diese Höherordnung des Mannes wird ursächlich aus dem Koran abgeleitet, insbesondere aus Versen wie Sure 4,34: »Die Männer stehen über den Frauen, weil Gott sie bevorzugt hat und wegen der Ausgaben, die sie von ihrem Vermögen gemacht haben. Darum sind tugendhafte Frauen die Gehorsamen« (Sure 4,34) oder: »Die Männer stehen eine Stufe über ihnen« (Sure 2,228). Diese Verse sind – bei mancher Vieldeutigkeit anderer Koranverse und Themen – vergleichsweise unzweifelhaft in ihrer Aussage. Sie werden bei gleichzeitiger Akzeptanz der Scharia als Gottesgesetz vorwiegend konservativ ausgelegt und im rechtlichen Bereich durch eine juristische Bevorzugung des Mannes umgesetzt. Muslimische Theologen kommentieren diese Verse: »Männer und Frauen haben als Menschen nicht denselben Wert«[2], und der berühmte Koranausleger Ibn Kathir erläutert zu Sure 4,34: »Männer sind Frauen überlegen, und ein Mann ist besser als eine Frau.«[3] Ebenso urteilt al-Razi, einer der berühmtesten islamischen Theologen: »Der Mann ist besser als die Frau.«[4] Zwar sind manche zeitgenössischen Theologen der Auffassung, dass sich diese Überordnung des Mannes nur auf seine Aufgaben als Verteidiger und Versorger der Familie bezöge – also eine rein funktionale sei – und diese koranischen Aussagen in keiner Weise bedeuteten, dass Frauen von geringerem Wert seien als Männer oder aber in ihrer religiösen und gesellschaftlichen Stellung weder in moralischer noch intellektueller Hinsicht unter dem Mann stünden.[5] Nein, Frauen seien Männern ebenbürtig; zwar hätten Theologen und Juristen diese Unterlegenheit immer wieder aus dem Korantext herauslesen wollen, aber »das offenbart mehr über die Vorurteile der Männer als darüber, wie Gott es geplant hatte.«[6] Auch der muslimische Ehevertrag sei ein Vertrag zwischen zwei ebenbürtigen Partnern, nicht zwischen einem privilegierten und einem benachteiligten Part.[7] Insgesamt muss diese Position jedoch bisher als Außenseiterposition beurteilt werden, und zwar sowohl, was die ihr zugrunde liegende Koranauslegung betrifft als auch in Bezug auf die tatsächliche gesellschaftliche Stellung der Frau in der islamischen Welt.

Im Allgemeinen begründen muslimische Theologen mit den Suren 4,34 und 2,228 die beiden nicht hinterfragbaren Grundkomponenten islamischer Eheverträge: Die Unterhaltspflicht des Ehemannes gegenüber seiner Frau und Familie (»Ausgaben … von ihrem Vermögen«) und die Gehorsamspflicht der Ehefrau (»Frauen sind … die Gehorsamen«). Auch zahlreiche, auf Muhammad selbst zurückgehende Überlieferungen sprechen von der Verpflichtung des Ehemannes, seine Ehefrau(en) zu unterhalten[8], sowie vom Gehorsam der Frau ihrem Mann gegenüber.

Dabei steht der Entscheidungsbefugnis des Mannes – besonders in Bezug auf den außerhäuslichen Bereich wie den Wohnort, den Schulbesuch oder eine mögliche Berufstätigkeit der Frau – die Gehorsamspflicht seiner Frau gegenüber, die ganz grundsätzlich gilt, sich aber nach Auffassung der muslimischen Theologie auch ganz besonders auf den sexuellen Bereich bezieht. Mit Abschluss des Ehevertrages – gewissermaßen der Zusicherung der Versorgung der Frau – erwirbt der Mann das Recht auf die sexuelle Verfügbarkeit seiner Frau nach seinem Gutdünken.

Verletzt einer der Ehepartner diese Grundkomponenten des Unterhalts und Gehorsams – beispielsweise indem sich der Ehemann über Jahre im Ausland aufhält und die Frau finanziell nicht versorgt oder die Ehefrau gegen das Gehorsamsprinzip verstößt –, ist nach islamischem Eherecht prinzipiell die Berechtigung zur Scheidung gegeben. Trotz gesetzlicher Vorgaben, die die Scheidung für den Ehemann erschweren, bleibt sie für ihn eine recht unkomplizierte Angelegenheit. Die Ehefrau muss in jedem Fall einen Gerichtsprozess in Gang setzen, um in einigen, eng definierten Fällen eine Scheidung erwirken zu können. Sie benötigt in viel stärkerem Maße als ihr Ehemann die Unterstützung ihrer Familie. Als schwächerer Part ist sie erheblich leichter möglichen Erpressungsversuchen ihres Mannes ausgesetzt (zum Beispiel durch Kindesentzug) wie auch der Schande der Scheidung, die in der Regel der Frau zugeschrieben wird, ganz abgesehen von der materiellen Unsicherheit, in der eine Scheidung sie zurücklassen wird.

Die westliche Auffassung von der Unterdrückung der Frau durch den Islam wird von Muslimen – auch von muslimischen Frauen – dennoch nur selten geteilt. Die Höherordnung des Mannes ist aus muslimischer Sicht durchaus mit dem Prinzip der im Islam herrschenden »Geschlechtergerechtigkeit« vereinbar, die der Frau Würde, Ansehen und Ehre verleiht: Die Frau sei zwar gleichwertig, aber nicht gleichartig geschaffen. Die Unterschiedlichkeit von Mann und Frau käme in ihrer unterschiedlichen Aufgabenwahrnehmung zum Ausdruck, die bereits durch Schwangerschaft und Geburt vorgegeben sei. Von dieser Warte ausgehend sei es nur natürlich, der Frau den innerhäuslichen, dem Mann den außerhäuslichen Bereich zuzuweisen. Wer mehr Verantwortung trage, besäße auch vermehrte Rechte und Entscheidungsbefugnisse. Die islamischen Ehegesetze dienten daher keinesfalls der Unterdrückung, sondern vielmehr dem Schutz der Frau – so die muslimische Apologetik – wenn ihr etwa in einem Strafrechtsprozess nicht zugemutet würde, durch ihre Aussage über Tod oder Leben eines Angeklagten entscheiden zu müssen, da sich aus ihren biologischen Gegebenheiten größere emotionale Schwankungen ergäben und sie sich unter zu großem Druck befände, in so einer Situation rational urteilen zu müssen und einen Angeklagten unter Umständen in den Tod zu schicken.

Selbstverständlich fordern islamische Frauenbewegungen, die in allen islamischen Ländern existieren, seit Jahrzehnten vermehrte Rechte für Frauen ein. Dies geschieht jedoch nicht, indem der Islam als Ursache der Benachteiligung von Frauen gebrandmarkt und eine Abschaffung der mit dem Islam begründeten gesellschaftlichen Normen gefordert würde. Im Gegenteil: Frauenrechtlerinnen sind in aller Regel davon überzeugt, dass der Islam – wenn er nur seiner ursprünglichen Intention entsprechend verstanden und gelebt würde – der Frau volle Rechte zubilligte und sie in einer von wahrhaft islamischen Prinzipien bestimmten Gesellschaft geachtet und zufrieden leben könne. Daher fordern Frauenrechtlerinnen muslimischer Länder in der Regel nicht die Abschaffung der Scharia oder eine Säkularisierung der Gesetzgebung, sondern lediglich die Rückkehr zum »eigentlichen« Islam – wobei in aller Regel eingeräumt wird, dass es derzeit kein Land gäbe, in dem dieser Ur-Islam in die Praxis umgesetzt wird.

Und umgekehrt gilt: Auch diejenigen Länder, die Teile oder die Gesamtheit der Scharia per Gesetz außer Kraft gesetzt haben, wie es Tunesien durch das gesetzlich verankerte Verbot der Polygamie durch den Erlass des »Code du Statut Personnel« (CSP) im Jahr 1956 tat, begründen ihre Gesetzesreformen nicht damit, die Gültigkeit des Islam und seiner Gesetzgebung zu unterlaufen, sondern damit, den wahren Islam wiederherstellen zu wollen. So erläuterte der tunesische Präsident Habib Bourgiba im Jahr 1956 die Abschaffung der Polygamie mit den Worten: »Ideen, die immer noch verbreitet sind, schockieren heute die Menschheit, wie die Polygamie ... Die Polygamie ist im 20. Jahrhundert unannehmbar ... [sie] war vom Islam nicht gewollt.«[9]

Gerade dort, wo in der Ehe- und Familiengesetzgebung am islamischen Gesetz Abstriche gemacht wurden, geschah dies stets unter Loyalitätsbezeugungen an die Scharia und unter Betonung, dass durch die anvisierten Maßnahmen der »eigentliche« Islam durchgesetzt werde. Um die Darstellung dieses »eigentlichen« Islam geht es in diesem Buch. Dass er Frauen allerdings mehr Rechte und Freiheiten bringt – diesen Beweis ist er bisher schuldig geblieben.

Die Scharia – Gesetz des Mittelalters oder der Moderne?

Ist die Scharia ein Relikt aus der Vergangenheit, aus »dem finsteren Mittelalter«, unveränderbar, rückwärtsgewandt, erstarrt; ein System, das Frauen zu wehrlosen Opfern degradiert? Gibt es unter Beibehaltung der Scharianormen Mittel und Wege, die Stellung der Frau zu verbessern und die rechtliche Besserstellung des Mannes zu begrenzen?

Teils ja, teils nein. Ja, die Scharia entspringt in ihren Grundlagen der islamischen Frühzeit (einem Zeitraum ab dem 7. Jahrhundert n. Chr., also dem europäischen Frühmittelalter) und erhebt die zu Zeiten Muhammads (570–632 n. Chr.) und der ersten vier Kalifen (regierten 632–661 n. Chr.) definierten Ehe- und Familiengesetze zum Ideal für die gesamte Menschheit bis in die Moderne. Auf der anderen Seite bietet auch die Scharia die Möglichkeit, durch Interpretation Anpassungen an die Gegenwart vorzunehmen und in einem gewissen Rahmen damit eine rechtliche Besserstellung der Frau zu erreichen. Während in islamischen Ländern auf einigen Gebieten bisher wenig Veränderungen zu verzeichnen sind und Frauen sich dort mit der größtenteils ungebrochenen Anerkennung und Praktizierung althergebrachter Normen abfinden müssen – zum Beispiel mit der gesellschaftlichen Wirklichkeit der Polygamie –, sind auf anderen Gebieten unter Vorgabe der Auslegung der Scharia in den letzten Jahrzehnten gesetzliche Vorgaben geschaffen worden, die, auf wirksame Weise eingefordert, die Stellung der Frau verbessern. So entspricht das Ehe- und Familiengesetz in keinem islamischen Land »der Scharia« in Reinform, sondern unterliegt Auslegung und Interpretation, die in verschiedenen Ländern in unterschiedliche Gesetze gegossen wurden. In diesem Sinne ist die Scharia durchaus ein wandelbares, anpassungsfähiges Gesetz, allerdings nur innerhalb eines vorgegebenen Rahmens, der nicht beliebig strapazierbar ist. Einige zeitgenössische Ausleger wie der bekannte indische Theologe Ashgar Ali Engineer erheben in der Gegenwart ihre Stimme und fordern eine Anpassung der Scharia an die Gegebenheiten der Zeit, denn nur der Koran sei unveränderbar und ewig gültig, während die daraus abgeleiteten Gesetze der Scharia zeitgemäß interpretiert werden müssten. In der Vergangenheit hätten Theologen und Juristen die vom Koran gesetzten Grenzen für Frauen unnötig und zum Teil in Gegensatz zum Koran stehend beschränkt, so Engineer.[1] Allerdings ist eine solche Auffassung eindeutig eine Minderheitenposition.

Was ist der Inhalt der Scharia? Welche Bestandteile gehören zu ihr, welche Fälle behandelt sie? Über Bedeutung und Inhalt dieses Begriffs herrschen im Westen eher verschwommene Vorstellungen. Manchmal herrscht der Eindruck, die Scharia sei eine Art Gesetzbuch (etwa vergleichbar dem »Bürgerlichen Gesetzbuch«), das man käuflich erwerben oder in dem man diesen oder jenen Fall nachschlagen könne, um zu erfahren, wie die Scharia beispielsweise Ehebruch oder Diebstahl behandelt. Unter diesen Voraussetzungen wäre unstrittig zu beurteilen, ob ein Gerichtsprozess wegen Ehebruch in Nigeria oder dem Sudan nach den Richtlinien der Scharia geführt wird oder nicht.

Diese Vorstellung trifft jedoch nicht die Realität. Bei der Scharia handelt es sich nicht um ein kodifiziertes Gesetzbuch, das in allgemein gültiger Form verabschiedet und schriftlich niedergelegt wäre. Die »Scharia« (wörtlich: Weg zur Tränke/Wasserstelle) meint die Gesamtheit des islamischen Gesetzes, wie es im Koran, in der islamischen Überlieferung und in den Auslegungen maßgeblicher Theologen und Juristen vor allem der frühislamischen Zeit niedergelegt wurde. Der Gesetzgeber ist nach muslimischer

Auffassung Gott selbst, darauf gründet die unerschütterliche Autorität der Scharia.

Die Scharia ist also gleichermaßen als erstarrt wie als flexibel zu betrachten. Erstarrt in dem Sinne, dass die Bestimmungen des Korans, der Überlieferung und die normativen Auslegungen der frühislamischen Juristen selbstverständlich schriftlich eindeutig definiert sind. Flexibel ist die Scharia jedoch gleichzeitig dadurch, dass sie für die Moderne zwangsläufig neu interpretiert, in Ehe- und Familiengesetze umformuliert und angewandt werden muss, um den Erfordernissen der jeweiligen Zeit zu genügen.

Nach einer verbreiteten Einteilung umfasst die Scharia die Rituale zur vorschriftsmäßigen Ausübung des Glaubens (wie das fünfmal tägliche Gebet oder das Fasten im Monat Ramadan), das Zivil- und Gesellschaftsrecht (wie die Ehe- und Familiengesetzgebung) sowie die Ethik (Verbote, Wucherzinsen zu nehmen oder beim Handel zu betrügen). Die Scharia ist also Richtschnur für alle Lebensbereiche eines Menschen. Sie regelt das Verhältnis des Einzelnen zu seiner Umwelt (Familie und Gesellschaft) und zu Gott; sie gibt Leitlinien für das Verhalten im Diesseits für das Jenseits vor. Es gibt also keinen »säkularen«, von der Religion abgetrennten Bereich im Leben eines gläubigen Muslims, denn alle Lebensbereiche, alles Verhalten wird aus dem Blickwinkel der Religion beurteilt, und für alle Ebenen existieren rechtliche Vorgaben.

Koran und Überlieferung

Der Koran, das für Muslime auf Muhammad herabgesandte heilige Buch der Offenbarung Gottes, gilt als die erste Quelle nicht nur der Theologie, sondern auch des islamischen Rechts. Schon der Koran selbst spricht davon, dass er eine umfassende Offenbarung ist, eine »Erklärung aller Dinge« (Sure 16,89). Von rechtsverbindlichem Charakter sind alle koranischen Verse zum Thema Frau und

Familie. Wenn also der Koran nach überwiegender Auffassung die Polygamie ebenso gestattet (Sure 4,3) wie die Züchtigung der Ehefrau (4,34), dann sind diese Aussagen nach überwiegender muslimischer Auffassung göttliche Anweisungen von ewiger Gültigkeit, die ihren Niederschlag in der heutigen Gesetzgebung muslimischer Länder finden sollten. Oder wenn der Koran festlegt, dass die Zeugenaussage einer Frau nur die Hälfte der Aussage eines Mannes aufwiegt – also stets die Aussage zweier Frauen so viel gilt wie die Aussage eines Mannes (Sure 2,282) –, dann wird dieses Prinzip in einigen Gesetzeskodifikationen islamischer Länder festgehalten und vor Gericht in die Praxis umgesetzt.

Als in allen rechtlichen Aussagen für Muslime verbindlich und zur Befolgung verpflichtend gilt jedoch gleichermaßen die islamische Überlieferung. Die »Überlieferung« ist ein im Vergleich zum Koran weitaus umfangreicherer Korpus an Texten, der bereits ab Ende des 1. Jahrhunderts nach Muhammads Tod – zu Beginn des 8. Jahrhunderts n. Chr. – schriftlich niedergelegt wurde.[2] Die im Vergleich zum Koran wesentlich umfangreichere islamische Überlieferung *(hadith)* beinhaltet Berichte über Muhammad und seine Prophetengefährten, die Aufschluss darüber geben, wie Muhammad und seine erste Gemeinde lebten, welche Auffassungen sie in bestimmten Fragen vertraten und welche Entscheidungen in rechtlichen Fragen getroffen wurden. Die Überlieferung enthält aber auch Detailanweisungen zur Religionsausübung, zu den erforderlichen Waschungen für die rituelle Reinheit, Erläuterungen zum Ablauf des Gebets, Vorschriften für das Fasten im Ramadan oder die Pilgerfahrt nach Mekka, Kleidungsvorschriften für Männer und Frauen, einzelne Anweisungen zum Vermögens- und Wirtschaftsrecht, zum Erbrecht und dem Recht der religiösen Stiftungen, Vorschriften zu den mit Tod und Begräbnis verbundenen Riten, Speise- und Reinigungsgebote, Anweisungen zum Verhalten im Dschihad, zum Zusammenleben mit Nichtmuslimen, zum Umgang mit Sklaven, zum Strafrecht u. v. a. m.

Der Sinn der Überlieferung ist nicht die Berichterstattung als solche, sondern die Begründung vorbildhafter Anweisungen für die Gemeinschaft der Muslime nach Muhammad. Schon der Koran greift den von der Überlieferung ausgeführten Gedanken auf, dass das Vorbild Muhammads von den Gläubigen in allem nachzuahmen sei, denn Muhammad sei »ein schönes Beispiel« (Sure 33,21), und »wer dem Gesandten gehorcht, der gehorcht Gott« (Sure 4,80). Gott sandte den Propheten Muhammad, damit die Menschen durch seine Nachahmung ein gottgefälliges Leben führen können.

Die darin niedergelegten Verhaltensweisen Muhammads gelten Muslimen daher als *sunna*, als nachzuahmende Gewohnheit. Durch die Nachahmung der Lebensweise Muhammads ist der Gläubige in der Lage, sein Leben ganz auf Gott auszurichten, indem er beispielsweise Muhammad darin nachahmt, einen Bart zu tragen oder seine Ernährungs-, Fortbewegungs-, Schlaf- oder Kleidungsgewohnheiten[3] imitiert. Wer die Lebensweise Muhammads in diesen Bereichen jedoch nicht nachahmt, sündigt nicht und wird rechtlich nicht belangt (eine Ausnahme machte das Taliban-Regime Afghanistans, das den Verzicht auf den Bart unter Strafe stellte). Wenn die Überlieferung missbilligt, dass Männer Gold und Seide tragen und als Begründung anführt, dass derjenige, der Gold und Seide im Diesseits trägt, sie nicht im Jenseits (im Paradies) tragen werde und beschreibt, dass Muhammad daher nur einen Silberring getragen habe, gehört es für Männer zur Nachahmung der vorbildlichen »Gewohnheit« Muhammads, ausschließlich Silberschmuck zu tragen. Wer es dennoch tut, macht sich jedoch nicht strafbar, wer sein Leben jedoch ganz am Vorbild Muhammads ausrichtet, zeigt damit seine »Liebe zum Propheten«.[4]

Anders verhält es sich mit den rechtlichen Bestimmungen, dem Ehe- und Familienrecht, dem Recht zu den religiösen Stiftungen, dem Straf-, Erb- und Zeugenrecht, dessen Ausführungen in der Überlieferung als ebenso verbindlich betrachtet werden wie der

Koran. Die Befolgung der rechtlichen Regelungen der Überlieferung ist damit ebenso verpflichtend wie die Anordnungen des Korans und nicht in das Ermessen des muslimischen Gläubigen gestellt. Die rechtlichen Bestimmungen des Korans und der Überlieferung sind Gottes Gesetz, ein vollkommenes System, ein »im Allgemeinen als sakrosankt empfundene[s] Normensystem«[5], absolut gerecht, zeitlos gültig und unantastbar.

In einigen Fragen, die sowohl im Koran als auch in der Überlieferung behandelt werden, stehen beide Texttraditionen im Konflikt zueinander. Dann kann die Überlieferung sogar höhere Autorität beanspruchen als der Korantext, zumal nach einem überwiegend anerkannten exegetischen Prinzip spätere Anweisungen frühere aufheben können: Wo der Koran »lediglich« die Auspeitschung für Ehebrecher fordert (Sure 24,2), verlangt die Überlieferung die Steinigung der Verheirateten. Die muslimische Theologie betrachtet wohl fast ohne Ausnahme die Steinigungsbestimmung der Überlieferung als bindend, zumal die Überlieferung von Muhammad berichtet, er habe Ehebrecher zur Steinigung verurteilt. Ebenso verhält es sich bei der Beurteilung der Apostasie: Wenn der Koran für denjenigen, der vom Islam abfällt, kein konkretes Strafmaß für das Diesseits benennt und den Abgefallenen lediglich mit der Höllenstrafe im Jenseits bedroht (Sure 16,106 u.a.), fordert die Überlieferung aus Muhammads Mund die Todesstrafe (»Wer seine Religion wechselt, den tötet!«). Daher wird diese Anweisung von den vier sunnitischen Rechtsschulen – also der absoluten Mehrheit der muslimischen Theologie – als verbindliches Strafmaß betrachtet, auch wenn in der Praxis nur äußerst selten ein Apostasiefall vor Gericht verhandelt wird. Die Überlieferung erläutert und interpretiert also die zu einzelnen Themen knappen Anweisungen des Korantextes oder verschärft ihn sogar.

Die Frage der Echtheit der Überlieferung

Die Frage der Echtheit der einzelnen Überlieferungstexte ist in der Geschichte der Islamwissenschaft von Muslimen und Nichtmuslimen unterschiedlich beantwortet worden. Schon bald nach Muhammads Tod kamen in der muslimischen Gemeinde zahlreiche Berichte über Muhammads Vorlieben und Abneigungen, Gewohnheiten und seine angeblichen oder tatsächlichen Äußerungen in Umlauf, zu denen später Erzählungen über seine Kampfgenossen und Nachfolger, die ersten Kalifen, ja sogar über Muhammads Lieblingsfrau Aischa hinzukamen. Zumindest in den ersten Jahrzehnten nach Muhammads Tod im Jahr 632 n. Chr. war die Überlieferung noch nicht systematisch gesammelt und erfasst und allenfalls teilweise schriftlich zusammengetragen worden. Es besteht kein Zweifel daran, dass etliche Überlieferungen erst Jahrzehnte nach Muhammads Tod von Gewährsleuten niedergeschrieben wurden, die Muhammad und seine Zeitgenossen nicht mehr kannten.[6] Oberste Bedingung für die Anerkennung einer Überlieferungserzählung war nicht die »Glaubwürdigkeit« seines Inhalts, sondern seine einwandfreie, das heißt lückenlose Überliefererkette *(isnad)* bis zu Muhammad oder einem seiner Zeitgenossen, sodann aber auch die mehrfache Überlieferung des betreffenden Inhalts über verschiedene Überlieferungsstränge sowie der gute Leumund des betreffenden Informanten.

Durch die dringende Notwendigkeit veranlasst, dem nach Muhammads Tod rasch expandierenden islamischen Weltreich eine verbindliche Rechtsordnung zu geben – und in der Erkenntnis, dass der Koran allein zu knappe und kaum systematisch gebündelte Ausführungen zu Rechtsfragen enthielt, sowie in dem Wunsch, Berichte über Muhammad und seine Lebensweise für die muslimische Gemeinschaft als Traditionsgut festzuhalten, kompilierten muslimische Gelehrte im 9. Jahrhundert n. Chr. sechs nach strengen Echtheitsprüfungen als kanonisch anerkannte Überlieferungssammlungen, die mehrere tausend, sich thematisch jedoch teilweise überschneidende Einzeltexte enthalten und Muslimen bis heute als einwandfrei überliefertes Glaubens- und Rechtsgut gelten.

Die Bedeutung der Überlieferung für das Ehe- und Familienrecht

Die islamische Überlieferung ist deshalb für das Thema »Frauen und die Scharia« von so großer Bedeutung, weil die Überlieferung zahlreiche, im Koran nur äußerst knapp und lückenhaft formulierte rechtliche Regelungen zum Thema Frau und Familie näher ausführt, dann aber auch deshalb, weil die Überlieferung im täglichen Leben vieler Muslime eine viel größere Rolle spielt als der Korantext selbst, dessen Studium vor allen Dingen Gelehrten vorbehalten ist. Verschiedene Überlieferungstexte sind allgemein bekannt und werden zu dieser oder jener Gelegenheit zitiert, ja, sie sind in der Bevölkerung oft Allgemeingut. Gerade die Überlieferung enthält zahlreiche Texte, die Frauen weitaus stärker abwerten als die entsprechenden Korantexte und ihre Rechte zusätzlich beschneiden.

Zwar ist auch unter muslimischen Intellektuellen die Frage Diskussionsgegenstand, welche Bestimmungen der Scharia ewig gültig sind, bzw. welche Regelungen nur für die Zeit der Entstehung des Islams galten und für die heutige Zeit interpretierbar sind[7], aber solche Diskussionen beeinflussen noch kaum die allgemeine Wahrnehmung der Autorität der Scharia und müssen zudem mit Behutsamkeit geführt werden, da sie und ihre Vertreter allzu leicht unter den Verdacht der Religionskritik, ja Apostasie geraten. Da in der islamischen Welt keine von offizieller Plattform vorgetragene Religionskritik existiert, wird die ungebrochene Gültigkeit der Scharia nirgends öffentlich angezweifelt oder negiert. Zwar weichen die gesetzlichen Bestimmungen einzelner Länder u. a. im Ehe- und Familienrecht de facto von den Regelungen der Scharia ab. Diese Abweichungen wurden jedoch nirgends unter der Vorgabe initiiert, die Gültigkeit der Scharia negieren zu wollen, die nach überwiegender Überzeugung auch für die Moderne göttliche Richtungsweisung und unbestechlicher Gesetzgeber ist. Damit ist bereits das Sowohl-als-auch der tatsächlichen Gesetzgebung in islamischen Ländern beschrieben, das immer wieder den erbitterten Protest islamistisch-politischer Kräfte an der Regierung des eigenen Landes auf sich gezogen und eine vollständige Rückkehr zu den Schariabestimmungen gefordert hat, und dies insbesondere im Ehe- und Familienrecht.

Muhammad als Gesetzgeber

Koran und Überlieferung enthalten rechtliche Aussagen über die Stellung und Rechte der Frau, Texte zu Themenbereichen wie Eheschließung, Scheidung und Erbrecht. Die Aussagen dieser Texte blieben dem heutigen Leser jedoch sicher teilweise unklar, ja, manchmal unverständlich, wenn sie nicht bereits in der frühislamischen Geschichte von namhaften Gelehrten interpretiert und in umfangreichen Gesetzeswerken auf konkrete Fälle angewandt worden wären. Diese frühislamischen Auslegungen der Ehe- und Familiengesetzgebung des Korans und der Überlieferung besitzen bis heute große Autorität.

Muhammad hatte etwa im Jahr 610 n. Chr. in seiner Heimatstadt Mekka mit der Verkündigung des Islam begonnen. Im Jahr 622 war er, veranlasst durch die Ablehnung seiner Botschaft durch seine Landsleute und ihre Repressalien, mit seinen ersten Anhängern nach Medina ausgewandert. Dort wurde er ab 622 n. Chr. nicht nur der religiöse Führer seiner ersten muslimischen Gemeinde, sondern auch Schiedsrichter und Schlichter in Streitfragen, die die in Medina ansässigen einzelnen arabischen und jüdischen Stämme betrafen. Mit der Zunahme seiner Anhängerschar und militärischen Stärke sowie der Notwendigkeit konfrontiert, für das Zusammenleben von muslimischen und nichtmuslimischen Arabern, Juden und Christen rechtliche Regelungen zu schaffen, wurde Muhammad in den Jahren ab 622 n. Chr. mehr und mehr zum Gesetzgeber, dessen konkrete Anordnungen und Entscheidungen sich heute im Koran und der Überlieferung finden. Es besteht kein Zweifel daran, dass das altarabische Gewohnheitsrecht Ausgangspunkt der islamischen Gesetzgebung war: Manche Bestimmungen des Korans spiegeln Reste der altarabischen Rechtsbestimmungen wider, während in anderen Fragen Muhammad althergebrachten Auffassungen entgegentrat: So berichtet der Koran zum Beispiel von der in vorislamischer Zeit praktizierten Tötung neugeborener Mädchen aus »Furcht vor Verarmung«, die Muhammad mit Verweis auf Gottes Fürsorge verbot (Sure 17,31). Für die Entwicklung des islamischen Rechts nach Muhammad geht die Islamwissenschaft für die Gebiete der islamischen Eroberungen außerdem vom Einfluss ägyptischer, syrischer, irakischer, sowie römischer, byzantinischer, jüdischer und sassanidischer Rechtselemente aus.[8]

Als Muhammad unerwartet im Jahr 632 n. Chr. im Alter von rund 62 Jahren starb, hinterließ er weder Anweisungen zur Wahl eines Nachfolgers, der die muslimische Gemeinde in theologischen Fragen hätte unterweisen können, noch ein Gesetzbuch, anhand dessen die auftretenden juristischen Fragen in der jungen muslimischen Gemeinde hätten beantwortet werden können. Daher ist offensichtlich, dass unmittelbar nach Muhammads Tod, einer Zeit, in der die Überlieferung schriftlich nicht vorlag, in Medina aus zwei Quellen Recht geschöpft wurde, nämlich aus den Bestimmungen des Korans sowie dem vorislamischen, arabischen Gewohnheitsrecht, das auch während der Regierungszeit der ersten muslimischen Herrscherdynastie, der Umayyaden (661–750), zur Anwendung kam.[9] Allerdings ist die Quellenlage für diese frühislamische Zeit allgemein und auch in Bezug auf die Rechtsentwicklung außerordentlich dürftig zu nennen.[10]

Nach Muhammads Tod bestand für das sich rasch bis nach Europa und Zentralasien ausdehnende islamische Reich die unbedingte Notwendigkeit, eine Gesetzgebung zu schaffen, zumal die rechtlichen Bestimmungen des Korans lückenhaft waren und lediglich Einzelfälle behandelten und der Koran unmittelbar nach Muhammads Tod als Gesamttext schriftlich nicht vorlag. Hinzu kam, dass auch die Überlieferung Mitte bis Ende des 7. Jahrhunderts nicht schriftlich fixiert war, aber zahlreiche Rechtsfragen entschieden werden mussten. Die »Rechtspflege [lag] (bis etwa 720 n. Chr.) ... in den Händen von Richtern und Gouverneuren«[11], und zunächst entstanden in Medina und Kufa – später auch in anderen Städten – Gelehrtenzirkel, in denen theologische und juristische Belange erörtert wurden. Diese rasch einflussreicher werdenden Gelehrtenzirkel können als Vorform der späteren islamischen »Rechtsschulen« betrachtet werden.[12] Die Nachahmung der »vorbildhaften Gewohnheit« *(sunna)* Muhammads, sowie die Auffassungen der Prophetengefährten – bei Schiiten insbesondere der Verwandten Muhammads – scheinen in dieser Frühzeit des Islam großes Gewicht besessen zu haben.[13]

Nach der Herrschaft der ersten vier unmittelbaren Nachfolger Muhammads, der Kalifen (632–661 n. Chr.), die alle Prophetengefährten Muhammads gewesen waren, kam die erste muslimische Dynastie, die Umayyaden (661–750 n. Chr.), an die Macht. Zu dieser Zeit existierte vermutlich bereits ein kodifizierter Korantext, und die maßgeblichen Überlieferungssammlungen befanden sich im Prozess ihrer endgültigen Kompilation und Definition als normative Rechtsquellen.[14]

Die Zeit nach Muhammad

Mit der Bildung der Gelehrtenzirkel und ihrer Konsultation der koranischen Bestimmungen sowie der überlieferten Entscheidungen Muhammads begann die eigentliche Entwicklung der islamischen Rechtswissenschaft. Als »Vater der islamischen Jurisprudenz« gilt unangefochten Muhammad ibn Idris al-Schafii (gest. 820 n. Chr.), da er die Wege der Rechtsfindung wegweisend definierte, die zur Entscheidung der vorgegebenen Fälle herangezogen werden durften.[15] An erster Stelle stand selbstredend das »Buch« (der Koran), an zweiter die Gewohnheit des Propheten nach der Überlieferung (die *sunna),* an dritter Stelle der Analogieschluss (die Entscheidung eines aktuellen Falls analog zu einem in Koran oder Überlieferung niedergelegten Fall) und an vierter Stelle der Konsens unter den Rechtsgelehrten. Ob und welche anderen Quellen darüber hinaus zur Rechtsfindung herangezogen werden durften – wie die ebenfalls von einigen Theologen praktizierte persönliche Rechtsfindung (Abwägung) eines einzelnen Gelehrten, die Beachtung des »öffentlichen Interesses«, das Für-gut-Halten – das heißt eine Entscheidungsfindung nach Maßstäben der Ratio – oder auch die Anerkennung des altarabischen Gewohnheitsrechts[16], darüber existierte zu dieser Zeit kein allgemeiner Konsens. Weitgehende Übereinstimmung ließ sich jedoch hinsichtlich der vier genannten Rechtsquellen (Koran, Überlieferung, Analogieschluss und Konsens) in der damaligen Gelehrtenwelt herstellen, wenn deren Mitglieder auch den einzelnen Quellen unterschiedliches Gewicht beimaßen. Als absolut unantastbar unter diesen vier Rechtsquellen galten der Koran und die Überlieferung. Der »Konsens« unter den Gelehrten wurde dagegen auch deshalb als problematisch empfunden, weil die Frage, auf welche Weise ein echter Konsens zu erzielen sei, durchaus kontrovers beurteilt wurde: Durch die Übereinstimmung aller Gelehrten aller

Zeiten oder nur der Gelehrten der gegenwärtigen Zeit? Und wie kann eine Übereinstimmung der Gelehrten erzielt werden? Durch deren Äußerung zu einer betreffenden Frage oder auch durch Nichtäußern einer abweichenden Meinung?

Mit al-Schafiis Festlegung der Rechtsquellen (Koran, Überlieferung, Analogieschluss und Konsens) setzte sich eine Vereinheitlichung der Rechtsfindung unter frühislamischen Gelehrten durch und ermöglichte dadurch eine Entwicklung des islamischen Rechts innerhalb bestimmter Grenzen. Die Genese des islamischen Rechts ist insofern ungewöhnlich, als dass hier Recht nicht von staatlicher Hand erlassen und in der Folge auf konkrete Fälle angewendet wurde, sondern das Recht und eine Rechtsprechung, die sich aus der Praxis heraus entwickelten, erst im Anschluss daran in Rechtstexte gegossen wurden.

Auslegungen frühislamischer Juristen und Theologen

Dem zu Muhammads Lebzeiten nur rudimentär entwickelten, im Koran nur lückenhaft enthaltenen und in der Überlieferung ausgelegten islamischen Recht haben also die Gelehrten der Frühzeit mit ihren Rechtsauslegungen ein ganz wesentliches Gepräge gegeben. Aus den Gelehrtenzirkeln der Frühzeit entwickelten sich im Laufe des 8. Jahrhunderts n. Chr. – also rund 150 Jahre nach Muhammads Tod – im Wesentlichen eine schiitische[17] und vier sunnitische Rechtsschulen, die nach ihren Gründern bzw. Schülern benannt wurden und das islamische Recht mit ihren normativen Auslegungen bis heute prägen. Es sind dies die schaiitische, malikitische, hanbalitische und hanafitisehe Rechtsschule. Die schafiitische Rechtsschule ist benannt nach ihrem Gründer Muhammad ibn Idris al-Schafii (767/768–820), einem brillanten und schon zu seinen Lebzeiten berühmten Juristen. Die malikitische Schule geht zurück auf Malik ibn-Anas (geb. ca. 713/715–795/796), wurde aber wohl eher von seinen Schülern begründet. Die hanafitische Schule, benannt nach Abu Hanifa (699–767), aber vermutlich ebenfalls von seinen Schülern begründet, gilt als liberalste Schule, während die hanbalitische Schule, begründet von Ahmad ibn-Hanbal (780–855), eines Schülers von al-Schafii, als strengste Rechtsschule gilt, zumal sie den Koran und die Überlieferung zur alleinigen Grundlage der Rechtsfindung machen und menschliche Erwägungen (Konsens, Analogieschluss) als Quellen der Rechtsfindung ausschließen wollte.

Die Rechtsschulen variieren hinsichtlich der Auslegung und Anwendung einiger Rechtsbestimmungen, u. a. im Ehe- und Familienrecht. Muslime gehören einer Rechtsschule an und befolgen die religiösen Vorschriften des Glaubens gemäß ihrer Rechtsschule. Die Rechtsprechung islamischer Länder richtet sich meist vorwiegend nach einer bestimmten Rechtsschule, kann aber auch Elemente einer anderen Rechtsschule mitberücksichtigen.

Zu den sunnitischen Rechtsschulen kommt mindestens eine schiitische Rechtsschule der Jafariten oder Imamiten, der so genannten Zwölferschiiten, hinzu, die auf Jafar al-Sadiq (gest. 765 n. Chr.), zurückgeführt wird. Da sich die Trennung zwischen Sunniten und Schiiten über die Muhammads Tod unmittelbar folgende Auseinandersetzung über seine Nachfolge vollzogen hatte, nahm der schiitische Zweig des Islam auch im rechtlichen Bereich eine eigene Entwicklung. Das schiitische Recht hat insbesondere in der Anerkennung der zeitlich begrenzten Ehe, der »Zeit«- oder »Genussehe« einen Sonderweg im islamischen Eherecht beschritten (s. S. 120ff.).

Andere Rechtsschulen haben mit Sicherheit existiert, konnten sich jedoch nicht dauerhaft durchsetzen. Etwa seit dem Jahr 1300 n. Chr. existierten die vier genannten sunnitischen Schulen nebeneinander und besaßen eine ausformulierte Rechtslehre. Erstaunlicherweise ist nach Beginn des 10. Jahrhunderts keine neue Rechtsschule mehr begründet worden. Ab dem 11. Jahrhundert scheinen muslimische Theologen bei der Erörterung rechtlicher Fragen einer der vier anerkannten Rechtsschulen zu folgen, auch wenn sie weiter die selbstständige Rechtsfindung praktizieren.[18] Aber die »Nachahmung« *(taqlid)* anstelle der neuen Rechtsfindung gewann offensichtlich mehr und mehr an Boden, weil führende Theologen die Auffassung vertraten, wesentliche, nicht in Koran und Überlieferung behandelte Rechtsfragen seien mittlerweile zufrieden stellend gelöst oder zumindest Wege zur Lösung dieser Fragen gefunden worden. Besonders im 19. Jahrhundert forderten zahlreiche muslimische Theologen die erneute Praktizierung der selbstständigen Rechtsfindung, um Fragen der Moderne aus dem islamischen Recht heraus adäquat beantworten zu können, anstelle sich auf die Gelehrtenautoritäten der islamischen Frühzeit berufen zu müssen. Sie betrachteten den Geist der »Nachahmung« als einen der Hauptgründe für den Niedergang und die im Vergleich zu Europa in ihrer technischen und militärischen Entwicklung zurückgefallene islamische Welt.

Ab Mitte des 19. Jahrhunderts wurde das islamische Recht in den meisten islamischen Ländern kodifiziert. Das osmanische Familiengesetzbuch vom 25. Oktober 1917 war das erste auf der Scharia gründende Gesetzbuch zum Familienrecht der islamischen Welt.[19] Eine Kodifizierung des Personen-, Familien- und Erbrechts fand in den meisten islamischen Ländern jedoch erst mit der Nationalstaatenbildung in der zweiten Hälfte des 20. Jahrhunderts statt.[20] Die Scharia wurde im Zuge dieser Kodifikationen – die Türkei bildet eine Ausnahme – zur wesentlichen oder in einigen Ländern sogar zur einzigen Gesetzesgrundlage für das Personalstatut – also die Ehe und Familie betreffenden gesetzlichen Regelungen – erklärt. Dessen ungeachtet unterscheidet sich die Ehe- und Familiengesetzgebung der einzelnen islamischen Länder erheblich voneinander, je nachdem, welcher Rechtsschule das betreffende Land folgt und auf welchen Gebieten Gesetzesreformen in der Neuzeit erlassen wurden. Die heutigen Familiengesetzgebungen der einzelnen islamischen Länder stellen daher eine Mischung aus Bestimmungen von Koran und Überlieferung dar bzw. ihrer Interpretation nach der jeweiligen Rechtsschule eines Landes, zum Teil basierend auf altarabischem Gewohnheitsrecht, außer- und vorislamischen Rechtselementen und – ganz wesentlich – europäischem Rechtsgut, das insbesondere in die Gesetzeskodifikationen des 19. Jahrhunderts der islamischen Länder mit Kolonialvergangenheit eingeflossen sind.[21]

Es besteht also kein Zweifel daran, dass zur Frühzeit des Islam kein festgefügtes System einer »Scharia« nach heutigem Verständnis existierte. Zum einen war zu Muhammads Lebzeiten die islamische Pflichtenlehre noch in der Entwicklung begriffen: So erwähnt der Koran nur drei tägliche Pflichtgebete, und erst die spätere Überlieferung spricht von fünf täglichen Gebeten; ebenso wenig werden die Wallfahrt nach Mekka oder die Almosenabgabe detailliert im Koran beschrieben. Außerdem lag der Korantext zumindest nicht vollständig schriftlich vor, und die Überlieferung war in ihrer Gesamtheit nicht schriftlich fixiert. Auch die erst bis zum 10. Jahrhundert formulierten und in der Folgezeit als normativ anerkannten Auslegungen der Begründer der vier sunnitischen Rechtsschulen lagen zur frühislamischen Zeit nicht vor. Die Scharia unterlag also einer graduellen historischen Entwicklung, deren vorläufiger Endpunkt die Gesetzeskodifikationen islamischer Länder in der Neuzeit bildeten.

Die Scharia – beliebig interpretierbar?

Koran und Überlieferung enthalten also einzelne Gesetze und rechtliche Bestimmungen zu unterschiedlichen Themen, stellen aber keine systematische Gesetzessammlung dar – ja, muslimische Juristen haben errechnet, dass sich nur rund 500 der etwa 6600

Verse des Korans mit rechtlichen Belangen beschäftigen[22], also kaum 10 Prozent. Da die Auslegung und Umsetzung der Gebote in konkrete gesetzliche Bestimmungen durch Theologen und Juristen durchaus differieren, existiert also keine einheitliche, in Rechtstexte gegossene allgemeinverbindliche »Scharia«, sondern ein Grundkorpus an rechtlichen Regelungen aus Koran und Überlieferung und eine Reihe unterschiedlicher Auslegungen mehrerer Rechtsschulen sowie die in den einzelnen Ländern daraus gezogenen sehr unterschiedlichen Schlussfolgerungen für die konkrete Gesetzgebung vor Ort.

Trotz einer fehlenden Kodifikation der Scharia und einer gewissen Bandbreite an Auslegungen der Aussagen des Korans und der Überlieferung darf jedoch nicht angenommen werden, die Scharia sei eine verschwommene Größe, ein nicht fassbarer Korpus an unklaren Vorschriften, in den man alles hineininterpretieren bzw. aus dem man alles herauslesen könnte. Mag der Koran zu einigen Fragen nur sehr knappe Anweisungen geben (wie zum rituellen Pflichtgebet), so füllt doch häufig die islamische Überlieferung diese Lücke mit vermehrten Detailanweisungen. Das gilt auch für das Ehe- und Familienrecht. Zudem waren frühislamische Juristen und Theologen bestrebt, durch die beschriebenen Wege der Rechtsfindung, diese auch schon zur Frühzeit des Islam spürbare Lücke der fehlenden Gesetzgebung zu schließen, um in dem nach Muhammads Tod rasch größer werdenden islamischen Reich ein praktikables, durchgängiges Rechtssystem zu etablieren, sodass die Überlieferung und die Auslegung maßgeblicher Theologen die knappen Ausführungen des Korans ergänzt und erweitert.

Zu anderen Themenbereichen enthält der Koran und auch die Überlieferung unkonkretere und äußerst spärliche Anweisungen. So sind zum Beispiel die für den Bereich des Wirtschaftsrechts verwertbaren Warnungen vor Betrug, Zinsnahme und Wucher im Koran weitaus spärlicher, als es zur Entwicklung einer genuinen islamischen Wirtschaftslehre dienlich wäre. Das Bestreben, Banken und Versicherungen nach »islamischen Prinzipien« zu strukturieren, muss sich daher mit einer in Koran und Überlieferung nur lücken- und bruchstückhaft angedeuteten Wirtschaftsethik auseinandersetzen. In anderen Bereichen jedoch sind die Anweisungen aus Koran und Überlieferung sowohl umfangreicher als auch detaillierter. Das gilt in besonderer Weise für das Ehe- und Familienrecht, denn das »Familien- und Erbrecht, das so genannte Personalstatut, sind die eigentliche Domäne des islamischen Rechts«.[23] Etliche rechtliche Anweisungen für den Bereich der Ehe und Familie scheinen im Koran und der Überlieferung so klar formuliert, dass bei einer Mehrheit der Theologen ein weitgehender Konsens darüber besteht, wie die entsprechenden Verse aufzufassen sind (etwa, dass der Koran die Polygamie gestattet) und nur eine – insgesamt einflussarme – Minderheit alternative Auslegungen vorgeschlagen hat (etwa die Auffassung, der Koran warne aus Sorge vor Ungerechtigkeiten geradezu vor der Polygamie).

Das islamische Strafrecht und die Rechte der Frau

Das islamische Strafrecht ist ein Teilbereich der Scharia. Es formuliert für eine begrenzte Anzahl von Vergehen drakonische Strafen. Das Strafrecht ist für das Ehe- und Familienrecht zum einen von Belang, weil es u. a. Fragen des Strafmaßes und Beweisverfahrens für Ehebruch oder Unzucht betrifft, zum anderen aber auch deshalb, weil es einen Einblick in die Spannbreite der Vergehen gibt, die nach Ermessen des Richters bestraft werden, und damit zumindest eine Teilantwort auf die Frage, warum es in keinem der islamischen Länder zur Entstehung rechtsstaatlicher Strukturen kommt. Darüber hinaus eröffnet das islamische Strafrecht einen Blick auf die rechtlich benachteiligte Stellung der Frau im Islam – wie im Zeugenrecht – sowie auf die Frage, inwiefern die in der jüngsten Vergangenheit in den Blick der Weltöffentlichkeit geratenen Schauprozesse an Frauen wegen Ehebruch schariakonform geführt wurden. Und schließlich erläutert eine Darstellung des islamischen Strafrechts, wie sich einzelne Bestimmungen – wie die Zeugenerfordernis für eine Verurteilung bei Ehebruch oder Unzucht – beispielsweise bei Vergewaltigung gegen die Frau selbst richten und das Opfer zum Täter stempeln können. Das islamische Strafrecht vermittelt einen Einblick in den Sowohl-als-auch-Charakter des islamischen Rechts: Einerseits enthält es hohe ethische Forderungen und drastische Strafandrohungen, andererseits Rechtskniffe und »Umleitungen«, um die Anwendung dieser Strafen umgehen zu können.

Es muss vorausgeschickt werden, dass das islamische Strafrecht zu keiner Zeit vollständig zur Anwendung gekommen ist. In einigen Ländern ist die Auspeitschung, die Enthauptung und die Gliederamputation in den vergangenen Jahren – teilweise öffentlich – praktiziert worden. Es muss aber hinterfragt werden, ob es bei diesen Schauprozessen, die meist an vor dem Gesetz wehrlosen Angehörigen sozial einflussloser Unterschichten oder einer religiösen oder ethnischen Minderheit vollzogen werden, wirklich um den Wunsch nach Durchsetzung der Scharia als Gesetzessystem handelt.

Welches sind also die Grundzüge des islamischen Strafrechts? Welche Vergehen stellt der Koran unter Strafe? Welches Strafmaß sieht er vor, welche Beweisverfahren lässt er zu?

Der Koran behandelt insgesamt nur sehr wenige Vergehen – beispielsweise Ehebruch, Diebstahl, Alkoholgenuss –, für die er ein konkretes Strafmaß benennt. Es ist vollkommen ausgeschlossen, ausschließlich auf diesen kärglichen koranischen Vorgaben basierend ein kodifiziertes Strafgesetzbuch zu formulieren. Für einige weitere Vergehen – zum Beispiel den Abfall vom Islam – droht der Koran zwar die Bestrafung Gottes im Jenseits an, benennt aber für das Diesseits kein Strafmaß noch einen Weg zur Feststellung der Schuld. Diese Lücke schließt in vielen Fällen die Überlieferung, die nicht nur Berichte enthält, gemäß derer Muhammad selbst die Todesstrafe für Apostaten gefordert hat (dies ist für die muslimische Gemeinschaft damit eine rechtlich verbindliche Regelung), sondern auch Wege der Beweisführung schildert und schließlich auch ein konkretes Strafmaß für den Schuldigen benennt: die Todesstrafe.

Die erste Quelle des islamischen Strafrechts ist also wiederum der Koran mit einer sehr begrenzten Zahl an strafrechtlich auswertbaren Einzelfällen. Als zweite Quelle, die eine größere Zahl und detaillierter bestimmte Vergehen und ihr Strafmaß erläutert, steht die islamische Überlieferung zur Verfügung, die in einigen Fällen Ausführungsbestimmungen zu den koranischen Vorschriften enthält, aber darüber hinaus auch ganz eigene, im Koran nicht ausgeführte Themen behandelt und zum Teil sogar dort ein weltliches Strafmaß für Vergehen festlegt, wo es der Koran unterlässt. So wie das islamische Recht als Ganzes schöpft auch das Strafrecht ergänzend aus den Auslegungen namhafter, vor allem frühislamischer Juristen und Theologen, unter ihnen in besonderer Weise die Gründer der vier sunnitischen Rechtsschulen.

Im islamischen Strafrecht findet sich häufig die Einteilung aller Vergehen in drei Kategorien, die auch das Strafmaß mitbestimmen. Am häufigsten ist die Unterteilung aller Straftaten in Grenzvergehen, Ermessensvergehen und Vergehen mit Wiedervergeltung. [1]

Die Grenzvergehen (Hadd-Vergehen)

An der Spitze aller Vergehen stehen die so genannten »Grenzvergehen« (*hadd* oder *hudud-Vergehen; hadd* = Grenze), für die den Täter bei weitem die härtesten Strafen erwarten. Grenzvergehen meinen Kapitalverbrechen, für die der Koran ein konkretes Strafmaß benennt. Mit der Begehung dieser Straftat überschreitet der Täter eine »Grenze«: Er verletzt nicht das Recht eines Menschen, sondern Gottes Recht.[2] Wurde Gottes Recht verletzt, so muss es wiederhergestellt werden, indem dem Täter der Prozess gemacht wird, sobald ein Grenzvergehen bekannt wird. Eine formale Anklage muss nicht erhoben werden; jedermann kann dem Gericht ein Grenzvergehen zur Kenntnis bringen. Ist das Verbrechen bei Gericht angezeigt worden, so ist weder eine gütliche Einigung noch eine Begnadigung durch einen Richter, Herrscher oder Imam (einen religiösen Führer) möglich. Die Strafe für das Grenzvergehen darf weder vermindert noch verschärft, weder ausgesetzt noch aufgeschoben werden[3], sondern muss exakt gemäß den Vorschriften von Koran und Überlieferung verhängt und ausgeführt werden. Grenzstrafen können nur Erwachsene treffen, die im Vollbesitz ihrer geistigen Kräfte sind. Eine Verurteilung ist einzig aufgrund eines Geständnisses oder aufgrund der übereinstimmenden Aussage von Augenzeugen möglich.

Kapitalverbrechen nach islamischem Recht

Den Grenzvergehen werden im Allgemeinen fünf Verbrechen zugerechnet:

1. *Ehebruch und Unzucht:* Geschlechtsverkehr unter nicht miteinander Verheirateten *(zina)* verurteilt der Koran an zahlreichen Stellen: »Lasst euch nicht auf Unzucht ein! Das ist etwas Verabscheuenswürdiges – eine schlimme Handlungsweise!« (Sure 17,32; vgl. 60,12). Ehebruch und Unzucht werden definiert als »freiwillige[r], im Bewusstsein des Verbotenseins geübte[r] Geschlechtsverkehr von zurechnungsfähigen, dem islamischen Gesetz unterworfenen Personen außerhalb von Ehe und Konkubinat«.[4] Waren die Täter unverheiratet, sollen sie nach Sure 24,2–3 mit 100 Peitschenhieben bestraft werden (Sklaven mit 50). Ausdrücklich verwirft der Koran, mit den Schuldigen Mitleid zu haben (Sure 24,2) und mahnt, die Strafe an den Unzüchtigen zu vollstrecken. Wer Unzucht begangen hat, soll nach Sure 24,3 nur eine Person heiraten, die dieselbe Sünde begangen hat, oder einen Heiden. Waren die Täter verheiratet, müssen sie mit der Todesstrafe durch Steinigung bestraft werden, da die Überlieferung im Unterschied zum Koran die Todesstrafe verlangt. Bedingung für eine Verurteilung wegen Ehebruch oder Unzucht ist die Bestätigung der Tat durch vier männliche Augenzeugen oder ein Geständnis der Beteiligten. Sure 4,15 ordnet an, Frauen unter Verdacht des Ehebruchs im Haus einzusperren, »bis der Tod sie abberuft

oder Gott ihnen einen Ausweg öffnet«. Gerade die Praxis, eine Frau, auf die auch nur der leiseste Verdacht einer moralischen Verfehlung fällt, einzusperren, ohne das Gewesene nach Faktenlage zu prüfen, ist ein in islamischen Ländern häufig praktiziertes und gesellschaftlich anerkanntes Verfahren zur Abwendung von Unmoral von der Gesellschaft.

Zur Verurteilung des unerlaubten (nichtehelichen) Geschlechtsverkehrs wird im Iran gefordert, der Täter müsse mündig (also nicht mehr minderjährig) sein, bei geistiger Gesundheit, von den entsprechenden Vorschriften gewusst und mit Vorsatz und freiwillig – nicht unter Zwang – gehandelt haben.[5]

2. *Die Verleumdung wegen Unzucht oder Ehebruch (qadhf):* Sure 24,4 ordnet 80 Peitschenhiebe für denjenigen an, der einen anderen fälschlich des unerlaubten Geschlechtsverkehrs bezichtigt: »Diejenigen unter euch, welche anständige Frauen verleumden, dann aber nicht vier Zeugen beibringen, die peitscht mit 80 Hieben aus«. Eine Verleumdung wegen Unzucht findet also dort statt, wo eine Person der Unzucht bzw. des Ehebruchs bezichtigt wird, aber der Ankläger nicht in der Lage ist, die vier für eine Verurteilung erforderlichen Augenzeugen beizubringen.
3. *Diebstahl (sariqa):* Nach Sure 5,33+38 und der Überlieferung soll dem Täter beim ersten Mal die rechte Hand und im Wiederholungsfall der linke Fuß amputiert werden. Aufgrund dieser harten Strafe hat die muslimische Rechtswissenschaft verschiedene »Rechtskniffe« (Umgehungen des Rechts) gefunden, um die Anwendung dieser Bestimmung auf jeden einfachen Diebstahl zu umgehen. Diebstahl wird unter bestimmten Bedingungen nicht als echter Diebstahl anerkannt: So muss das gestohlene Gut einen bestimmten Mindestwert haben, es musste ausreichend verwahrt gewesen sein, der Dieb darf daran kein Anrecht in irgendeiner Form gehabt haben und muss es heimlich gestohlen haben (Taschendiebstahl ist also kein

wirklicher Diebstahl). Außerdem darf das Gestohlene nicht etwas sein, was einem Muslim verboten ist (wie Alkohol). Die hanbalitische Rechtsschule anerkennt zudem den »Rechtskniff« (die Rechtsumgehung), dass der Beschuldigte schwört, das gestohlene Gut gehöre ihm, damit er der Amputation entgehen kann.[6]

Das iranische Strafgesetzbuch sieht vor, dass einem Dieb nicht die ganze Hand, sondern »nur« vier Finger abgetrennt werden, im Wiederholungsfall der linke Fuß. Bei einem nochmaligen Diebstahl droht dem Täter eine lebenslange Gefängnisstrafe, beim vierten Mal der Tod.[7]

4. *Straßen- und Raubmord (qat al-tariq)*, der unterschiedlich bestraft werden kann: Bloße Wegelagerei wird mit Verbannung (heute vielfach: Gefängnis) bestraft. Wegelagerei mit Raub fordert die Amputation der rechten Hand und des linken Fußes. Kommt zur Wegelagerei die Tötung eines Menschen hinzu, wird der Täter getötet. Wenn er Raub und Totschlag begangen hat, erfolgt die Hinrichtung und Kreuzigung nach Sure 5,33: »Der Lohn derer, die Krieg führen gegen Gott und seinen Gesandten und Unordnung im Land zu erregen versuchen, ist der, dass sie getötet oder gekreuzigt werden sollen oder dass ihnen Hände und Füße abgeschlagen werden sollen für den Ungehorsam oder dass sie aus dem Land vertrieben werden.«
5. *Der Genuss von Wein bzw. alkoholischem Getränk (schurb alkhamr)*. Der Koran formuliert – ebenso wie für Apostasie – kein Strafmaß, die Überlieferung fordert 40, an anderer Stelle 80 Schläge zur Bestrafung, denn von Muhammad wird der Ausspruch überliefert: *»Peitscht den aus, der Wein trinkt«*.[8] Die malikitische und hanafitische Rechtsschule sprechen sich unter Bezug auf Umar, den zweiten Kalifen nach Muhammad (regierte 634–644 n. Chr.), für 80 Hiebe aus, die schafiitische Rechtsschule unter Bezugnahme auf Muhammad, den ersten Kalifen Abu Bakr (regierte 632–634 n. Chr.) und den vierten Kalifen

Ali (regierte 656–661 n. Chr.) für 40 Hiebe.[9] Andere Theologen lehnen die Einreihung des Alkoholgenusses unter die Grenzvergehen ab, da der Koran kein konkretes Strafmaß benennt, was jedoch ein Kennzeichen für ein Grenzvergehen sei.

In einigen Ländern werden den Grenzvergehen Verbrechen wie Vergewaltigung oder praktizierte Homosexualität hinzugefügt, obwohl der Koran für beide Vergehen kein Strafmaß benennt. Nach Auffassung einiger Rechtsgelehrter sollte die Strafe für einen Homosexuellen der eines Ehebrechers entsprechen (Todesstrafe für den Fall, dass der Homosexuelle verheiratet war und Auspeitschung für den Fall, dass er ledig war). Bei Vergewaltigung wird der Täter bestraft und soll zusätzlich das Brautgeld bezahlen. Erleidet die Vergewaltigte eine Verletzung, muss der Täter außerdem Blutgeld bezahlen.[10]

Das Beweisverfahren für Kapitalverbrechen

Für die Grenzvergehen sind die Strafen überaus drastisch, es werden jedoch auch besonders hohe Anforderungen an das Beweisverfahren gestellt: Alle Grenzvergehen erfordern entweder ein Geständnis der Angeklagten oder mindestens zwei erwachsene männliche Augenzeugen von unbescholtenem Ruf[11], Ehebruch sogar vier männliche Zeugen. Frau und Mann unterliegen nach der Forderung des Korans bei Verfahren wegen Ehebruch und Unzucht gleichermaßen der Bestrafung. So zumindest die Theorie.

Im Iran ist es zulässig, dass statt vier männlicher Zeugen drei männliche und zwei weibliche Zeugen aussagen (da die Zeugenaussage einer Frau vor Gericht nur halb so viel gilt wie die Aussage eines Mannes; vgl. Sure 2,282), bei Unzucht auch zwei männliche und vier weibliche Zeugen. Ein einzelner männlicher Zeuge und sechs weibliche Zeugen sind jedoch nicht zulässig. Ein Geständnis muss freiwillig erfolgen und der Geständige mündig und geistig gesund sein und vorsätzlich gehandelt haben.[12]

Die meisten Theologen vertreten die Auffassung, dass weibliche Zeugen bei Kapitalverbrechen prinzipiell nicht zugelassen sein sollen, einzig die theologische Gruppierung der Zahiriten lässt weibliche Zeugen in doppelter Anzahl als Ersatz für männliche Zeugen zu.[13] Es sind ebenfalls die Zahiriten, nach deren Anschauung auch der Richter als Augenzeuge auftreten kann (nach westlicher Rechtsauffassung wäre es unvorstellbar, dass ein Richter Ankläger und Urteilsverkünder in einer Person ist). Dies wird allerdings von der Rechtsschule der Hanafiten, Malikiten und Hanbaliten abgelehnt.[14]

Außer einer übereinstimmenden Zeugenaussage von zwei bzw. vier Zeugen ist also ein Geständnis die einzige Möglichkeit, eine Verurteilung bei einem Kapitalverbrechen zu erreichen. Dieses Geständnis muss mindestens einmal ausgesprochen werden, im Fall von Unzucht muss es nach Auffassung der Hanafiten und Hanbaliten jedoch viermal wiederholt werden.[15]

Aber auch ein Geständnis führt nicht unbedingt zur Verurteilung bzw. Anwendung der Strafe: Legt der Angeklagte ein Geständnis ab, so kann der Richter es unter bestimmten Umständen zurückweisen, beispielsweise wenn es nachweislich falsch ist. Legt eine Frau ein Geständnis wegen Ehebruch ab, behandeln Richter dies nicht selten mit Zurückhaltung, da es unter Umständen als Waffe eingesetzt werden kann, um eine Scheidung zu erwirken, die auf anderem Weg nicht herbeigeführt werden kann. Nimmt der Richter das Zeugnis einer der beteiligten Personen – beispielsweise des Mannes, der sich des Ehebruchs bezichtigt – an, kann die von ihm beschuldigte Frau nicht mit in das Verfahren involviert werden, denn für sie liegt kein »Beweis« (Geständnis oder Augenzeugenbericht) vor. Der Richter kann das Geständnis des Mannes auch mit der Begründung abweisen, dass die beteiligte Frau nicht ebenfalls freiwillig ein Geständnis abgelegt hat und die Tat eines Einzelnen bei Ehebruch bzw. Unzucht nicht möglich ist.[16]

Zudem kann das Geständnis von einem Verurteilten jederzeit, auch unmittelbar vor seiner Hinrichtung, zurückgezogen werden. Dann darf der Schuldige nicht getötet werden, da nun kein Beweis mehr für seine Schuld vorliegt. Wird eine Steinigung aufgrund eines Geständnisses vollzogen, kann dem Opfer die Gelegenheit zur Flucht gegeben werden.[17] Wird eine Steinigung durchgeführt, beginnen nach hanafitischem Recht die Augenzeugen mit der Steinigung, danach folgt der Richter oder Imam (Vorbeter, Moscheeleiter), dann die anderen Anwesenden. Es sollten sich möglichst keine nahen Verwandten an der Hinrichtung beteiligen. Wenn der Zeuge nicht den ersten Stein werfen will, wenn er abwesend ist oder verstorben ist, so darf nach hanafitischem Recht die Steinigung gar nicht durchgeführt werden.[18] Nach dem iranischen Strafgesetzbuch werfen die Zeugen den ersten Stein auf den Verurteilten; ist der Täter geständig, beginnt der Richter mit der Steinigung des eingegrabenen Delinquenten.[19]

Eine solche Vielzahl von Vorbedingungen für eine Verurteilung bei Kapitalverbrechen ist der Versuch, das drakonische islamische Strafrecht de facto nicht zur Anwendung kommen zu lassen bzw. abzumildern oder zu umgehen. Hier wird die Dehnbarkeit des islamischen Strafrechts deutlich, zumal der Richter eine Verurteilung herbeiführen kann, indem er die möglichen Umgehungen unbeachtet lässt und den Beschuldigten streng nach Buchstaben verurteilt.

Für alle Kapitalverbrechen sind sehr kurze Verjährungsfristen von zum Beispiel zwei Wochen, einem, sechs oder zwölf Monaten vorgesehen[20], da man davon ausgeht, dass zwei oder sogar vier Zeugen, die ohne triftigen Grund erst nach längerer Zeit ein beobachtetes Verbrechen anzeigen, dies nicht tun, um der Gerechtigkeit Genüge zu tun, sondern aus Hass, Neid oder Rachsucht handeln müssen. Spätere Anklage wird daher vom Gericht nicht mehr angenommen.

In der Theorie gilt ein Angeklagter bis zum Beweis seiner Schuld als unschuldig, im Zweifelsfall muss das Verfahren eingestellt werden.[21] Man beruft sich dabei auf Muhammad, der gesagt haben soll: »Seht in den Fällen, in denen Zweifel bestehen, von der Strafe ab. Lasst den Angeklagten frei, sofern es möglich ist, denn es ist besser, dass der Herrscher sich irrt, indem er dem Beschuldigten vergibt, als dass er sich irrt, indem er ihn bestraft.«[22] Allerdings vertreten muslimische Theologen die Auffassung, dass der Beschuldigte zumindest zu einer leichteren Ermessensstrafe verurteilt werden sollte – die im Einzelfall immer noch sehr hart ausfallen kann –, wenn aufgrund einer mangelnden Beweislage keine Grenzstrafe zu verhängen ist.

Juristen fordern, dass der Angeklagte während des Gerichtsverfahrens nicht unter Druck gesetzt, gefoltert, bedroht oder geschlagen werden darf – einige Theologen erlauben allerdings das Schlagen, weil sie die Auffassung vertreten, ohne Schläge könne selten ein Geständnis erreicht werden –, andere fordern, ein unter der Folter erzwungenes Geständnis solle ebenso wie ein durch Täuschung erlangtes Bekenntnis als nichtig betrachtet werden (über diesen Punkt besteht allerdings keine Einigkeit unter Theologen).[23]

Strafverfahren bei Kapitalverbrechen in der Praxis

So zumindest die Theorie. In der Praxis sehen manche Dinge anders aus: Gerade in islamischen Ländern – allerdings natürlich nicht nur dort – sind Folter und dadurch erzwungene Geständnisse an der Tagesordnung. Die fehlende Rechtsstaatlichkeit macht es in aller Regel unmöglich, über die im Gefängnis erlittene Folter bei einer Berufungsinstanz Klage zu führen.

Eine Frau, die im islamisch-nahöstlichen Kontext auch nur in den leisesten Verdacht des Ehebruchs bzw. einer moralischen Verfehlung gerät, wird in aller Regel hart bestraft werden und das nicht vor Gericht und per Beweisverfahren, sondern durch ihre Familie. Wenn sie mit ihrem Fehlverhalten die von der Gesellschaft und Religion definierten Grenzen überschritten und damit die Ehre der Familie beschmutzt hat, wird sie – vorausgesetzt, ihr Verhalten wird bekannt – in den meisten Fällen von ihrer Familie drastisch in ihre Schranken gewiesen werden und geschlagen, im Haus eingesperrt, rasch verheiratet oder sogar umgebracht werden. Wohl niemand wird in der islamischen Welt rechtlich dafür zur Verantwortung gezogen werden, wenn er – insbesondere im Fall von Ehebruch oder auch Apostasie – sein vermeintliches Recht selbst in die Hand genommen und über den Schuldigen zu Gericht gesessen hat, anstatt einen ordentlichen Gerichtsprozess anzustrengen. Es ist weitestgehender gesellschaftlicher Konsens, dass hier zwar einem vorhersagbaren Ausgang – einer Verurteilung – vorgegriffen wurde, aber bei »erwiesener« Schuld doch kein eigentliches Unrecht begangen worden ist. Daher schützt die Schariagesetzgebung und die Erfordernis, Zeugen oder ein Geständnis vorzulegen, die Frau nicht wirklich, die in den Verdacht des Ehebruchs geraten ist, da sie sich durch die Verurteilung der Gesellschaft in einer Art rechtsfreiem Raum befindet. Aufgrund ihres als große Schande empfundenen Verhaltens wird sie sogar der Möglichkeit eines ordnungsgemäßen Prozesses beraubt.

Hinzu kommt, dass auch die »Zeugenregelung« für Frauen oft keinen wirksamen Schutz darstellt, sondern die Frau ein zweites Mal zum Opfer machen kann: Mag die Bestimmung zur Notwendigkeit von vier Augenzeugen bei Unzucht bzw. Ehebruch ursprünglich als Schutzmaßnahme vor Verleumdung gedacht gewesen sein, wendet sie sich leicht gegen das Opfer einer Vergewaltigung, da es dieses Verbrechen nicht anzeigen kann, wenn es die – wohl in keinem Fall auffindbaren – vier männlichen Augenzeugen nicht aufbieten kann und bei einer Anzeige nun seinerseits der Verleumdung des Ehebruchs bzw der Unzucht angeklagt und zu 80 Peitschenhieben verurteilt werden kann[24], wie es insbesondere in Pakistan nicht selten der Fall ist. Dort soll ein Drittel aller im Gefängnis einsitzenden Frauen unter der Anklage des Ehebruchs bzw. der Unzucht stehen, die von Eltern, Ehemännern oder früheren Ehemännern jederzeit vorgebracht werden und als Waffe gegen unliebsames Verhalten eingesetzt werden kann.[25] Es steht außer Frage, dass in einem Land, dessen Feudalstrukturen Recht stärker von der Fähigkeit seines käuflichen Erwerbs, von Macht und Einfluss in der Gesellschaft abhängig machen als von der unvoreingenommenen Suche nach der Wahrheit, dem Rechtsmissbrauch Tor und Tür öffnen. Zwar ist Vergewaltigung in Pakistan eigentlich ein Kapitalverbrechen, mehr als auf diesen Tatbestand kommt es jedoch auf die Frage an, wer wen anzeigt und dieses Verbrechens bezichtigt.

Die Frage der Zulässigkeit von Indizienprozessen

Erlaubt das islamische Recht Indizienprozesse? Ist eine Verurteilung wegen Ehebruch möglich, wenn eine Schwangerschaft offensichtlich wird, aber weder ein Geständnis noch Zeugenaussagen vorliegen?

Indizienprozesse sind bei Kapitalverbrechen unüblich – ja, nach Auffassung einiger Rechtsschulen nicht gestattet, da das vorgeschriebene Beweisverfahren (Augenzeugen oder Geständnis) umgangen wird. Im Iran wird eine Schwangerschaft nicht als Beweis für Unzucht bzw Ehebruch anerkannt, da ja auch eine Vergewaltigung stattgefunden haben könnte.[26]

Die Rechtsschule der Hanbaliten erlaubt jedoch den Indizienprozess[27], ebenso die der Malikiten, und zwar vor allem wegen Ehebruch bzw. Unzucht schwangerer, geschiedener oder lediger

Mütter. Diese Auffassung geht auf den Gründer der malikitischen Rechtsschule, Malik ibn Anas, zurück, der sich unter Berufung auf den zweiten Kalifen Umar (regierte 634–644) für eine Verurteilung einer nicht in einer Ehe lebenden Schwangeren ausgesprochen haben soll.[28] Hieran wird deutlich, wie sehr die Autorität der Gründer der vier Rechtsschulen aus dem 8. Jahrhundert in die Gegenwart hineinreicht.

Allerdings darf nach Auffassung etlicher Rechtsgelehrter ein aufgrund von Indizien geführter Prozess keine Kapitalstrafe (also auch kein Todesurteil) nach sich ziehen[29], kann also nur eine abgemilderte Strafe nach Ermessen des Richters *(tazir)* bedeuten. Daher wurde im September 2000 Bariya Ibrahim Magazu, eine schwangere, unverheiratete Frau, deren Alter offiziell mit 17 angegeben wurde, inoffizielle Quellen jedoch mit 13 Jahren bezifferten, im Bundesstaat Zamfara, Nigeria, zu 180 Peitschenhieben verurteilt: 100 Peitschenhiebe für die Unzucht selbst und 80 Hiebe für die Verleumdung von Unzucht, da sie drei Männer wegen Vergewaltigung angezeigt hatte. Da sie selbstverständlich weder vier männliche Augenzeugen benennen noch die Täter zu einem Geständnis bewegen konnte, fiel die Schuld der »Verleumdung wegen Unzucht« und die Strafe von 80 Peitschenhieben dafür auf sie zurück. Im Januar 2001, als 40 Tage nach der Geburt des Kindes das Urteil vollstreckt werden sollte, wurde die Strafe auf 100 Peitschenhiebe herabgesetzt, da die Angeklagte mittlerweile ihre Anzeige ihrer drei Vergewaltiger zurückgezogen hatte, also die Anklage auf Verleumdung wegen Unzucht fortfiel.[30]

Hier wird deutlich, wie sich die Regelung zum Schutz vor »Verleumdung von Unzucht« gegen das Opfer wendet und wie die fehlende Rechtsstaatlichkeit und die Willkür der Machthaber bei der Anwendung der Scharia ein Kind zum Opfer eines Schauprozesses und einer grausamen Verurteilung machen, während auf die beteiligten Männer nicht einmal der Schatten eines Vorwurfs fällt: Indem das Alter des Mädchens kurzerhand auf 17 Jahre heraufgesetzt wird, wird die Angeklagte vor dem Gesetz zur Volljährigen. Dies ermöglicht die Anwendung der Kapitalstrafe, der sie als 13-jähriges Kind nicht hätte unterliegen können, da die Scharia und ebenso das Recht des nigerianischen Bundesstaates Zamfara Geschlechtsverkehr mit unter 15-Jährigen prinzipiell als Vergewaltigung betrachten.[31]

An solchen Urteilen wird die menschen- und frauenverachtende »Rechtsprechung« unter Maßgabe der »vollen« Einführung der Scharia zur Schaffung einer »gerechten« Gesellschaft offenkundig: Während die angeklagten Männer keiner Bestrafung, ja nicht einmal einem Verhör unterzogen wurden, wird das Opfer erst vergewaltigt, dann mit 100 Peitschenhieben bestraft und zudem den Rest ihres Lebens als ledige Mutter geächtet werden. Es ist nur allzu offensichtlich, dass hier an einer Angehörigen einer rechtlich benachteiligten Minderheit bzw. unterprivilegierten Schicht, die nicht über den nötigen familiären Schutz verfügte, um eine solche Vergewaltigung gar nicht erst zuzulassen und zudem keinerlei Verbindungen zu den zuständigen Behörden und Entscheidungsträgern besitzt oder über die Geldmittel, um solche Beziehungen herzustellen, ein hilfloses Opfer in den Händen skrupelloser Machthaber wird. Aus dem Westen kommende Proteste gegen die demütigende, gegen die Menschenrechte verstoßende, grausame Bestrafung dieses Kindes prallen an dem Postulat der Scharia als ewig gültiges, vollkommen gerechtes Gottesgesetz ab, sofern die mit Hilfe von Menschenrechtsorganisationen hergestellte Weltöffentlichkeit und damit der moralische Druck nicht zu groß werden, um den Prozess im Sande verlaufen zu lassen oder sich das Opfer womöglich in die westliche Freiheit »abkaufen« zu lassen.

Der Makel der unehelichen Geburt

Ehebruch und Unzucht unterliegen im islamischen Gesetz auch deshalb so harten Strafmaßnahmen, weil das islamische Recht jegliche Vorsorge dagegen treffen will, dass ein Kind mit dem Makel der Unehelichkeit aufwächst. Eigentlich darf es keine unehelichen Kinder in islamischen Ländern geben. Dies wird zunächst durch harte Strafmaßnahmen erreicht, das heißt durch die soziale Kontrolle vor allem der Frauen, durch Bestrafung von Ehebruch und Unzucht sowie durch die Ahndung der Leugnung der Vaterschaft: So wird im Iran nach geltendem Strafrecht ein Vater, der sein leibliches Kind mit den Worten »Du bist nicht mein Sohn« als nichtlegitimes Kind bezeichnet, wegen Verleumdung von Unzucht zur Kapitalstrafe, also zu 80 Peitschenhieben, verurteilt.[32]

Um darüber hinaus das Stigma der unehelichen Geburt von Kindern abzuwenden, haben etliche islamische Länder die für eine Schwangerschaft übliche Frist von rund 280 Tagen gesetzlich verlängert bzw. verkürzt. Ein Kind, das mindestens sechs Monate nach einer Eheschließung und spätestens zwei Jahre nach einer Scheidung geboren wurde, gilt beispielsweise nach hanafitischem Recht als rechtmäßig innerhalb der Ehe gezeugtes Kind. Die Begründung dafür liegt für muslimische Theologen in Sure 46,15 und Sure 31,14: Sure 31,14 beziffert die Stillzeit eines Säuglings mit 24 Monaten; Sure 46,15 benennt die Dauer von insgesamt 30 Monaten für Schwangerschaft und Stillzeit. Aus der Differenz wird die Dauer einer Schwangerschaft mit 6 Monaten »errechnet«. Ebenso kann nach juristischer Definition eine Schwangerschaft auf bis zu zwei Jahre »verlängert« werden (einige Juristen gehen von bis zu fünf Jahren aus[33]). Die Begründung dafür lautet, dass der »Keim« in der Gebärmutter eine Zeit lang »geschlafen« habe und erst später zum Leben erweckt worden sei. (Schiiten beschränken die Schwangerschaftsdauer allerdings auf neun Monate, die meisten

Sunniten heute de facto auf ein Mondjahr, also 354 Tage.[34]) Das nigerianische Recht geht von einer ehelichen Zeugung aus, wenn das Kind frühestens nach 174 Tagen und spätestens nach 360 Tagen nach Aufnahme bzw. Beendigung der ehelichen Beziehungen geboren wird. Kommt ein Kind außerhalb dieser Fristen zur Welt oder kann der infrage kommende Ehemann seine Abwesenheit von zu Hause während dieses Zeitraumes beweisen, geht man von einer außerehelichen Beziehung aus.[35] Auch die per gesetzlicher Definition »verlängerte« oder »verkürzte« Schwangerschaft muss als Versuch der Abmilderung bzw. Umgehung des harten islamischen Strafrechts aufgefasst werden.

Tatsächlich ist es so, dass in den meisten islamischen Ländern weder Steinigungen noch Amputationen noch Auspeitschungen durchgeführt werden; insgesamt gesehen hat jedoch ihre Zahl in den letzten Jahrzehnten zugenommen. In einigen Ländern wie Afghanistan, Sudan, Nigeria, Iran und Saudi-Arabien sind in den vergangenen Jahren einige Schariaprozesse geführt und die Todesstrafe hauptsächlich wegen Ehebruch und Unzucht durch öffentliche Exekutionen vollstreckt worden, denn viele Theologen fordern, dass die Bestrafungen für Kapitalverbrechen (auch Auspeitschungen oder Amputationen) der Abschreckung wegen öffentlich stattfinden sollen. In Libyen soll die einzige Hadd-Strafe, die seit der Islamisierung der Gesetze vollstreckt worden ist, eine Auspeitschung wegen Alkoholgenuss gewesen sein.[36] Bei Diebstahl soll im Wiederholungsfall in Libyen nach einer bereits erfolgten Handamputation statt der von der Scharia vorgeschriebenen Fußamputation eine Gefängnisstrafe zur Anwendung kommen.[37]

In einigen Ländern, in denen man verlauten ließ, dass die Scharia wieder »in vollem Umfang« eingeführt werde, haben sich unter dieser Maßgabe paramilitärische, von der Regierung unabhängig operierende Organisationen gebildet, die die Anwendung der Schariagesetzgebung selbst in die Hand genommen haben, was einer teilweisen Auflösung der bestehenden rechtlichen Strukturen gleichkam und Gewalt und Willkür Tor und Tür öffnete, wie beispielsweise in Nigeria.[38] Dort sind etwa seit dem Jahr 2000 mehrere Bestrafungen von Kapitalverbrechen nach der Scharia aktenkundig geworden, und zwar nicht nur im Fall von Ehebruch und Unzucht: So wurden beispielweise im Bundesstaat Sokoto am 1. Juli 2001 und am 7. Juli 2001 je einem Dieb für den Diebstahl von Autoersatzteilen, deren Wert mit 152 US-Dollar beziffert wurden, und dem Diebstahl einer Ziege jeweils die rechte Hand amputiert.[39]

Verbrechen mit Wiedervergeltung (Qises-Vergehen)

Neben den wenigen Grenzvergehen nennen Koran und Überlieferung einige Vergehen, für die eine Wiedervergeltung *(qisas)* vorgesehen ist. Es geht um Verbrechen, die die Privatrache seitens des Opfers bzw. seiner Familie erlauben. Statt der Vergeltung kann auch als Ersatzleistung die Zahlung des Blutpreises gestattet werden. Außerdem muss der Schuldige eine verdienstvolle gute Tat vor Gott erbringen, zum Beispiel zwei Monate zusätzlich fasten oder einen Sklaven freilassen bzw. den entsprechenden Geldwert dafür entrichten.

Unter die Verbrechen mit Wiedervergeltung fallen Vergehen gegen Leib und Leben eines Menschen, die beabsichtigte und unbeabsichtigte Verletzung oder Verstümmelung eines Menschen sowie der mit und ohne Vorsatz ausgeführte Angriff auf eine Person mit oder ohne Todesfolge, also auch Mord und Totschlag.

Während bei Kapitalverbrechen ausschließlich Augenzeugen oder ein Geständnis eine Verurteilung herbeiführen können, sind bei Vergehen mit Wiedervergeltung auch anderweitige Beweisverfahren möglich, beispielsweise Zeugenaussagen. Die Zeugen müssen volljährig, im Vollbesitz ihrer geistigen Kräfte und glaubwürdig in Bezug auf ihre Erinnerung, ihre Ausdrucksfähigkeit und ihren Charakter sein.[40] Strittig unter Theologen ist die Frage, ob das Zeugnis eines Nichtmuslims gegen einen Muslim angenommen werden darf. Nur die Hanafiten erkennen es an.[41]

Bemerkenswert ist die Tatsache, dass nach Auffassung der Scharia die Tötung eines Menschen – auch der vorsätzliche Mord – nicht zu den Kapitalverbrechen gehört, weil hier nicht Gottes Recht, sondern nur menschliches Recht verletzt wurde. Das bedeutet, dass Ehebruch unter die Kapitalverbrechen einzuordnen ist, während Mord zu den Vergehen mit Wiedervergeltung gehört: »So muss im schlimmsten Fall ein Ehebrecher gesteinigt werden, während ein Mörder mit Fasten und Zahlung eines Blutpreises davonkommt.«[42]

Die Tötung eines Menschen fällt dann unter die Verbrechen mit Wiedervergeltung, wenn es sich nicht um eine »berechtigte« Tötung handelte, also zum Beispiel nicht in Folge einer Kampfhandlung während eines Krieges und es auch keine – berechtigte – Bestrafung für Ehebruch oder Abfall vom Islam war. Wer also außerhalb dieser erlaubten Fälle einen Menschen verletzt oder tötet, dem kann nach gerichtlicher, eindeutiger Feststellung der Schuld unter Aufsicht des Richters dieselbe Verletzung zugefügt werden, oder er kann von den Verwandten des Opfers getötet werden: »O ihr Gläubigen! Euch ist Wiedervergeltung für die Getöteten vorgeschrieben: Der Freie für den Freien, der Sklave für den Sklaven, und die Frau für die Frau!« (Sure 2,178), und: »Wurde aber jemand zu Unrecht getötet, geben wir seinem nächsten Verwandten Vollmacht (zur Vergeltung) « (Sure 17,33).

»Vergeltung« bedeutet in der Praxis, dass beim Tod eines Menschen entweder die Tötung des Schuldigen durch Enthauptung mit dem Schwert (so die Auffassung der Hanafiten) oder eine Tötung auf dieselbe Art und Weise, wie der Täter sein Opfer umgebracht hat, stattfinden soll (so die Auffassung der Malikiten und Schafiiten[43]). Eine Wiedervergeltung kann jedoch nur stattfinden, wenn es sich bei dem Täter um einen Erwachsenen handelt, der sich in vollem Besitz seiner Geisteskräfte befindet, also voll schuldfähig ist. Ferner ist die Wiedervergeltung an die Bedingung gebunden, dass der zur Rache Berechtigte (das Opfer selbst oder der nächste männliche Verwandte des Opfers) dies ausdrücklich verlangt und die Beweislage eindeutig ist (andernfalls kommt nur eine Ersatzzahlung in Betracht). Im Fall des Todes eines Menschen kann ausschließlich der Vater oder Großvater des Opfers Vergeltung fordern, im Fall der Verletzung nur das Opfer selbst – sonst niemand aus der Familie. Sind diese Personen nicht mehr am Leben oder können sie diese Forderungen nicht erheben, ist eine Wiedervergeltung ausgeschlossen. Eine weitere Bedingung ist das Prinzip der Gleichheit: nur eine Frau darf für eine Frau getötet werden, nur ein Sklave für einen Sklaven (gemäß Sure 2,178). Kann diese Gleichheit nicht hergestellt werden, darf nach hanafitischer Auffassung keine Wiedervergeltung geübt werden, wohl aber nach Auffassung der übrigen drei sunnitischen Rechtsschulen. Tötet ein Muslim einen Christen oder ein freier Mann einen Sklaven (also ein nach islamischer Rechtsauffassung Höhergestellter einen Niedrigergestellten) ist nach malikitischem Recht keine Tötung des Täters möglich, sondern nur eine Ersatzleistung, die Zahlung des Blutpreises.[44]

Hat ein Angeklagter einer anderen Person eine Verletzung zugefügt, darf dem Täter gemäß Sure 5,45 unter Aufsicht des Richters dieselbe Verletzung unter Wahrung des Gleichheitsgrundsatzes beigebracht werden: »Leben um Leben, Auge um Auge, Nase um Nase, Ohr um Ohr, Zahn um Zahn; und auch für Verwundungen gilt die Wiedervergeltung.« Im iranischen Strafgesetzbuch heißt es dazu: »Eine Verletzung, die als Vergeltung zugefügt wird, muss in ihrer Länge und Breite der Körperverletzung entsprechen; wo es möglich ist, ist auch die Gleichheit bei der Tiefe zu beachten … Zur Berücksichtigung der Gleichheit der Vergeltung mit der Körperverletzung müssen die Ränder der Wunde genau ausgemessen werden.«[45]

Verzichtet das Opfer auf die Zufügung derselben Verletzung beim Täter oder der Vater oder Großvater des Todesopfers auf die Tötung des Schuldigen, kann stattdessen eine Entschädigung an das Opfer bzw. seine Familie bezahlt werden, das Blutgeld *(diya)*. Der Verzicht auf Blutrache kommt vor allen Dingen bei unbeabsichtigter Tötung eines Menschen in Betracht oder dann, wenn die geforderte Gleichheit zwischen Opfer und Täter nicht hergestellt werden kann. Die Zahlung des Blutgeldes bezeichnet der Koran als »Erleichterung und Barmherzigkeit« (Sure 2,178) oder auch als »Mildtätigkeit« (Sure 4,92) – die Berechtigung von Rache und Vergeltung an sich stellt der Koran nicht in Frage.

Der Blutpreis wird in der Überlieferung mit 100 Kamelen angegeben[46], wobei Einigkeit unter muslimischen Theologen darüber besteht, dass für eine Frau ein geringerer Blutpreis zu entrichten ist. Meist wird er auf die Hälfte des für einen Mann üblichen Preises festgelegt. Für einen Nichtmuslim beträgt er ebenfalls die Hälfte oder sogar nur ein Drittel.[47] Im Iran beträgt der Blutpreis für einen muslimischen Mann derzeit 100 fehlerlose Kamele, 200 Kühe oder 1000 Hammel, 200 jemenitische Gewänder und 1000 Dinar oder 10 000 Silberdirham.[48] Im nigerianischen Bundesstaat Kano soll, wenn von dem berechtigten Verwandten des Opfers weder Vergeltung noch der Blutpreis gefordert wird, der Täter zu einer Gefängnisstrafe von zehn Jahren verurteilt werden, in Zamfara zu 100 Peitschenhieben und einem Jahr Gefängnis.[49]

Außer der Wiedervergeltung oder Entrichtung des Blutpreises soll der Schuldige, um vor Gott seine Schuld zu sühnen, einen Sklaven freilassen oder, sofern er dazu nicht in der Lage ist, zwei Monate zusätzlich fasten. Für die absichtliche Tötung eines Menschen droht der Koran Gottes Zorn, seinen Fluch und die Höllenstrafe an: »Und wer einen Gläubigen vorsätzlich tötet, dessen

Lohn ist die Hölle, dass er darin bleibe. Und Gott ist zornig auf ihn und hat ihn verflucht, und er bereitet ihm eine gewaltige Qual« (Sure 4,93). Juristische Werke erörtern die Frage, wie die vorsätzliche und unabsichtliche Tötung zu definieren seien, da nach dem Koran die Strafe milder ausfällt, wenn ein Mensch einen anderen Menschen »aus Versehen« getötet hat (Sure 4,94–95).[50] Die volle Strafe kann nur denjenigen treffen, der volljährig und im Vollbesitz seiner geistigen Kräfte ist; also weder den geistig Behinderten noch das Kind (in manchen Ländern endet die Kindheit juristisch allerdings bereits mit 15 Jahren).

Auch in Bezug auf die Verbrechen mit Wiedervergeltung gilt wie für die Kapitalverbrechen, dass durch die zahlreichen Hürden, die die islamische Theologie der Rache vorangestellt hat, die harten Bestimmungen des islamischen Strafrechts häufig nicht zur Anwendung kommen werden. Aber auch hier muss die Theorie von der Praxis getrennt werden: wird – insbesondere in einer von Stammestraditionen geprägten islamischen Gesellschaft wie beispielsweise in Afghanistan – Privatrache ohne vorherige gerichtliche Untersuchung geübt, wird die allgemeine gesellschaftliche Meinung diese »vorlaufende Gerechtigkeit« billigen und nicht als Unrecht betrachten. Muslimische Theologen betonen zwar, dass die Blutrache im Fall des Angriffs auf die Ehre, den Besitz, die Würde oder den guten Ruf eines Menschen unzulässig sei, da es hierbei nicht um das eigene Leben und die Gesundheit ginge, also streng genommen kein Fall für Wiedervergeltung vorläge.[51] Diese Warnung wird vor dem kulturellen Hintergrund des Nahen und Mittleren Ostens verständlich, in dem die Ehre in aller Regel als höchstes Gut betrachtet wird, deren Wert weit höher als ein Menschenleben beurteilt wird. Zur Wiederherstellung der Ehre muss in bestimmten Fällen Blut fließen; die Tötung dieses Menschen wird dann von der Gesellschaft kaum als »Mord« beurteilt werden.

Ermessensvergehen (Tazir-Vergehen)

Da zahlenmäßig nur die wenigsten Vergehen Kapitalvergehen oder Verbrechen mit Wiedervergeltung sind, fallen die meisten Vergehen nach dem islamischen Strafrecht unter die »Ermessensvergehen«, für deren Strafmaß es keine Anhaltspunkte in Koran und Überlieferung gibt. Ihre Ahndung liegt letztlich im Ermessen *(tazir)* des Richters in Übereinstimmung mit lokalen Rechtstraditionen der einzelnen Länder. Der Begriff der Ermessensvergehen gründet auf das weite Ermessen des Richters, in das die Strafe in diesen Fällen gestellt ist.

Zu den Ermessensvergehen gehören zum Beispiel Aufruhr, falsches Zeugnis, Beleidigung, Bestechung, Urkundenfälschung, Unterschlagung, Verkehrsverstöße, Betrug, Erpressung, Entführung sowie Kapitalverbrechen, die durch ein mangelhaftes Beweisverfahren nicht mit der Höchststrafe belegt werden können. Auch Totschlag und Mord können, sofern die betroffene Familie keine Vergeltung fordert oder kein Berechtigter für die Vergeltung vorhanden ist, nach Ermessen des Richters bestraft werden.

Der Richter kann harte Strafen verhängen, wie lange Gefängnisstrafen (auf eine bestimmte Zahl von Jahren begrenzte und unbegrenzte Haft), Verbannung, Auspeitschung (die Ansichten unter muslimischen Theologen variieren von 20 bis 99 Peitschenhieben[52]) oder Geldstrafen. Der Richter kann den Täter seines Amtes entheben oder seinen Besitz beschlagnahmen (die Hanafiten lehnen diese letzte Strafmaßnahme ab, die Malikiten erkennen sie als rechtmäßig an[53]). Auch eine bloße Ermahnung oder ein Tadel kann als Ermessensstrafe gelten. Der Richter kann den Schuldigen öffentlich bloßstellen und öffentlich vor ihm als einer nicht vertrauenswürdigen Person warnen.[54] In schweren Fällen kann der Richter für Ermessensvergehen sogar die Todesstrafe verhängen, und zwar nach verbreiteter Auffassung vor allem bei Gewohnheitstätern ohne Aussicht auf Besserung: Homosexuelle, Verkünder von Häresien, die die islamische Gemeinschaft spalten, Mörder, sofern ihre Tat nicht durch Vergeltung gerächt wird, Rauschgifthändler oder Spione.[55] Allerdings ist die Berechtigung der Verhängung der Todesstrafe unter den Rechtsgelehrten strittig, denn einige Theologen sind der Auffassung, dass eine Ermessensstrafe nie den Umfang einer Kapitalstrafe erreichen dürfe.

Die Ermessensstrafe scheint aus westlicher Perspektive aus mancherlei Sicht problematisch: Zum einen ist die Bandbreite an Straftatbeständen, die in den Ermessensbereich des Richters fallen, immens. Vor allem dort, wo kein kodifiziertes Strafgesetzbuch vorliegt (wie wohl derzeit beispielweise noch in Bahrain, Qatar, Oman und in den Vereinigten Arabischen Emiraten) ist die Bestrafung für ein Vergehen, das kein Grenz- und kein Wiedervergeltungsverbrechen darstellt, weitgehend offen. Die Schaffung rechtsstaatlicher Strukturen ist unmöglich, da von Seiten des Staates keine vorherige Festlegung des Strafmaßes für bestimmte Vergehen existiert.

Bisweilen argumentieren muslimische Theologen, dass in dieser Rechtsunsicherheit ein Vorteil läge, denn der Herrscher eines Landes könne auf diese Weise alle Vergehen bestrafen, die er für das Wohlergehen der Gemeinschaft für abträglich hielte[56]; schließlich solle eine Bestrafung den Täter zur Besserung erziehen[57] und ihn der Gesellschaft als geläutertes Mitglied wieder zuführen.[58] Das westlicher Rechtsstaatlichkeit zugrunde liegende Prinzip »nulla poena sine lege« (keine Bestrafung ohne – zuvor erlassenes – Gesetz) wird hier ins Gegenteil verkehrt. Auch die unbefristete Gefängnisstrafe ist ein Kennzeichen fehlender Festlegung seitens des Staates. Der Schuldige kann in bestimmten Fällen ohne vorherige Definition eines Entlassungstermins inhaftiert werden, auf unbestimmte Frist, »bis er bereut«.[59] So verwundert es nicht, dass sich in etlichen islamischen Ländern – allerdings nicht nur dort – Menschen lange Jahre ohne Anklage, ohne Gerichtsverhandlung, ohne

Möglichkeit der Verteidigung, ohne rechtskräftige Verurteilung und ohne Festlegung eines konkreten Strafmaßes im Gefängnis befinden oder andere nach Verbüßung ihrer Strafe weiter inhaftiert bleiben, wie es beispielsweise derzeit bei zahlreichen verurteilten Anhängern islamistischer Bewegungen in Ägypten der Fall ist.

Das islamische Strafrecht – gerecht und gut?

Muslimische Apologeten betonen häufig, dass einzig das islamische Strafrecht ein System sei, das einer Gesellschaft Gerechtigkeit und Frieden beschere, viel mehr, als das westliche Strafrecht es je könnte. Die meist öffentlich vollzogenen drakonischen Strafen und der dabei zugefügte körperliche Schmerz dienten der Abschreckung und damit der Verhinderung weiterer Verbrechen. Im Übrigen seien die islamischen Strafen weitaus »humaner« als die im Westen häufig verhängte, oft langjährige Gefängnisstrafe, die den Täter der Gesellschaft zur Last fallen ließe und ihm keine Möglichkeit gäbe, wieder in die Gesellschaft zurückzukehren, zumal viele Häftlinge erst im Gefängnis zu Gewohnheitsverbrechern würden.[60] Zudem seien, so die muslimische Apologetik weiter, zahlreiche gesellschaftliche Übel, wie der Alkohol- und Drogenkonsum oder die Prostitution, aus dem Westen importierte und teilweise erst seit der Kolonialherrschaft in der islamischen Welt fest verwurzelte Übel, die am ehesten durch eine Rückbesinnung auf die Scharia, Gottes vollkommenes Gesetz der Gerechtigkeit, eliminiert werden könnten.

Unberücksichtigt bleibt bei dieser Argumentation, dass ein Dieb, dessen rechte Hand und dessen Fuß amputiert wurden, zwar nicht durch eine Gefängnisstrafe der Gesellschaft zur Last fallen, aber aufgrund der Amputationen kaum noch in der Lage sein wird, seinen eigenen Lebensunterhalt zu verdienen. Zudem schreckt die rigide Bestrafungspraxis in Nigeria auch vor jugendlichem Alter eines Täters nicht zurück: So wurde am 25. Juli 2001 ein 15-jähriger Junge für einen Diebstahl von rund 285 US-Dollar in Bernin Kebbi, der Hauptstadt des Bundesstaates Kebbi, zur Amputation seiner rechten Hand verurteilt[61], nach aller Wahrscheinlichkeit, weil er unter der Scharia ab dem Alter von 15 Jahren als »erwachsen« und damit als schuldfähig gilt.

Die Scharia, so die muslimische Apologetik, sei den Menschen von Gott »als Gnade« geschenkt worden, um die Gesellschaft zu schützen und ihre Interessen, ihre Moral und Tugend zu bewahren.[62] Der Vorteil gegenüber der westlichen Gesetzgebung, so wird häufig argumentiert, sei die Tatsache, dass die Scharia ein unveränderliches Gesetz von göttlichem Charakter sei, zeitlos gültig, für alle Menschen und alle Zeitalter auf der ganzen Erde entworfen, während der Westen einem säkularen, von Menschen gemachten Gesetz folge[63], das daher kaum in der Lage sei, Gerechtigkeit zu schaffen, da es von Menschen formulierten Zielen folge. Wenn dagegen alle Menschen der Scharia unterstellt wären – so die muslimische Theologie – würde jeder in Frieden, Gerechtigkeit und Sicherheit leben können. Frieden – auch Religionsfrieden – entsteht nach muslimischer Auffassung also durch die Schaffung einer homogenen Gesellschaft, in der der Islam das verbindende, identitätsstiftende Element ist. Gäbe es keine dem Islam gegenüber nichtloyalen Bürger mehr – Nichtmuslime – würde der Islam von selbst Frieden zwischen Menschen herbeiführen.[64]

Wenn sich Menschen hier auf der Erde auf das islamische Gesetz, die Scharia ausrichten, geht es daher nicht nur um eine Vorbereitung auf das Jenseits: Die gerechte, göttliche Gesellschaft nach dem Willen und Gesetz Gottes kann schon hier und heute errichtet werden. Die Scharia erziehe den Menschen zum Guten, sie verändere den Einzelnen, reinige sein Gewissen, sie warne die Menschen vor den Folgen der Sünde im Diesseits und Jenseits und verhindere das Böse, indem sie das Schlechte verbiete.[65] – Leider sind diese hehren Ziele nur schwer mit den Zuständen in denjenigen islamischen Ländern in Einklang zu bringen, die sich in den vergangenen Jahrzehnten der vollständigen Einführung der Scharia verschrieben haben, wie der nachrevolutionäre Iran oder Afghanistan unter der Taliban-Herrschaft. Überall dort, wo die Scharia vermeintlich »vollständig« zur Anwendung kommt, wo Körperstrafen wie Auspeitschungen und Amputationen auf der Tagesordnung stehen und Exekutionen stattfinden, leben viele Menschen in großer Armut, aber immer in Furcht vor Terror und Willkür, vor Gefängnis und Folter, vor Unterdrückung und dem Ende aller persönlichen Freiheiten.

Die Bedeutung der Scharia heute

»Die Scharia ist der Königsweg, die gerade Straße«[66], das ideale Gesetz Gottes, das allen menschlichen Gesetzeswerken überlegen ist, weil als sein Urheber Gott selbst gilt. Mit der Offenbarung des Korans, den Aufzeichnungen der Überlieferung und den daraus abzuleitenden Gesetzen der Scharia hat Gott dem Menschen alles Erforderliche mitgeteilt, damit er die Angelegenheiten seines diesseitigen Lebens im Einklang mit dem Willen Gottes regeln kann.

Recht und Religion sind im Islam von Anfang an aufs engste miteinander verbunden gewesen. Muhammad war der religiöse Führer seiner Gemeinschaft, aber gleichzeitig auch ihr Gesetzgeber. Auch die Religionsausübung unterliegt dem Gesetz, denn das Gesetz definiert, wie die Religion praktiziert werden muss. So sind die Uhrzeiten der täglichen fünf Gebetszeiten ebenso festgelegt wie die Gebetsrichtung auf Mekka, die Bedeckung der Männer (vom Nabel bis zum Knie) und der Frauen (vollständige Bedeckung außer Gesicht und Händen), die erforderliche Reinheit (erreicht durch rituelle Waschungen), der Ablauf des Gebets (mit detailliert vorgeschriebenen Niederwerfungen auf Gesicht und Hände), die Worte (festgelegte Gebetsformeln, Lobpreis Gottes, Koranverse) und die Sprache (ausschließlich Arabisch). Jegliche Abweichung davon macht das Gebet in rechtlicher Hinsicht ungültig, und es zählt dann nicht zur Erfüllung der fünf täglichen Gebete hinzu. Religion und Gesetz sind untrennbar miteinander verbunden, ja die Ausübung der Religion findet unter Beachtung der rechtlichen Vorschriften dazu statt.

Dass der Islam nach der Nationalstaatenbildung im Laufe des 20. Jahrhunderts in den meisten islamischen Ländern zur Staatsreligion erhoben wurde, betont diese Einheit von Recht und Religion zusätzlich: Im islamischen Staat ist der Staat beauftragt, den Islam und das islamische Recht zur Anwendung zu bringen. Ging man vor einigen Jahrzehnten noch davon aus, dass die Bedeutung des islamischen Rechts unter der Einwirkung europäischen Einflusses im Zuge der Globalisierung zurückgehen und auch die islamische Welt von einer unaufhaltsamen Säkularisierung ergriffen würde, zeichnete sich spätestens in den 70er Jahren ab, dass in vielen islamischen Ländern eine umgekehrte Entwicklung einsetzte, die eine Rückbesinnung und Neuorientierung auf das islamische Recht mit sich brachte, wobei sich allerdings die Umsetzung der angestrebten Islamisierung in ausgewogenen Detailgesetzen und der Schaffung eines lückenlosen Rechtskodexes – dessen Grundlage allein die Scharia ist – als überaus schwierig erwies.

1979 postulierte und 1982/83 kodifizierte der Iran die Einführung der Scharia, 1983 der Sudan, 1979 Pakistan, Libyen und der Jemen 1994, ab 2000/2001 sind einige der nördlichen Bundesstaaten Nigerias hinzugekommen und haben teilweise das islamische Strafrecht eingeführt. Dabei enthält die Familiengesetzgebung nach Maßgabe der Scharia auch ein selbstidentifizierendes wie abgrenzendes Moment, das insbesondere in der ideologischen Auseinandersetzung mit dem Westen die islamische Identität definiert. Enttäuscht von westlichen Ideologien und westlicher Politik, konfrontiert mit vielerlei Schwierigkeiten wie einer hohen Arbeitslosigkeit, Überbevölkerung, Landflucht, Bildungsmisere und Unterentwicklung, suchen islamische Länder Neuorientierung und glauben, die Quelle der Wiederbelebung islamischer Stärke in der Rückbesinnung auf den Islam zu finden.

Die Autorität der Scharia an sich wird in der islamischen Welt nirgends hinterfragt. Zwar haben einzelne Intellektuelle Modelle entworfen, die die Ausrichtung von Gesellschaft und Politik auf den Islam missbilligen. Sie möchten den Islam auf eine rein persönliche Glaubensbeziehung zwischen Gott und dem Menschen reduzieren und lehnen seinen gesetzgeberischen bzw. politischen Anspruch ab, aber dieser Ansatz hat sich bisher nicht durchsetzen können. Erhebliche Teile des Korans müssten dann als Offenbarungen von zeitlicher Begrenztheit interpretiert werden – was die absolute Mehrheit der Theologen ablehnen würde – zumal der Islam gemessen an seinem Selbstverständnis nie dazu entworfen worden war, ausschließlich persönliche Ethik zu sein: »Sich zu dieser Religion zu bekennen, ohne das Gesetz in seiner Gänze zu bejahen und als unbezweifelbaren und stets gültigen Maßstab für jegliches Tun und Lassen zu befolgen, ist unmöglich; denn das Gesetz ist ein wesentlicher Teil der islamischen Heilsbotschaft.«[67]

Den Islam auf eine bloße Ethik zu reduzieren, hieße auch, das unzweifelhaft nachzuahmende Vorbild Muhammads und seine Anweisungen in rechtlichen Fragen – beispielsweise die Anordnung, Abtrünnige vom Islam mit der Todesstrafe zu belegen – abzulehnen. Während die frühe Orientalistik Muhammad vorwarf, für einen Religionsstifter, der mit dem Anspruch aufgetreten war, Gottes Offenbarungen zu verkünden, zu grausamen Mitteln im Umgang mit seinen Feinden gegriffen zu haben (Rache, Vertragsbruch, Ermordung seiner Feinde, Kriegszüge gegen die Juden), ist die zeitgenössische Orientwissenschaft zu dem Schluss gekommen, dass Muhammads Methoden und Vorgehensweisen, gemessen an seiner Zeit und den Gesetzen der arabischen Blutfehde und

Vergeltung, weder außergewöhnlich grausam noch verwerflich gewesen seien. Die Schwierigkeit für eine Adaption an die Moderne liegt darin, dass eben nicht nur die ethischen Anweisungen des Korans als zeitlos gültige Offenbarung betrachtet werden, sondern das Vorbild Muhammads – seine Kriegsführung und der Umgang mit seinen Feinden ebenso wie seine Gesetze und rechtlichen Regelungen – zur Norm erhoben und jedem Gläubigen unhinterfragbar zur Nachahmung empfohlen werden.

Säkularisierung oder Islamisierung?

Daher sind einer »Aufklärung« oder »Humanisierung« der Scharia enge Grenzen gesetzt. Gesetz und Ethik innerhalb des Korans zu trennen, scheint in der Praxis – aufgrund der Vorbildfunktion Muhammads als religiöser wie politischer Führer – unmöglich und eine Umdeutung oder Abtrennung des gesetzgeberischen Teils des Korans aus muslimischer Sicht unvorstellbar: »Andererseits sind das Abhauen von Hand und Fuß, das Kreuzigen und Auspeitschen als eindeutige Weisungen im Koran enthalten. Darüber hilft auch kein erneutes Überdenken aufgrund eigenen Bemühens *(ijtihad)* hinweg. Der Islam läßt sich eben nicht zu einem milden Humanismus verkürzen.«[68] Zudem steht im Arabischen der Terminus »Neuerung«, der aus westlichem Blickwinkel für Fortschritt und neue Betrachtungsweisen steht, im Arabischen für Verfälschung und Abweichung vom vorgezeichneten Glaubensweg der »frommen Vorväter« *(as-salaf as-salih):* Der arabische Begriff für »Neuerung«, *bida,* hat die Färbung von »unzulässiger Neuerung« und bedeutet zugleich »Ketzerei« oder »ketzerische Lehre«.

Mit dem sich dem Ende zuneigenden 20. Jahrhundert strebten in zahlreichen islamischen Ländern verschiedene Kräfte eine erneute Islamisierung der Gesellschaft, eine Ausrichtung am islamischen Gesetz, an. Die vielfältigen Aktivitäten der ägyptischen

Muslimbruderschaft, die 1981 in der Ermordung von Anwar al-Sadat gipfelten, fallen ebenso darunter wie die Islamische Revolution ab 1979. Allerdings vertraten muslimische Gruppierungen sehr unterschiedliche Auffassungen in der Frage, wie die vollständige Islamisierung der islamischen Gesellschaft durchgesetzt werden solle. Unterschiedliche Ansätze ergeben sich zwischen Islamisten, die eine Wiederherstellung des Ur-Islam erstrebten – der Zustände des 7. Jahrhunderts zu Lebzeiten Muhammads – zwischen Modernisten und Islamisten, die das islamische Gesetz bei seiner vollen Beibehaltung auf die heutigen Gegebenheiten anwenden möchten und den Traditionalisten, die eine Rückbesinnung auf die Vergangenheit fordern; gemeinsames Element ist jedoch die Rückbesinnung auf das göttliche Gesetz der Scharia als einzige oder »Hauptquelle der Gesetzgebung«.[69] Das islamische Recht muss von allen anderen – vor allem westlichen – Einflüssen gereinigt werden, die letztlich zu Ungerechtigkeit und Unterdrückung führen. Eine wesentliche Frage ist dabei auch die Stellung und Rolle der Frau, die auch in der islamischen Welt zwischen Frauenrechtlerinnen, Traditionalisten und Modernisten heftig diskutiert wird. Mit der Rückbesinnung auf den Islam haben die meisten islamischen Länder – mit Ausnahme von Saudi-Arabien und einiger Golfstaaten – das Ehe- und Familienrecht, allerdings lückenhaft, kodifiziert und in den vergangenen Jahrzehnten Personalstatutsgesetze erlassen.[70] Die einen sehen darin eine Bedrohung für den Islam, weil durch Gesetzeskodifikationen die Rechte der Frauen erweitert und die Scharia abgemildert würde, die anderen sehen in der weiteren Rückbindung an die Scharia ein Hindernis auf dem Weg zu einer aufgeklärten Gesellschaft.

Recht und Religion – eine Einheit

Die Religion des Islam spielt also für den rechtlichen Bereich eine ebenso wichtige Rolle wie das islamische Recht für die Religion. Das Fehlen einer Trennung zwischen Religion und Staat, einer den europäischen Entwicklungen vergleichbaren Aufklärungsepoche sowie sich daraus ergebend, einer Säkularisierung und allgegenwärtigen Religionskritik hat zur Folge, dass die Religion in der islamischen Welt nicht nur konstituierender Faktor der Vergangenheit war, sondern auch im heutigen gesellschaftlichen Leben prägend in Erscheinung tritt. Da die islamische Welt keine der westlichen Welt vergleichbare Aufklärung und Säkularisierung durchlaufen hat, hat der Islam in weitaus größerem Maß für das private wie öffentliche Leben Bedeutung, als dies auf die christliche Religion und den westlichen Kontext zutrifft. Jedem Besucher islamischer Länder wird nicht nur die im Vergleich mit Europa überall ins Auge fallende, öffentlich praktizierte Religiosität auffallen (Moscheegebete, Fasten im Ramadan), die Allgegenwart religiöser Formulierungen (*inscha'llah* – wenn Gott will, *al-hamdu lillah* – Gott sei Dank), sowie die Ausrichtung des gesellschaftlichen Lebens auf die Religion in der Öffentlichkeit wie im Privatbereich. Religion bedeutet nicht sentimentale Zugabe im jährlichen Festkalender oder das Festhalten an überkommenen Traditionen einiger weniger Rückwärtsgewandter, sondern ist als richtungsweisender Bestandteil des Alltags von immenser praktischer Bedeutung.

Kinder werden mit dem Inhalt von Koran und Überlieferung nicht nur im häuslichen Umfeld bekannt gemacht, sondern auch in der Schule, der Koranschule und der Moschee, wo Koranverse auswendig gelernt werden und Koranlesungen und Predigten an Freitagen oder Festtagen stattfinden. Muslime leben mit Überlieferungstexten, die bei passender Gelegenheit zitiert werden, mit dem täglich fünfmaligen Gebetsruf zum Pflichtgebet, der die

Kernpunkte islamischer Dogmatik verkündet, der religiösen Eheschließung vor dem Imam, den mit religiösen Elementen durchsetzten Trauerzeremonien und den mit der Scharia begründeten Urteilen in Familien- und Ehestreitfällen.

Eine rein private Religionsausübung ist aufgrund dessen im Islam nicht vorgesehen. Die private Religionsausübung ist zwar ebenfalls vorhanden, geht jedoch Hand in Hand mit der Befolgung der Gebote, die die ganze Gemeinschaft, den gesellschaftlichen und rechtlichen Bereich betreffen. Mit der Ehe und Familie ist sowohl der private als auch der gesellschaftliche Bereich, die Religion als auch das islamische Recht eng verwoben, und zwar insofern, als dass in allen islamischen Ländern – die Türkei mit ihrer Ausrichtung am Schweizerischen Zivilgesetzbuch bildet die einzige Ausnahme – die Scharia, das religiöse Gesetz, wesentliche, in einigen Ländern sogar einzige Grundlage der jeweiligen landesspezifischen Ehe- und Familiengesetzgebung ist, auch wenn, je nach Land verschieden, Modifikationen bzw. Interpretationen unterschiedlicher Art vorgenommen worden sind. Auch die Ehe- und Familiengesetze des Korans unterliegen dem Postulat der göttlichen Urheberschaft. Daher scheint eine Reformation der rechtlichen Regelungen im Bereich von Ehe und Familie nur im Zusammenhang mit einer Säkularisierung der islamischen Gesellschaft vorstellbar – die derzeit nicht in Sicht ist. Der islamische Ehevertrag und die Verteilung der beiderseitigen Rechte und Pflichten innerhalb einer nach islamischem Recht geschlossenen Ehe werden ebenso vom islamischen Recht, der Scharia, bestimmt wie die Regelungen zum Scheidungs- und Kindschaftssorgerecht. Oder anders gesagt: Ein säkulares Ehe- und Familienrecht existiert nicht, ein gesellschaftliches Leben in Ehe und Familie, abgekoppelt von den Normen der Scharia, ist für weite Teile der Bevölkerung nicht vorstellbar. Daher sind der Wunsch und die Notwendigkeit, sein Leben in Einklang mit den Gesetzesvorgaben der Scharia zu führen – auch im Bereich des Ehe- und Familienrechts – weithin unhinterfragtes Allgemeingut, wobei es in vielen Bereichen zu einer Überschneidung mit nahöstlichen kulturellen Normen (Auffassungen von Ehre und Schande) kommt, die nicht alle als islamspezifisch definiert werden können.

Kein Wunder, dass insbesondere der Bereich der Sexualität durch die Normen und Gebote der Scharia geregelt wird, da er die private, die gesellschaftliche und rechtliche Ebene tangiert. Jegliche außereheliche Sexualität gilt als *haram* (verboten, tabu) und unterliegt dem Strafrecht. Nur der innerhalb der Ehe vollzogene Verkehr ist rechtmäßig. Er wird rechtmäßig durch den Abschluss eines Vertrages, mit dem beide Partner Rechten und Pflichten eingehen, die zum guten Teil, aber nicht ausschließlich, finanzieller Natur sind (Brautgabe, Unterhalt, Gehorsamsprinzip). Sexualität unterliegt im Bereich des Islam stets einer der beiden Komponenten »Bezahlung oder Bestrafung« (»payment or punishment«).[71]

Aufgrund des auch heute prägenden Einflusses der Scharia auf Leben und Denken ist es eine Besonderheit der weitgefächerten islamischen Frauenbewegung, dass auch in diesem Bereich die Autorität und Bedeutung der Scharia bzw. der die Ehe und Familie betreffenden Koranverse und Aussagen der Überlieferung in aller Regel in keiner Weise infrage gestellt werden, sondern lediglich die Interpretation und die daraus zu ziehenden Schlussfolgerungen differieren. Selbst Frauenrechtlerinnen sind der Auffassung, dass die vielerorts offenkundige Unterdrückung der Frau in islamischen Ländern einer fehlgeleiteten Koranexegese aus einem spezifisch männlichen Blickwinkel und der fehlenden Orientierung am ursprünglichen, in keiner Weise frauenfeindlichen Islam entspringe. Nicht der Islam oder der Koran an sich seien also für die heutige Benachteiligung der Frau zur Verantwortung zu ziehen, sondern seine dem Ur-Islam entgegenstehende Fehlinterpretation, die die Rechte der Frau unnötig einschränke. Daher sei eine feministische Interpretation des Korans heute dringend geboten.[72]

Das bedeutet, dass die Schariagesetzgebung zwar ein weitgehend in der islamischen Frühzeit festgelegtes und im islamischen Mittelalter durch Rechtskommentare verfestigtes Grundgerüst an Rechtsbestimmungen ist, das gleichzeitig eine gewisse Flexibilität und Interpretierbarkeit nicht ausschließt. Unter den sich wandelnden äußeren Umständen änderte sich zwar kaum das theoretische Verständnis der Scharia als vollkommenes, ewig gültiges Gesetz Gottes, gleichzeitig erwies sich die Scharia – u. a. unter dem Einfluss europäischer Kolonialherrschaft und Gesetzgebung – in einigen Bereichen als für die Moderne interpretierbar.

Wichtig zur Beurteilung der Frage, was der Scharia »entspricht« bzw. was mit der Scharia vereinbar ist und was verboten, ist auch die Tatsache, dass der Islam keine theologischen Lehrämter und oberste Autorität kennt, die den christlichen Kirchenstrukturen und ihren Amtspersonen vergleichbar wäre. Keine theologischen Konzile prägten die islamische Geschichte, Lehrinhalte wurden über einige allgemeine Grundlagen des islamischen Glaubens hinaus nicht definiert. Angesichts einer stark diversifizierten theologischen Entwicklung sunnitischer und schiitischer Richtungen sowie zahlreicher Sondergruppen war die Bandbreite dessen, was im Laufe der Geschichte unter »islamisch« subsumiert wurde, stets sehr groß – und die wenigen Ausschlüsse einzelner Gruppierungen aus der islamischen Gemeinschaft wie der Ahmadiyyagemeinschaft als »Ketzer« im Jahr 1977 durch die pakistanische Nationalversammlung auf Veranlassung Saudi-Arabiens waren vor allem politisch motiviert.

Die Berufung auf die Scharia und ihre früh- bzw mittelalterlichen Quellen verursacht einerseits durch die Ausrichtung auf die »Idealzeit« des 7. Jahrhunderts n. Chr. eine gewisse Erstarrung, während der Islam gleichzeitig durch die Anerkennung der unterschiedlichsten Auslegungstraditionen und theologischen Autoritäten sowie das fehlende oberste Lehramt vielseitig interpretierbar ist. Das gilt auch für das Ehe- und Familienrecht, das ebenfalls beide Komponenten aufweist.

Frauen im islamischen Ehe- und Familienrecht

Die Gültigkeit der Scharia wird nirgends in der islamischen Welt öffentlich bestritten. Dennoch stellt sich die Situation von Frauen sehr unterschiedlich dar. Sie ist u. a. stark von ihrer sozialen Herkunft und ihrem familiären Umfeld abhängig sowie von der Frage, ob die betreffende Frau im ländlichen oder städtischen Bereich lebt, wie intensiv ihre Familie den Islam praktiziert, welchen Zugang sie zu Bildung und Wissen besitzt und wie die gesetzlichen Vorgaben ihres Heimatlandes beschaffen sind.

Während der Westen mit Mitleid, Sorge oder Bedauern muslimische Frauen betrachtet, die unterdrückt und ohne Recht auf Selbstbestimmung ein minderwertiges Dasein unter männlicher Kontrolle verbringen müssten und ihre überfällige Befreiung durch die Übernahme westlicher gesellschaftlicher Normen gewährt sieht, teilen muslimische Frauen diese Sichtweise in aller Regel ganz und gar nicht. Ausgehend von der Gültigkeit und göttliche Gerechtigkeit schaffenden Normen der Scharia beurteilen sie westliche Frauen häufig als ehr-, scham- und würdelos, als von ihrer Familie und Gesellschaft preisgegebene, sich ihres eigenen Wertes nicht bewusste Wesen, die Unterdrückung und Entehrung hinnähmen, ohne ihre – im Islam verbrieften – Rechte einzufordern.

Muslimische Apologeten verweisen darauf, dass in einigen muslimischen Ländern Frauen früher in Spitzenregierungsämter gewählt wurden als im Westen, lange, bevor dies in Europa der Fall war, zum Universitätsbesuch zugelassen wurden und im Übrigen bei der Heirat sowohl ihren Namen als auch ihren Besitz behalten dürften.[1] Zusammenfassend wird formuliert: »Wir haben erkannt, dass die rechtliche Stellung der Frau im Islam weitaus günstiger ist als die Stellung der Frau nach dem Gewohnheitsrecht und in der Tat besser als im westlichen Recht.«[2]

Die Bestimmungen der Scharia und die Berichte des Korans sind für muslimische Frauen heute auch deshalb von großer Bedeutung, weil es um die im Islam vorgeschriebene Nachahmung der geschichtlichen Glaubensvorbilder geht. Etliche der koranischen Aussagen zum Thema Frau und Familie richten sich zunächst an Muhammads Frauen, die im Koran als die »Mütter der Gläubigen« bezeichnet werden. Sie gelten als Vorbilder für alle muslimischen Frauen der Geschichte. Der Koran fordert von den »Müttern der Gläubigen« ein moralisch einwandfreies Verhalten, insbesondere Distanz im Umgang mit nichtverwandten Männern, Zurückgezogenheit ins Haus und Zurückhaltung im Umgang mit Schmuck (vgl. Sure 33,32–33).

Richtungsweisend für die Trennung der Lebensbereiche von Mann und Frau und die weibliche Verhüllung wurde von vielen muslimischen Theologen die koranische Anweisung an die Prophetengefährten aufgefasst, mit Muhammads Frauen nur hinter einem »Vorhang« zu sprechen, also nicht von Angesicht zu Angesicht (Sure 33,53). Sure 33,30 weist dadurch auf die besondere Verantwortung der Frauen Muhammads hin, dass ihnen die doppelte Strafe für den Fall angedroht wird, dass sie »etwas ausgesprochen Unanständiges« begehen. Andererseits wird ihnen der »doppelte Lohn« zugesagt, wenn sie Gott und dem Gesandten »demütig ergeben« sind (Sure 33,31).

Verkündet der Koran die Gleichberechtigung der Frau?

Muslimische Apologeten weisen zur Begründung des göttlichen Charakters der Scharia darauf hin, dass der Islam die einzige Religion sei, in der die Frau dem Mann gegenüber gleichberechtigt sei. Dies werde schon am Schöpfungsbericht des Korans deutlich, der die vollkommen ebenbürtige Erschaffung von Mann und Frau berichte (Sure 39,6; 49,13), ohne auch nur anzudeuten, dass die Frau im Vergleich zum Mann in irgendeiner Weise minderwertiger sei. (Häufig wird hinzufügt, dass das Alte Testament dagegen »diskriminierend« von der Erschaffung der Frau aus einer Rippe des Mannes berichte, der Koran aber diese Nachordnung der Frau nicht kenne – allerdings meist ohne zu erwähnen, dass die Überlieferung die alttestamentliche Erzählung von der Erschaffung der Frau aus der Rippe Adams aufgreift.)

Zur Begründung der Wertschätzung der Frau wird von muslimischer Seite häufig angeführt, dass Frauen und Männer von Gott »aus einem einzigen Wesen« erschaffen worden seien, »aus einer einzigen Seele« (Sure 4,1; ebenso 7,189). Der Koran äußere sich sehr positiv über das Verhältnis von Mann und Frau, die sich gegenseitig zu »Beschützern« oder »Freunden« (Sure 9,72) gemacht seien, denn Gott »hat zwischen Mann und Frau Zuneigung und Barmherzigkeit gesetzt« (Sure 30,21). Sure 2,187 beschreibt, dass sich Mann und Frau gegenseitig eine »Bekleidung« sind.

Zudem, so die muslimische Apologetik, stelle der Koran Mann und Frau hinsichtlich der Erfüllung der religiösen Pflichten gleich, denn Mann und Frau müssten gleichermaßen das täglich fünfmalige Gebet, das Fasten im Ramadan, die Almosenabgabe für die Armen und die Wallfahrt nach Mekka vollziehen. Der Koran rechne Frauen und Männern gleichermaßen ihren Glauben und ihre guten Werke zu, und beide würden mit dem Eingang ins Paradies belohnt werden: »Wer das Rechte tut und gläubig ist, sei es Mann oder Frau, dem werden wir ein gutes Leben geben. Und wir werden gewiss denen ihren Lohn nach dem besten ihrer Werke bemessen« (Sure 16,97).

Männer und Frauen würden im Koran als »Gläubige« angesprochen (Sure 16,97; 40,40), als »Muslime« (Sure 33,35), die Gott »demütig ergeben« seien (Sure 33,35), ihre Gebete verrichten (Sure 9,71) und Gottes gedenken (Sure 33,35).

Frauen könnten nach der Eheschließung sowohl ihren Namen als auch ihren Besitz behalten – was in westlichen Ländern schließlich nicht der Fall sei – und selbstständig über ihre eigenen Mittel verfügen. Und schließlich sei Männern und Frauen gleichermaßen der Eingang ins Paradies verheißen – keineswegs nur Männern, wie immer noch fälschlicherweise über den Islam behauptet wird.

Auch das Strafrecht sehe dieselben drakonischen Strafen für Männer und Frauen vor (Auspeitschung, Amputation, Steinigung) und befürworte keinesfalls die alleinige Bestrafung der Frau.[3]

Und schließlich spreche auch die Überlieferung sehr positiv über die Frauen, wenn sie Muslimen empfiehlt: »Die Besten unter euch sind die, die ihre Frauen am besten behandeln.«[4]

Besonders häufig wird auch die Überlieferung zitiert: »Das Paradies liegt zu den Füßen der Mütter.« Das jordanische Familiengesetz verpflichtet den Ehemann nicht nur, mit seiner Frau in Ehrbarkeit zusammenzuleben, sondern auch dazu, sie mit Freundlichkeit und Respekt zu behandeln.[5]

Im Übrigen, so die muslimische Apologetik, entstehe Gerechtigkeit in einer Gesellschaft nicht dort, wo alle Mitglieder absolut identische Rechte einfordern könnten, sondern dort, wo jedem das zukäme, was ihm entspräche. Dann herrschte »Geschlechtergerechtigkeit«, beiden Geschlechtern würden die ihnen zukommenden Rechte gewährt. Aufgrund der von Gott vorgesehenen und im Übrigen ja auch aufgrund der biologischen Gegebenheiten unumgänglichen Aufgabenverteilung – Familienfürsorge für die

Frau, Erwerbstätigkeit für den Mann – sei eine Gesellschaft dann gerecht strukturiert, wenn sie der von Gott vorgegebenen Rollenverteilung Rechnung trüge. Aus dieser Rollenverteilung seien jedoch selbstverständlich unterschiedliche Rechte abzuleiten, ohne dass von »Ungerechtigkeit« oder gar »Diskriminierung« der Frau die Rede sein könne. Die islamische Gesellschaft also ein Ort der Gerechtigkeit und Freiheit für Frauen?

Die »Gleichberechtigung« der Frau in der Praxis

So weit die Theorie von der Gleichberechtigung der Frau. Zwar trifft es zu, dass der Islam die Frau ebenso wie den Mann zur Religionsausübung auffordert, aber dennoch kann sie die Religion nicht in gleicher Intensität ausüben wie ein Mann. Zum einen darf sie zu Zeiten von Menstruation und Wochenbett weder einen Koran berühren noch – nach überwiegender Auffassung – eine Moschee betreten, weder das rituelle Gebet vollziehen noch fasten. Männern ist die Religionsausübung nicht nur zu jeder Zeit gestattet, allein sie sind auch zur Teilnahme am Freitagsgebet in der Moschee verpflichtet, das nicht nur ein Gebet, sondern auch eine Predigt – nicht selten ein Kommentar zu aktuellen politischen Ereignissen – umfasst. Ganz generell wird das Lernen in der Moschee für Frauen in der Regel nicht über den Besuch eines Korankurses hinausgehen, zumal viele Theologen den Moscheebesuch der Frau als nicht notwendig oder sogar als nicht erwünscht beurteilen.

Zwar trifft es zu, dass in der Scharia zum Beispiel Ehebruch bei Mann und Frau gleichermaßen sanktioniert wird. Aber es kann gleichzeitig keine Rede davon sein, dass in Strafrechtsprozessen in islamischen Ländern, in denen Gerichtsurteile über Ehebrecher und Unzüchtige gesprochen wurden, je Männer miteinbezogen worden wären.

Mag der Koran die Erschaffung von Mann und Frau als gleichberechtigte Wesen berichten, gibt es doch gleichzeitig zahlreiche anderslautende Texte, insbesondere in der Überlieferung, wie den bekannten Ausspruch Muhammads über den Wert der Frauen:

> Der Gesandte Gottes ging einmal zum Gebet … und traf einige Frauen. Er sagte: ›O ihr Frauen! Gebt Almosen, denn ich habe erkannt, dass die Mehrzahl der Höllenbewohner ihr [Frauen] seid.‹ Die Frauen fragten: ›Warum ist das der Fall, O Gesandter Gottes?‹ Er antwortete. ›Ihr sprecht häufig Verwünschungen aus, und ihr seid undankbar gegen eure Ehemänner. Ich kenne niemand, der von seiner Intelligenz her und seiner Religionsausübung noch unzulänglicher wäre als ihr. Eine Frau kann einen bedächtigen, empfindsamen Mann leicht auf Abwege führen.‹ Die Frauen fragten: ›O Gesandter Gottes! Warum ist unsere Intelligenz und Religionsausübung so unzulänglich?‹ Er antwortete: ›Liegt nicht der Beweis darin, dass das Zeugnis zweier Frauen das eines Mannes aufwiegt?‹ Sie bejahten. Er sprach: ›Darin wird euer Mangel an Intelligenz deutlich. Und stimmt es etwa nicht: Eine Frau kann während ihrer Menstruation weder beten noch fasten?‹ Die Frauen bejahten. Er fuhr fort: ›Daraus wird eure unzulängliche Religionsausübung sichtbar. ‹[6]

Häufig zitiert wird auch eine Überlieferung, die von der »Gekrümmtheit« der Frau spricht, die man nicht geradebiegen (das heißt beheben) könne, ohne sie zu zerbrechen: »Die Frau ist wie eine Rippe; wenn du versuchst, sie geradezubiegen, wird sie zerbrechen. Wenn du also von ihr Nutzen haben willst, nutze sie, auch wenn sie gekrümmt ist.«[7]

Auf Umar, den zweiten Kalifen nach Muhammad (regierte 634–644 n. Chr.), geht die folgende Überlieferung zurück: »Ihr [die Frauen] seid ein Spielzeug; wenn wir euch brauchen, werden wir euch rufen.«[8] Eine andere, häufig zitierte Überlieferung lautet:

»Auch wenn Blut und Eiter aus der Nase des Ehemanns liefen und seine Frau sie mit ihrer Zunge ableckte, wäre sie doch nie in der Lage, alle seine Rechte, die er an ihr besitzt, zu erfüllen.«[9]

Die untergeordnete Stellung der Frau in Bezug auf ihren Mann bringt auch folgende Überlieferung zum Ausdruck: »Wenn es einem menschlichen Wesen erlaubt wäre, sich vor einem anderen niederzuwerfen … hätte ich der Frau befohlen, sich vor ihrem Mann niederzuwerfen, wenn er in sie eindringt, weil Gott seine Gnade über sie walten lässt.«[10]

Nicht wenige Theologen sind von den Texten der Überlieferungen her überzeugt, dass die Religionsausübung der Frau nur in Bezug auf ihren Mann und aus ihrem Gehorsam gegen ihren Mann von Gott angenommen wird: »Die gesamte Frömmigkeit der Frau wird als nutzlos betrachtet, wenn sie ihrem Ehemann nicht gehorsam ist«[11], denn die Überlieferung sagt: »Der Prophet [Muhammad] sagte einmal zu einer Frau: ›Pass auf, wie du deinen Ehemann behandelst, denn er ist dein Paradies und deine Hölle.‹«[12]

Es ist richtig, dass die Überlieferung einige positive Äußerungen über Frauen enthält; gleichzeitig findet sich aber auch gerade in der Überlieferung eine Fülle von sehr abwertenden Aussagen über Frauen, die ihre Minderwertigkeit vor Gott, ihre mangelhafte Intelligenz, Religionsausübung und Rationalität beschreiben und ihre rechtlich benachteiligte Position gegenüber dem Mann begründen. Da das Überlieferungsgut weitaus bekannter ist als der Korantext selbst, begründen allein diese Überlieferungstexte eine gewisse Frauenverachtung, die Hand in Hand mit den rechtlichen Benachteiligungen der Frau nach der Scharia gehen. Nach der Scharia ist der Frau in der islamischen Gesellschaft stets ein Mann vorgeordnet (zunächst der Vater, dann der Ehemann), der für sie wichtige Entscheidungen trifft und dem sie unterstellt ist. Er hat das Recht, ihre Bewegungsfreiheit durch die Kontrolle ihres Verhaltens konform zu den gesellschaftlich anerkannten Anstandsregeln einzuschränken.

So sehr die Frau als unvollkommenes Wesen betrachtet wird, emotional, seelisch leicht in Aufruhr zu versetzen und stets auf eine rechtliche Vertretung durch den Mann angewiesen, so sehr wird der Mann als vollkommen beurteilt, als rational und objektiv urteilend (zum Beispiel in Gerichtsprozessen), mit größeren Verstandeskräften ausgestattet, geeignet, Recht zu sprechen und schwierige Fragen zu entscheiden.

Die Frau dagegen gilt nicht nur als weniger begabt in mancherlei Hinsicht, sondern auch als moralisch gefährdeteres Wesen, dessen Verhalten kontrolliert und in klar vorgezeichnete Bahnen gelenkt werden muss, da sie sonst die Stabilität der Gesellschaft gefährdet. Sie ist mit mehr Emotionen ausgestattet, die sie einerseits für die Mutterschaft geeignet machen, aber sie neigt auf der anderen Seite zu Zügellosigkeit und Launenhaftigkeit. Ihre Ehre erhält sie durch den Mann (den Vater, den Ehemann oder die Geburt eines Sohnes).

Gleichzeitig wird die Frau jedoch auch als Verführerin des Mannes betrachtet, der den von ihr ausgehenden Versuchungen hilflos ausgeliefert ist. Es ist daher ihre Verantwortung – nicht die des Mannes – sich in der Gesellschaft so zu verhalten, dass sie dem Mann keinerlei Anlass zu Fehlverhalten bietet. Dies geschieht nach konservativer Auffassung dadurch, dass sie sich möglichst viel im häuslichen Bereich aufhält (also nicht durch das Verlassen des Hauses Kontakt zu nichtverwandten Männern aufnimmt) oder sich zumindest, wenn sie das Haus in dringenden Fällen verlässt, verhüllt und mit niemand Blicke oder Worte tauscht, die ihr als Anbahnung eines außerehelichen Verhältnisses ausgelegt werden könnten.

Ein selbstbestimmtes Leben, in dem die einzelne Frau ihre Gaben und Fähigkeiten frei entfalten könnte, ist – sofern sie ihre Erfüllung nicht gerade in der Hausfrauentätigkeit und Mutterschaft findet – in aller Regel für muslimische Frauen nicht vorgesehen. Dies beginnt sich zwar im städtischen Bereich insbesondere in der

Oberschicht zu wandeln, wird aber noch immer dem weitaus größten Teil muslimischer Frauen versagt, die nicht im städtischen, sondern im konservativen Umfeld im ländlichen Bereich leben.

Patriarchalische Auffassungen im Islam

Die Islamwissenschaft geht davon aus, dass im vorislamischen Arabien das Patriarchat vorherrschend gewesen sein muss; obwohl es auch Anzeichen zumindest für Reste einer – wohl zu Muhammads Zeit bereits verschwindenden – matriarchalisch geprägten Kultur gibt. Die zu Muhammads Zeiten existierenden Bräuche und Gesetze für die vorislamische Ehe und Familie weisen jedoch einen unzweifelhaft patriarchalischen Charakter auf. Der Koran spiegelt diese patriarchalischen Auffassungen wider, von denen Muhammad einige Regelungen bestätigt, während er andere verwirft und durch neue Ordnungen ersetzt.

Zu den im vorislamischen Arabien praktizierten Bräuchen gehörte nach der spärlichen Quellenlage auch, dass eine Eheschließung weder rechtlich noch gesellschaftlich deutlich von einer nichtehelichen Beziehung abgegrenzt war. Frauen waren rechtlich erheblich benachteiligt und besaßen ein eingeschränktes Selbstbestimmungsrecht: So konnte eine Frau gegen ihren Willen verheiratet werden, besaß kein Erbrecht, wurde durch die Übergabe von Gütern gewissermaßen »erworben«, neugeborene Mädchen wurden lebendig begraben u. a. m.

Das altarabische Gewohnheitsrecht floss teilweise in die koranischen Bestimmungen mit ein (wie die schon im vorislamischen Arabien praktizierte Polygamie oder die Möglichkeit der Verstoßung der Ehefrau), teilweise wurde es modifiziert (so wurde beispielsweise die Heirat mit einer vormals wohl unbeschränkten Anzahl von Ehefrauen auf höchstens vier begrenzt und der vormals nicht erbberechtigten Frau ein beschränktes Erbrecht zugebilligt).

Ausgehend von der historischen Entwicklung des Islam verwundert es nicht, dass der Koran keine nach westlichem Verständnis partnerschaftliche, sondern eine patriarchalisch-hierarchische Ehe schildert. Zwar wird nach islamischem Eherecht durch die Eheschließung ein gewisses Kräftegleichgewicht angestrebt, aber eine klare Überordnung und rechtliche Bevorzugung des Ehemannes wird aus dem Koran ebenso deutlich wie eine eindeutige Unterordnung und rechtliche Benachteiligung der Ehefrau. Am offensichtlichsten wird diese Überordnung des Mannes wohl in dem bekannten Koranvers in Sure 4,34 formuliert: »Die Männer stehen über den Frauen … wegen der Ausgaben, die sie von ihrem Vermögen gemacht haben … Die tugendhaften Frauen sind die Gehorsamen.«

Aus diesem Koranvers Sure 4,34 werden die beiden Grundpfeiler des islamischen Eherechts abgeleitet: Die Verpflichtung des Mannes zum Unterhalt seiner Frau und Familie und sein Recht auf den Gehorsam durch seine Ehefrau.

Sie erwirbt ihrerseits das Recht auf Unterhalt und ist zur Führung des Haushalts und der Versorgung der Kinder sowie zum Gehorsam gegenüber ihrem Ehemann verpflichtet. Diese beiden Grundkomponenten der islamischen Ehe (Unterhalt und Gehorsam) stehen nicht zur Disposition, auch wenn Frauen heute durch Zusatzklauseln in ihrem Ehevertrag ihre Gehorsamspflicht einzuschränken versuchen und bei einer eventuellen Berufstätigkeit ihr Einkommen durchaus zur Hebung des familiären Lebensstandards beitragen kann. Die von Gott verordnete Ordnung der Gesellschaft wird nach traditioneller Auffassung aufrechterhalten, indem der Ehemann Autorität über die Familie ausübt *(qiwama)*, die Frau ihm gehorsam ist und er ihren Lebensunterhalt bestreitet.[13]

Angesichts der ungebrochenen Anerkennung der Scharia erstaunt es nicht, dass auch im heutigen Eherecht islamischer Länder der Ehemann als das unbestrittene Oberhaupt der Familie gilt; allerdings soll er seine Vorrangstellung mit Verantwortungsbewusstsein ausfüllen. Ein modernes Ehehandbuch formuliert: »Nach der Eheschließung wird die Frau zur Partnerin einer ehelichen Beziehung, in der dem Mann die Rolle des Oberhauptes und Erhalters zugedacht ist. Eine rechtschaffene Frau ist ihrem Mann gehorsam, doch seine Führung ist kein Zwang oder Tyrannei, denn er ist befohlen [sic], seine Frau mit Freundlichkeit zu behandeln und ihr kein Unrecht zuzufügen.«[14] Dass die Frau »die Partnerin« des Mannes wird, bedeutet nach der muslimischen Auffassung von der »Geschlechtergerechtigkeit« keine Gleichberechtigung und partnerschaftliche Begegnung auf einer Ebene, denn eine solche Art Gleichberechtigung kennt weder der Koran noch die Scharia. Es geht vielmehr um die Wahrnehmung der Rechte und Pflichten, die die Scharia Frau und Mann zubilligt, denn das, was Gottes Gesetz verordne, könne nur gerecht und gut sein. Tunesien spielt insofern eine Sonderrolle, als dass die tunesische Verfassung die Gleichberechtigung der Geschlechter festgeschrieben hat[15] – wobei allerdings in der gesellschaftlichen Wirklichkeit von echter Partnerschaftlichkeit offensichtlich noch wenig die Rede sein kann.

Islamische Ehe- und Familiengesetze im Einzelnen

Während in westlichen Ländern mit einer Eheschließung vor allem romantische Vorstellungen von einer aus Liebe eingegangenen Verbindung zweier individuell entscheidenden Persönlichkeiten im Vordergrund stehen, um persönliches Glück und Erfüllung zu finden, geht es bei der muslimischen Eheschließung in erster Linie um die Verbindung zweier Familien (obwohl Liebesheiraten im städtischen Bereich deutlich zunehmen), um die Festlegung der gegenseitigen finanziellen Übereinkunft (vor allem im Zusammenhang mit der Brautgabe), um die Erfüllung der Religion und die Abwendung von Unmoral, um die materielle Versorgung der Frau und um die Einnahme des von der Gesellschaft vorgesehenen Platzes für den Einzelnen. Der Bereich von Ehe und Familie ist – weitaus weniger als von Romantik und persönlichen Erwägungen und Entscheidungen – ein durch zahlreiche rechtliche Vorgaben geregelter Bereich, in dem dem Ehepaar nicht immer viel Spielraum für persönliche Wünsche, Ziele und Gestaltungsmöglichkeiten bleibt.

Die Bedeutung der Ehe

Die überwiegende Zahl muslimischer Frauen hat nur wenig Wahlmöglichkeiten unter verschiedenen Lebensentwürfen: Ledig zu bleiben ist zumindest im traditionellen, ländlichen Bereich kaum vorgesehen. In den Städten beginnt sich ein Wandel abzuzeichnen, betrifft aber nur eine zahlenmäßig insgesamt kleine Oberschicht.

Nicht die Eheschließung, sondern das auf Dauer angelegte Ledigsein verlangt in islamischen Ländern eine Begründung. In einem Umfeld, das eine eigenständige Berufstätigkeit der Frau nicht vorsieht – teilweise aufgrund des vielerorts mangelhaften Zugangs zu Bildung, aber noch häufiger, weil Berufstätigkeit als ehrenrührig betrachtet wird – kommt zunächst der Vater und nach der Eheschließung der Ehemann für den Lebensunterhalt der Frau auf. Für die Witwe sorgt einer der Söhne, vorwiegend der älteste. Das Ledigsein – das beispielweise dann erwogen wird, wenn gesundheitliche Gründe eine Ehe verbieten – bietet im Vergleich dazu keine Versorgungsmöglichkeit und ist daher für die meisten Frauen und ihre Familien allein unter diesem Gesichtspunkt problematisch.

Darüber hinaus wird im Islam in Bezug auf Männer und Frauen gleichermaßen die Notwendigkeit eines regelmäßigen Geschlechtslebens betont, das zur Wahrung der gesellschaftlichen Stabilität in die geordneten Bahnen der Ehe gelenkt werden muss. Wer nicht den vorgezeichneten Weg der Ehe beschreitet, gefährdet nach dieser Auffassung potenziell die Gesellschaft in moralischer Hinsicht.

Der Koran fordert die Gläubigen zur Eheschließung mit den Worten auf »Und verheiratet diejenigen unter euch, die ledig sind« (Sure 24,32). Auch die Überlieferung rühmt die Ehe als »die Hälfte der Religion«, und Muhammad soll gesagt haben: »Die Ehe ist meine Tradition. Wer meine Tradition zurückweist, der ist nicht mein Nachfolger.«[1] Zudem gilt die Eheschließung als verdienstvolles Werk vor Gott sowie als Nachahmung des Vorbildes Muhammads, der selbst zahlreiche Ehen einging: Frühislamische Quellen variieren in ihren Angaben zwischen 9 und 13 Ehefrauen, die mit Muhammad verheiratet gewesen sein sollen, zu denen weitere in eheähnlicher Gemeinschaft lebende Nebenfrauen hinzukamen.

Der Koran macht deutlich, dass diese Ausnahmeregelung ausschließlich für Muhammad selbst galt:

> Prophet! Wir haben dir zur Ehe erlaubt: deine Gattinnen, denen du die Brautgabe gegeben hast und was du (an Sklavinnen) besitzt von denen, die dir Gott (als Kriegsgefangene) gab, die Töchter deines Onkels und deiner Tanten väterlicherseits und deines Onkels und deiner Tanten mütterlicherseits … auch eine jede gläubige Frau, die sich dem Propheten schenkt, sofern er sie (auch) heiraten möchte. Das gilt als besonderes Privileg nur für dich, nicht für andere Gläubige … damit du dich (dabei) nicht bedrückt zu fühlen brauchst. Und Gott ist barmherzig und bereit zu vergeben. Du kannst abweisen (oder: auf später vertrösten) oder bei dir aufnehmen, wen von den Frauen du möchtest. Und wenn du eine haben möchtest, die du weggeschickt hattest, ist es keine Sünde für dich. (Sure 33,50–51)

Wer also die Möglichkeiten besitzt, zu heiraten, gesund ist, eine Brautgabe entrichten und eine Frau unterhalten kann, dem gilt die Eheschließung nach muslimischer Rechtsauffassung als »empfohlen«; wer aber zudem fürchtet, sich der Unzucht schuldig zu machen, für den wird die Eheschließung nach Auffassung einiger Theologen zur »Pflicht«. Wer dagegen aufgrund eines körperlichen Gebrechens zum Vollzug der Ehe ebenso wenig in der Lage ist wie zum Aufbringen einer Brautgabe und zum Erwerb des Unterhalts seiner Frau, dem gilt die Eheschließung als »nicht erlaubt«.[2] Wenn eine Frau fürchtet, als Unverheiratete Unzucht zu begehen und auf andere Weise materiell nicht versorgt werden kann, wird auch für sie die Eheschließung zur religiösen »Pflicht«.[3]

Die arrangierte Ehe

Herkömmlicherweise ist die nahöstlich-muslimische Ehe eine arrangierte Ehe, die in der Regel von der Mutter des Bräutigams in Absprache mit der Brautmutter initiiert oder aber vom Vater des Bräutigams mit dem Brautvater angebahnt wird. Wesentliche Punkte sind dabei die Frage nach der Gesundheit und den häuslichen Fähigkeiten der jungen Frau sowie die Modalitäten der Brautgabe und der Zeitpunkt der Eheschließung. Sind sich beide Familien einig, wird das Datum für die in einigen Wochen, Monaten oder sogar Jahren vorgesehene Eheschließung und Hochzeitsfeier festgelegt. Damit gilt das Paar als für die Ehe versprochen. Eine eigentliche Verlobungsfeier gibt es im Islam nicht; wohlhabendere Familien können jedoch ein Festessen veranstalten.

Obwohl die soziologischen Gegebenheiten in der islamischen Welt heute einem tief greifenden Wandel unterworfen sind, junge Menschen in den Städten ihren Ehepartner selbst aussuchen möchten, sich vor der Hochzeit kennen lernen oder sogar miteinander ausgehen können, ist die häufigste Form der Eheschließung noch immer die von den Eltern arrangierte Ehe, die oft gleichzeitig eine Heirat innerhalb der eigenen Großfamilie ist. Traditionell gilt die »Kreuzkusinenheirat« – die Ehe der Tochter mit dem Sohn des Vaterbruders – als besonders günstig und soll insbesondere in Afghanistan noch häufig praktiziert werden[4], auch wenn die Häufigkeit dieser Eheschließungen insgesamt abnimmt.

Als günstig wird diese Verbindung insofern betrachtet, als dass die Scheidungsrate niedriger sein soll[5] und man glaubt, die Risiken einer Ehe innerhalb der eigenen Familie besser abschätzen zu können als mit einem Außenstehenden. Günstiger erscheint eine solche Verbindung auch im Hinblick darauf, dass der familiäre Besitz, die Brautgabe, dann der eigenen Familie erhalten bleibt. Als vorteilhafter erweist sich die Verwandtenehe auch dann, wenn die

Ehe in Schwierigkeiten gerät und der Vater der Braut – bzw. die miteinander verwandten Familienmitglieder beider Ehepartner – auf den Bruder des Vaters (und dieser auf seinen Sohn) leichter einwirken können als auf einen Fremden. (Andererseits kann auch aufgrund der Verwandtenkonstellation ein Streit zwischen den Familien die Ehe zerbrechen lassen, obwohl sich Mann und Frau nicht im Zwist miteinander befanden.[6])

Die Frau wird bei einer Ehe innerhalb der Großfamilie in ihrem Verhalten zwar größerer Kontrolle unterworfen sein, aber gleichzeitig mehr Schutz erfahren. Auch die gegenseitige Hilfe und Unterstützung wird innerhalb der eigenen Familie in viel größerem Maß gewährt werden als bei einer Verbindung mit einer nichtverwandten Familie. Ein Besuch der Ehefrau bei ihrer Herkunftsfamilie wird leichter möglich sein, sofern beide Brüder nicht allzu weit voneinander entfernt wohnen.

Das »Gleichgewicht der Kräfte«

Im Allgemeinen wird versucht, bei einer Eheschließung ein »Gleichgewicht der Kräfte« in dem Sinn herzustellen, dass eine Ehe unter möglichst gleichgestellten Partnern geschlossen wird. Im sunnitischen Islam wird darunter eine Gleichstellung hinsichtlich des sozialen Status der Ehepartner verstanden, während sich nach schiitischer Auffassung diese »Gleichheit« ausschließlich auf die Religion – die beiderseitige Zugehörigkeit zum Islam – bezieht.

Einzelne Theologen wie der vielleicht berühmteste islamische Theologe, Abu Hamid al-Ghazali (gest. 1111), ermahnen dazu, eine Frau so zu wählen, dass sie hinsichtlich ihres Vermögens, ihrer Herkunft, ihrer Religion, ihrer Bildung (die Bildung der Frau hat besondere Bedeutung bei der Festsetzung der Brautgabe[7]), ihres Berufes und ihres Charakters ihrem Ehemann nicht überlegen ist. Die dem Mann von Gott gegebene Vorrangstellung ließe sich mit seiner deutlichen gesellschaftlichen Nachordnung nur schwer in Einklang bringen.

Die Eheschließung

Wichtigster Bestandteil der islamischen Eheschließung ist der Vertrag, der zwischen den beiden beteiligten Familien geschlossen wird. Die Braut handelt dabei in der Regel nicht selbstständig, sondern lässt sich durch ihren Vormund vertreten.

Die Eheschließung *(aqd* oder *mithaq)* kommt zustande, wenn vor zwei erwachsenen, in der Regel männlichen Zeugen, der Ehevertrag unterzeichnet wird und auch die Zeugen ihn unterschreiben. Die malikitische Rechtsschule fordert außerdem den Eintrag der Brautgabe in den Ehevertrag als Bedingung für seine Gültigkeit.[8]

Die Braut kann, muss aber bei der Eheschließungszeremonie nicht anwesend sein, ihr rechtlicher Vertreter – in der Regel ihr Vater – wird dann den Ehevertrag für sie unterzeichnen (in Ägypten muss sie ab dem Alter von 21 Jahren selbst ihre Unterschrift leisten). Nur in Tunesien tritt die Ehefrau selbst als diejenige auf, die den Vertrag schließt.[9] Zwar kann eine Geschiedene, die ein zweites Mal heiratet, selbst die Ehe schließen, aber ihr Vormund überbringt ihre Willlenserklärung[10], ist also ebenfalls in die Eheschließung involviert.

Der Vormund einer Frau ist immer ein Mann; eine Frau kann für eine andere Frau und erst recht nicht für einen Mann eine Vormundschaft übernehmen. Nach Auffassung der Malikiten und Schafiiten wird eine Jungfrau nicht durch ein bestimmtes Alter volljährig, sondern durch die Eheschließung. Daher braucht sie für den Abschluss ihres Ehevertrages immer ihren Vater, der sie vertritt.[11] Ist der Vater der Braut verstorben, nimmt ein anderer männlicher Verwandter (der Großvater, Bruder oder Onkel der

Braut) seine Aufgaben wahr. Auch der Richter kann unter Umständen als Vormund fungieren.[12]

Für die Hanbaliten ist eine Eheschließung ohne Vormund ungültig, es sei denn, dieser erkennt die Eheschließung nachträglich an.[13] Eine Frau handelt also in Bezug auf ihre Eheschließung nie im eigentlichen Sinne selbstständig, und die Frage, ob eine Frau einen Mann auch ohne Einverständnis ihres Vaters heiraten könnte, hat kaum praktische Bedeutung. Nach Auffassung der Malikiten, Schafiiten und Hanbaliten kann die Frau ohne Vormund keine Ehe schließen, nur die Hanafiten und Schiiten erlauben der Frau ab der Pubertät ihre Ehe selbst zu schließen.[14]

Die Braut muss also bei der Vertragsunterzeichnung nicht anwesend sein, für den Bräutigam ist die Anwesenheit jedoch Pflicht. Außerdem muss ein Imam oder Richter zugegen sein, der die Ehe als eine Art Standesbeamter registriert. Heute wird der Ehevertrag in Ägypten auch in der Moschee unterzeichnet.[15]

Der Ehevertrag ist die eigentliche rechtliche Besiegelung der Ehe. Die darauf folgende Hochzeitsfeier muss nicht zwangsläufig mit der Unterzeichnung des Ehevertrags einhergehen, sie kann auch später erfolgen.[16]

Müssen Frauen heiraten?

Die Frage, ob Frauen eine Ehe eingehen »müssen«, die ihre Familie für sie ausgehandelt hat, kann mit »einerseits nein – andererseits ja« beantwortet werden. Nach Ansicht der meisten Theologen – vor allem die Hanafiten fordern dies ausdrücklich – soll ein Vater seine Tochter nicht gegen deren ausdrücklichen Willen zu einer Ehe mit einem bestimmten Kandidaten zwingen. Die Malikiten, Schafiiten und Hanbaliten gestehen dem Vater jedoch das Recht auf Verheiratung der Tochter auch ohne deren Zustimmung zu.[17]

Gesellschaftlich und innerhalb der Familie wird eine Ehe mit einem Mann, den die Tochter ausdrücklich ablehnt, vielleicht nicht als ideal – aber auch nicht als Unrecht – betrachtet, aber letztlich dem Vater das Entscheidungsrecht zugebilligt. In der Theorie hat die jungfräuliche Tochter ein Vetorecht bei ihrer Verheiratung, und ihr Vater kann sie nach vielfacher Gesetzeslage nicht in die Ehe »zwingen« (so die Familiengesetze von Algerien, Irak, Jemen, Libyen, Marokko, Tunesien und den Vereinigten Arabischen Emiraten[18]), allerdings gilt das Schweigen der Braut nach einer auf Muhammad zurückgehenden Überlieferung als Zustimmung – ebenso wie ihr Lachen und sogar ihr Weinen[19] – da man eine Frau vor ihrer ersten Eheschließung für »schüchtern« hält und nicht unbedingt eine explizite Meinungsäußerung erwartet. Hinzu kommt, dass der Vater in einer islamischen Familie auch für die erwachsenen Kinder die Person ist, der innerhalb der Familie der größte Respekt entgegengebracht wird und dem am wenigsten widersprochen wird. Einige muslimische Frauen haben autobiografisch berichtet, dass sie über eine bevorstehende Heirat nicht in Kenntnis gesetzt wurden und annahmen, bei einem bestimmten Familientreffen handle es sich lediglich um eine Verlobung. Vom juristischen Standpunkt ist aufgrund des Rechts des Vaters, für seine Tochter den Ehevertrag zu unterzeichnen, auch eine Eheschließung ohne deren Wissen möglich.

In Tunesien wurde mit der Verabschiedung des »Code du Statut Personnel« (CSP) im Jahr 1956 gesetzlich untersagt, eine Person in eine Ehe zu zwingen. Revolutionär auch, dass in Tunesien die Mutter zwar keiner Ehe allgemein, aber immerhin einer Ehe ihrer minderjährigen Tochter zustimmen muss.[20]

Trotzdem wird es für eine Tochter nicht unbedingt einfach sein, eine von den Eltern vorgesehene Eheschließung abzulehnen. Vor allem im städtischen Bereich mag das eher möglich sein, eine zweite oder dritte Ablehnung jedoch ist bereits weitaus schwieriger, da die Tochter in den meisten Fällen früher oder später eine Ehe eingehen muss und bei fortgesetzter Weigerung nicht nur sie selbst moralisch in Verruf gerät, sondern auch ihre ganze Familie in ein negatives Licht gerückt wird.

Einen schariarechtlichen Sonderfall stellt die Ehe dar, die für ein minderjähriges Mädchen abgeschlossen wurde: Eine minderjährige Tochter, die von einer anderen Person als ihrem Vater oder Großvater in eine Ehe gegeben wurde, mit der sie nicht einverstanden war, kann – so die Bestimmung der Scharia – sofern kein ehelicher Verkehr in dieser Ehe stattgefunden hat, diese Heirat theoretisch mit Erreichen ihrer Volljährigkeit lösen und auf ihr Selbstbestimmungsrecht verweisen.

Die Eheschließung als Rechtsvertrag

Die Eheschließung gilt im Islam als zivilrechtlicher Vertrag, der die gegenseitigen Rechte und Pflichten regelt. Eine Eheschließung wird zunächst unter ihrem Vertragscharakter betrachtet; mit der Unterzeichnung der beteiligten Parteien treten die vereinbarten Vertragsbedingungen in Kraft. Shahla Haeri bezeichnet den islamischen Ehevertrag als »rechtliche, religiöse, wirtschaftliche und symbolische Transaktion«.[21] Eine »Transaktion« deshalb, weil die Braut mit dem Ehevertrag unter Übergabe gewisser Geldwerte von ihrer Herkunftsfamilie der Obhut und Kontrolle ihres Ehemannes unterstellt wird und nun das gegenseitige Verhältnis gewissen rechtlichen Rahmenbedingungen unterliegt.

Nach der religiösen Eheschließung findet heute häufig auch eine staatliche Registrierung der Eheschließung statt, die die meisten islamischen Länder heute verlangen. Die Eheschließung gilt zwar als verdienstvolle Handlung vor Gott, aber dennoch ist mit der Unterzeichnung des Vertrages keine religiöse Zeremonie oder gottesdienstliche Handlung verbunden. Vielleicht wird die erste Sure des Korans, die *fatiha*, gelesen, aber kein Segen Gottes begleitet die Eheschließung, kein Gebet und kein Eheversprechen. Die Brautleute leisten keinen Treueschwur, denn die Ehe besitzt nicht den Charakter der Ausschließlichkeit, da dem Mann prinzipiell immer – ausgenommen in Tunesien und der Türkei – die Möglichkeit offen steht, eine Zweit-, Dritt- und Viertfrau hinzuzuheiraten.

Eine Zweitehe wird insbesondere dann erwogen werden, wenn die erste Ehe kinderlos bleibt oder die erste Ehefrau unheilbar erkrankt. Die Eheschließung bedeutet also im islamischen Kontext für den Ehemann keine Zusage einer auf Dauer angelegten, ausschließlichen Beziehung; im Gegenteil, der Ehevertrag regelt bereits einige Modalitäten einer eventuellen späteren Scheidung.

Die Eheschließung wird unter rechtlichen Gesichtspunkten gültig durch

- das »Angebot« *(idjab)* der Familie des Ehemannes und die »Annahme« *(qabul* oder *qubul)* durch die Familie der Braut bei einer einzigen Zusammenkunft,
- die uneingeschränkten geistigen Fähigkeiten beider Vertragspartner und
- die Volljährigkeit der Beteiligten.[22]

Die Brautgabe

Der wichtigste Aspekt des Ehevertrags ist die Vereinbarung über die Höhe und Zahlungsweise der Brautgabe *(mahr):* Die Brautgabe, die schon im Koran in Sure 4,4 ihre Erwähnung findet, ist eine schriftlich vereinbarte Summe Geld (bzw. Wertgegenstände wie Goldschmuck, Einrichtungsgegenstände o. ä.), die im Zuge der Eheschließung von der Familie des Bräutigams aufgebracht werden muss. Meist ist sie in eine Abend- und Morgengabe unterteilt. Die Morgengabe erhält die Frau am Tag der Eheschließung (es kann aber auch ein späteres Datum vereinbart werden), die Abendgabe erhält sie am Tag der Scheidung.

Die Brautgabe kann als »vereinbarte« Brautgabe (»specified dower«) im Ehevertrag in ihrer Höhe definiert werden oder als »angemessene« Brautgabe (»proper dower«) von unbestimmter Höhe undefiniert bleiben. Wird eine »angemessene« Brautgabe im Ehevertrag vereinbart, ist die Höhe der Brautgabe nicht festgelegt, sondern es gilt, was unter den Verwandten des Mannes für eine Frau des betreffenden Standes üblich ist. In Marokko ist der Abschluss eines Ehevertrages ohne Festlegung der Brautgabe allerdings ungültig.[23] Es ist selbstredend klar, dass eine nicht definierte Brautgabe ein weitaus größeres Konfliktpotenzial bietet und die Frau rechtlich in einer weitaus schlechteren Position zurücklässt. Bei der »angemessenen« Brautgabe soll die dem Stand der Frau übliche Geldsumme im Fall einer Scheidung oder des Todes bezahlt werden.

Die »vereinbarte« Brautgabe bezeichnet eine Brautgabe, die die Familien bei Abschluss des Ehevertrages miteinander aushandeln. Dieser Betrag kann hoch oder gering sein, je nachdem, aus welchen Vermögensverhältnissen die Brautleute stammen.

Die »vereinbarte« Brautgabe kann sofort mit Vertragsabschluss entrichtet werden oder auch später. Dieser spätere Zeitpunkt kann definiert sein oder offen bleiben. Ist kein Zeitpunkt vereinbart, gilt die Scheidung oder der Tod des Mannes als Zeitpunkt der Zahlung: Die Witwe hat ein Recht auf Begleichung dieser Schuld, bevor andere Gläubiger bedient werden. Stirbt die Frau zuerst, kann ihre Familie die Abendgabe vom Ehemann einfordern, sie ist also juristisch eine Schuld, die rechtlich einklagbar ist.

Ist ein nach der Eheschließung liegender Zeitpunkt für die Zahlung der Brautgabe vereinbart, kann die Frau nicht davon abweichen und die Brautgabe früher einfordern, auch nicht im Fall einer Scheidung. Überhaupt gilt, dass die einmal im Ehevertrag niedergelegten Vereinbarungen später kaum noch geändert werden können.

Der Ehevertrag ist für die Frau von so großer Bedeutung, weil er im Konfliktfall in ihrer Hand zu einem rechtlich verbindlichen Dokument wird, dessen einzelne Bestimmungen sie gerichtlich einklagen kann, sofern ihr Ehemann dagegen verstößt. Auf der anderen Seite kann sie alles, was sie versäumt hat, in ihren Ehevertrag aufzunehmen, später kaum mehr einfordern (wie ihre Erlaubnis zur Scheidung, wenn der Ehemann eine Zweitfrau hinzunehmen möchte). Die Höhe des Brautgeldes und eventuelle Sondervereinbarungen wollen also vor der Eheschließung sorgfältig überlegt sein.

Ist die Übergabe des Brautgeldes mit Abschluss des Ehevertrages vereinbart worden, muss die Brautgabe im Gleichklang mit dem Vollzug der Ehe übergeben werden. Mit der Zahlung der Brautgabe ist der Mann nun zur Wahrnehmung seiner ehelichen Rechte berechtigt.

Die Brautgabe erhält die Braut, nicht deren Familie. Sie muss nach den Vorgaben der Scharia auch während der Ehe im Besitz der Frau bleiben, der Mann hat – zumindest theoretisch – keinerlei Anrecht auf die Brautgabe.

Die Brautgabe wird, wie schon erwähnt, meist unterteilt in eine Summe, die mit Vertragsunterzeichnung fällig wird (die Morgengabe) und eine zweite Summe, die die Frau am Tag der Scheidung erhält (die Abendgabe), um in dieser Situation nicht mittellos zurückzubleiben. Die Höhe der Abendgabe kann durchaus erst im Laufe der Ehe festgelegt werden.

Diese Abendgabe kann von der Frau unter Umständen als Waffe benutzt werden. Sie kann sie zum Beispiel einfordern, um so indirekt eine Scheidung zu verhindern, wenn dem Ehemann bewusst wird, dass er finanziell unter Umständen gar nicht in der Lage ist, sie zu entrichten. Die Abendgabe wird im Ehevertrag auch aus diesem Grund häufig utopisch hoch angesetzt, sodass sie im Scheidungsfall kaum gezahlt werden kann.[24]

Die Ehefrau kann andererseits versuchen, durch die Einforderung der Brautgabe gerade eine Scheidung herbeizuführen und den zahlungsunfähigen Ehemann deshalb gerichtlich zu verklagen; allerdings hat sie nur Hoffnung auf Herausgabe der Abendgabe, wenn der Ehemann tatsächlich über Besitz verfügt, was die Ehefrau in diesem Fall vor Gericht nachweisen muss.[25]

Da eine Frau im traditionellen Kontext weder über eine Berufsausbildung verfügt noch in der Lage sein wird, nach einer Scheidung eine Berufstätigkeit aufzunehmen, und eine Unterhaltspflicht des Ehemannes nur im Fall einer Schwangerschaft für wenige Monate besteht, stellt sich nach einer Scheidung die dringende Frage der materiellen Versorgung der Ehefrau. Die Abendgabe soll die Frau vor der unmittelbaren Verarmung wenigstens teilweise schützen, ebenso aber auch ihre Familie, die für sie aufkommen muss, wenn sie nach einer Scheidung plötzlich mittellos zurückbleibt.

Die Höhe der »vereinbarten« Brautgabe richtet sich nach dem Stand der Familie der Braut, ihrer Bildung und gesellschaftlichen Stellung, nach ihrem Alter, ihrer Schönheit, ihrem Vermögen, ihrem Ruf sowie der Reputation ihrer Familie (besonders ihrer Mutter) und natürlich nach ihrer Jungfräulichkeit. Eine Jungfrau kann stets eine höhere Brautgabe verlangen als eine geschiedene Frau. Daher ist die Bewahrung der Jungfräulichkeit nicht nur unter moralischen Aspekten erforderlich, sondern für die Familie auch von nicht unerheblicher wirtschaftlicher Bedeutung.

Das Verfügungsrecht der Frau über die Brautgabe

Die Brautgabe verbleibt nach der Eheschließung im Besitz der Ehefrau; der Ehemann darf sie sich weder aneignen noch über ihre Verwendung verfügen. (In Afghanistan kann sie nach Stammesrecht allerdings auch der Vater der Braut erhalten.) Bei einer Scheidung nimmt die Frau die Brautgabe mit, während dem Mann alle übrigen, von ihm in die Ehe gebrachten oder zur Ehezeit erworbenen Güter gehören, denn nach islamischem Eherecht existiert keine Zugewinngemeinschaft. Sofern auch die Frau Besitz in die Ehe gebracht hat, kann sie verlangen, dass ihr Besitz innerhalb der ehelichen Wohnung geschützt wird, der Ehemann sich dessen also nicht bemächtigen darf.

Die Hanafiten vertreten die Auffassung, dass es die unbedingte Pflicht des Ehemannes sei, nach einer Eheschließung die eheliche Wohnung auszustatten, während die Malikiten davon ausgehen, dass die Frau aus den Mitteln der ihr übergebenen Brautgabe das Haus gemäß des vom Mann gewohnten Lebensstils einzurichten habe, es sei denn, sie hat die Brautgabe nicht vor Aufnahme des ehelichen Verkehrs erhalten. In diesem Fall ist sie frei von der Pflicht der Wohnungsausstattung.[26] In Pakistan ist die Familie der Braut verpflichtet, die Braut mit Kleidung, Geld und Schmuck auszustatten. Diese Güter gehen in die Hände des Ehemannes und seiner Familie über[27], sind also eigentlich eine Zahlung an die Eltern des Bräutigams.

Obwohl der Ehemann theoretisch keinerlei Verfügungsrecht über die Brautgabe haben soll, kollidiert das Selbstverfügungsrecht der Frau in der Praxis nicht selten mit der Entscheidungsgewalt des Ehemannes, sodass sein Zugriff auf die Brautgabe in einigen Ländern keine Seltenheit sein soll. Aus Bangladesch wird beispielsweise berichtet, dass die Ehefrau ihrem Mann nicht selten den Zugriff auf die Brautgabe zugesteht im Austausch für das – ihr eigentlich nach den Bestimmungen der Scharia zustehende – Recht, ihre Familie zu besuchen.[28]

In Tunesien ist es trotz gegenteiliger Gesetzeslage angestammter Brauch, dass statt der Ehefrau der Brautvater die halbe oder sogar ganze Brautgabe erhält.[29] Auch im Iran wird dies so praktiziert; dort kann der Vater mit Hilfe der Brautgabe seine Tochter mit einer Mitgift ausstatten, er ist jedoch nicht dazu verpflichtet.[30] In Marokko bezahlt der Bräutigam schon vor der Hochzeit eine gewisse Summe an den Brautvater, der die Summe aufstockt und der Braut bei der Eheschließung Kleidung und Einrichtungsgegenstände als Mitgift übereignet.[31] Das jordanische und auch das marokkanische Familiengesetzbuch verbieten allerdings ausdrücklich, dass die Brauteltern oder ihre Verwandten seitens des Bräutigams Zahlungen dafür annehmen, dass sie ihre Tochter dem Bräutigam zur Ehefrau gaben.[32]

In einigen Ländern haben die von den Brauteltern eingeforderten Brautgaben astronomische Höhen erreicht. Diese hohen Forderungen seitens der Brauteltern ziehen für das soziologische Gleichgewicht einer Gesellschaft schwer wiegende Folgen nach sich:

In manchen Ländern – wie dem Sudan[33] – führen überhöhte Forderungen an Abendgaben – normalerweise ein Schutz für die Frau vor einer möglichen Scheidung – in den gegenwärtig wirtschaftlich schwierigen Zeiten dazu, dass junge Männer bis weit über das 30. Lebensjahr für den Erwerb der Morgengabe und eine aus Prestigegründen mehrtägige Hochzeit arbeiten und sparen müssen.

In Indien werden daher nicht selten zwei Brautgaben festgesetzt: eine, die aus Prestigegründen der Öffentlichkeit bekannt gegeben wird und eine wesentlich geringere, die offiziell bezahlt wird.[34] In anderen Ländern bevorzugen Männer eine Frau aus dem Ausland, die keine so hohe Brautgabe fordert. Daher sind diese Ehen mit Ausländerinnen von Seiten des Staates in einigen Ländern wie Saudi-Arabien oder Syrien gesetzlich sehr stark eingeschränkt worden.[35]

Als Folge einer langen Ansparzeit für die Brautgabe differiert das Alter der Brautleute erheblich, wenn der Tag der Hochzeit endlich gekommen ist; Spannungen sind häufig vorprogrammiert.[36] In Afghanistan ist es nicht unüblich, dass die Hochzeit auf diese Weise über zehn Jahre aufgeschoben wird. Während dieser Frist werden vom Bräutigam fortwährend Geschenke an die Braut erwartet, für deren Erwerb er sich unter Umständen schon lange vor der Hochzeit verschulden muss.[37]

In einigen Ländern – wie in den Vereinigten Arabischen Emiraten – wurden aufgrund der in die Höhe getriebenen Brautgaben seitens des Staates oder islamischer Organisationen Kredit- bzw. Hilfsfonds eingerichtet, die auch weniger begüterten Männern eine Eheschließung ermöglichen.

In anderen Ländern werden »Austauschheiraten« arrangiert, für die zwei Familien ihre Töchter miteinander austauschen und so aufwändige Brautgaben sparen[38] – eine Sitte, die nicht nur im heutigen Afghanistan und in Israel praktiziert wird, sondern auch im Osmanischen Reich bekannt war.[39] In manchen Ländern werden anderweitige »Umgehungen« des Brautpreises gefunden: In Afghanistan kann beispielsweise ein Mann außer durch die Zahlung des Brautpreises oder eine Tauschhochzeit eine Frau auch dadurch erhalten, dass er eine Witwe erbt oder eine Braut als Wiedergutmachung für ein Verbrechen oder als Kompensation für eine Schuld erhält. Die Übergabe mehrerer Mädchen kann den Frieden zwischen zwei Stämmen besiegeln. Ebenfalls aus Afghanistan ist bekannt, dass die Eltern der Braut die Brautgabe anstelle der Braut erhalten und dafür dem Paar einen Teil davon als Haushaltsbeitrag auszahlen. Aufgrund dieser Konstellation betrachtet sich der Bräutigam nicht selten als Opfer habgieriger Schwiegereltern.[40] Die Höhe der Brautgabe bietet also Anlass für zahlreiche Konflikte.

Gegenleistung für die Brautgabe

Hat die Ehefrau die Morgengabe erhalten, darf sie den Geschlechtsverkehr nicht mehr verweigern, denn die Verfügung über ihren Körper gilt als unmittelbare Gegenleistung für die Morgengabe. Hat ihr Mann die Morgengabe jedoch noch nicht entrichtet, kann sie mit Hinweis darauf nach Auffassung der Hanafiten, Schafiiten und Hanbaliten[41] den Geschlechtsverkehr so lange verweigern, bis der Ehemann die Morgengabe überstellt hat. Nach

Auffassung der Hanbaliten, Schafiiten und Malikiten kann eine Frau, die noch vor Vollzug der Ehe erkannt hat, dass ihr Mann nicht in der Lage sein wird, die Brautgabe zu entrichten, die Ehe annullieren lassen.[42]

Muslimische Theologen vertreten unterschiedliche Auffassungen zu der Frage, ob zuerst die Übergabe der Brautgabe zu erfolgen hat oder zuerst der Verkehr und danach die Brautgabe übergeben werden soll. Die Differenz kommt also über die Frage zustande, ob die Brautgabe die Grundlage des Ehevertrages ist oder eine sich daraus ergebende Folge. Abu Hanifa (der Gründer der hanafitischen Rechtsschule) vertritt die Meinung, die Frau kann so lange den Verkehr verweigern, bis die Brautgabe entrichtet ist; eine Sicht, der sich auch das jordanische Recht anschließt.[43] Hat die Frau nach dieser Auffassung in den ehelichen Verkehr vor Übergabe der Brautgabe eingewilligt, kann sie ihn danach nicht mehr mit Hinweis darauf verweigern, dass ihr Ehemann zuerst die Brautgabe zu entrichten habe. Klagt sie nach malikitischem Recht (wie in Marokko) vor Gericht, die Brautgabe nicht erhalten zu haben und bestreitet ihr Ehemann das, gilt vor dem Vollzug der Ehe ihr Wort, nach dem Vollzug dagegen sein Wort.[44]

Kommt es – etwa nach der ordnungsgemäßen Übergabe der Brautgabe – ohne Verschulden der Ehefrau nicht zum ehelichen Verkehr (beispielsweise weil der Mann sich als impotent erweist oder die Ehe auflöst), hat die Frau das Recht, die Hälfte der Brautgabe einzufordern, und die Ehe wird annulliert. Kommt es durch ihr Verschulden nicht dazu (indem sie mit der Volljährigkeit von ihrem Recht Gebrauch macht, gegen die mit ihr als Minderjährige geschlossene Ehe Widerspruch einzulegen) oder wird die Ehe wegen von ihr verursachter rechtlich-formaler Mängel annulliert, erhält sie keine Brautgabe. Beim plötzlichen Tod eines Ehepartners nach dem Vollzug der Ehe muss jedoch die volle Brautgabe entrichtet werden, beim Abfall der Frau vom Islam verliert sie die volle Brautgabe.[45]

Die Vermutung, aufgrund des Vertragscharakters der Eheschließung und der Zahlung des Brautgeldes finde eine Art »Kauf« der Braut statt, ist nicht ganz zutreffend. Der Ehemann erwirbt nicht die Frau, sondern lediglich das Recht auf den Genuss bzw. die »Nutzung« der Ehefrau, vor allem ihrer Geschlechtsorgane. Der berühmte schiitische Theologe Muhaqqiq al-Hilli definiert daher die Ehe als: »einen Vertrag, dessen Gegenstand die Gewalt [des Mannes] über die Vagina [der Frau] ist, ohne dass er sie selbst besitzt.«[46] Ein prominenter malikitischer Jurist, Shaykh Khalil, macht diesen Unterschied nicht, wenn er formuliert: »Wenn eine Frau heiratet, verkauft sie einen Teil ihrer Person. Auf dem Markt erwirbt man Waren, bei der Eheschließung erwirbt der Mann den Geschlechtsbereich arvum mulieris [des Saatfeldes Frau; ein Begriff aus dem Koran].«[47] Im Allgemeinen wird jedoch davon ausgegangen, dass der Ehemann nur die Nutzung des Körpers der Frau erhält, nicht die Frau selbst erwirbt.

Die Bedeutung der Jungfräulichkeit

Stellt ein Mann in der Hochzeitsnacht fest, dass seine Braut – die ihm bei der Eheschließung als unberührt benannt worden ist – keine Jungfrau mehr ist, ist das für beide beteiligten Familien eine Katastrophe, wegen der damit verbundenen überaus großen Schande jedoch besonders für die Familie der Braut. Mag der Bräutigam auch seine Erfahrungen vor der Ehe gesammelt haben, bleibt es doch immer die Frau, bei der diese vorehelichen Erfahrungen »nachweisbar« sind. Sind sich Mann und Frau einig, diesen Umstand vor der Familie zu verbergen, wird die Familie kaum die volle Wahrheit erfahren können: Ein kleines Betrugsmanöver wird dort den Schein wahren, wo im ländlich-konservativen Bereich noch die weiblichen Verwandten der Frau das blutbefleckte Laken der Braut in Empfang nehmen.

Stellt der Mann jedoch seine Braut bloß und bezeichnet sie – durch das Öffentlichmachen des reinen Lakens – offen als Hure, wird sie mit Schimpf und Schande zu ihrer Familie zurückgeschickt werden. Besonders die Familie des Bräutigams wird sich hintergangen fühlen und als betrogen betrachten – hinsichtlich der öffentlichen Schande wie auch hinsichtlich der Höhe der Brautgabe, denn die Brautgabe liegt für eine Jungfrau wesentlich höher als für eine geschiedene Frau »aus zweiter Hand«. Geht eine Frau nicht als Jungfrau in die Ehe, waren die Männer ihrer Familie offensichtlich nicht in der Lage, das Verhalten der Frauen zu kontrollieren bzw. sie vor Übergriffen zu schützen.

Darüber hinaus hat dieser Umstand jedoch auch rechtliche Implikationen: Die Frau würde eigentlich einer sofortigen Bestrafung unterliegen, die bei Fehlen von Augenzeugen und einem Geständnis statt der in der Scharia vorgesehenen 100 Peitschenhiebe eine Strafe nach Ermessen des Richters nach sich ziehen würde. Theoretisch wäre also ein Gerichtsverfahren erforderlich; die Frau wird jedoch eher von zu Hause fortgejagt, eingesperrt, an einen älteren Mann oder als Zweitfrau verheiratet oder sogar getötet werden. Aufgrund dieser rechtlichen Folgen verwundert es kaum, dass die Malikiten die Anwesenheit von zwei Zeugen bei Vollzug der Ehe fordern.[48]

Die Folgen der Eheschließung

Die rechtlichen Folgen eines gültigen Ehevertrags sind die Legitimität des ehelichen Verkehrs, die Legitimität der aus dieser Ehe hervorgehenden Kinder und ihre Erbberechtigung sowie die gegenseitige Erbberechtigung der Ehegatten. Wenn eine Ehe unter Wahrung der vorgeschriebenen rechtlichen Form als rechtsgültige Verbindung geschlossen wurde, gilt sie als »rechtmäßig« oder »gültig« *(sahih)*. Die Frau erhält das Recht auf Unterhalt (Nahrung,

Kleidung, Wohnung, nach überwiegender Meinung auch auf medizinische Versorgung), auf Gleichbehandlung im Fall einer Mehrehe, das Recht auf den Besuch ihrer Familie, auf Verfügung über ihren Besitz und auf die Brautgabe, nach marokkanischem Recht ausdrücklich auch auf respektvolle Behandlung.[49]

Der Ehemann erhält seinerseits vor allem das Recht auf Sexualität und Gehorsam.[50] Über den Gehorsam gegen ihren Ehemann hinaus werden als implizite Bedingungen des Ehevertrages in der Regel von der Frau die Versorgung des Haushalts erwartet, die Sorge um die Kinder – einige Länder wie Algerien oder Marokko legen die Pflicht zum Stillen der Kleinkinder gesetzlich fest, sofern die Mutter dazu in der Lage ist[51] – sowie Respekt gegen die Eltern und die Verwandten des Ehemannes (so in Marokko oder auch Algerien[52]).

Die Hausarbeit selbst und die Bedienung des Ehemanns sind nach Auffassung der Hanafiten und Schafiiten keine Pflichten, der die Ehefrau unbedingt selbst nachkommen muss. Sie kann diese Aufgaben auch delegieren. Auch die Malikiten erwarten die Versorgung des Haushalts nur dann von der Frau, wenn Hausarbeit ihrer gesellschaftlichen Stellung entspricht.[53] Ferner wird von der Ehefrau erwartet, mit dem Ehemann die von ihm bestimmte eheliche Wohnung zu teilen.[54] Darüber hinaus wird häufig – so auch im jordanischen und irakischen Recht – die Pflicht der Ehefrau angeführt, mit ihrem Ehemann auf Reisen zu gehen, sofern die Reise sicher ist und sie keinen stichhaltigen Hinderungsgrund vorbringen kann.[55]

Durch die Eheschließung wird ferner die Verwandtschaft rechtswirksam. Dieser Punkt ist für die Frau insofern von Interesse, als dass für sie in Bezug auf einige männliche Mitglieder ihrer Schwiegerfamilie nun ein Ehehindernis besteht (das heißt, ihr Schwiegervater oder Schwager ist nun ein Verwandter für sie, der sie nicht mehr heiraten darf). Das bedeutet, dass sie sich diesen Männern gegenüber unverschleiert zeigen und mit ihnen theoretisch eine Reise wie etwa die Pilgerfahrt unternehmen darf, ohne in den Verdacht des Ehebruchs zu geraten.

Die Eheschließung bedingt ferner, dass bei einer Scheidung oder dem Tod des Ehemannes die Frau die gesetzlich vorgeschriebene Wartefrist *(idda)* von drei bzw. vier Monaten und zehn Tagen zur Feststellung einer eventuellen Schwangerschaft einhalten muss.

Zu den Folgen einer Eheschließung gehört ferner, dass die Ehefrau ihren Namen und ihren Besitz (vor allem die Brautgabe) behält. Sie gehört weiter ihrer früheren Rechtsschule an. Ebenso behält der Ehemann seinen in die Ehe gebrachten sowie seinen in der Ehe erworbenen Besitz. Ehemann und Ehefrau bleiben aus wirtschaftlicher Perspektive zwei getrennte Personen, denn die Ehe begründet keine Gütergemeinschaft und keine gleichberechtigte Partnerschaft. Auf die im Verlauf der Ehe erworbenen Güter, die in aller Regel durch die Erwerbsarbeit des Mannes hinzugewonnen wurden, erhält die Ehefrau im Fall einer Scheidung keinerlei Anrecht.

Das islamische Eherecht teilt also den Gedanken nicht, dass die Arbeitsteilung für ein gemeinsames Ziel – hier Kindererziehung, dort Erwerbsarbeit – die Bewältigung beider Arbeitsbereiche erst ermöglicht und bei einer Trennung gegeneinander aufgerechnet werden sollten.

Die Großfamilie – Quelle der Konflikte

Die muslimische Ehe ist in gewisser Hinsicht eine labile Verbindung zweier Familien. Obwohl die beiderseitigen Rechte und Pflichten im Ehevertrag möglichst detailliert definiert werden, kann die islamische Ehe aufgrund verschiedener Faktoren ihre Stabilität einbüßen.

Hier ist einmal die Verbundenheit beider Partner mit ihrer Herkunftsfamilie zu nennen: Nach Möglichkeit sorgt traditionell der älteste (oder andernfalls ein jüngerer) Sohn für die alt gewordenen Eltern oder die verwitwete Mutter, die kein Einkommen mehr haben. Er nimmt sie in sein Haus auf, indem seine Mutter und seine Ehefrau nun zusammenleben und zumindest im ländlichen Bereich auch zusammen arbeiten müssen. Zumindest auf dem Land sollen Schwiegereltern ihre Schwiegertochter nicht selten als »von ihrem Geld erworbene« Arbeitskraft betrachten.[56]

Trotz der in der Scharia vorgesehenen Regelung, keine weiteren Verwandten bei der Kernfamilie wohnen zu lassen, erweitern weitere Familienmitglieder wie eine verwitwete Tante oder eine unverheiratete Schwester nicht selten die Großfamilie, deren Bedeutung insgesamt zwar zurückgeht, die aber immer noch vor allem im nichtstädtischen Bereich existiert.

Zwar sieht die Scharia eine räumliche Trennung zwischen dem Ehepaar und den Eltern bzw. der Familie des Mannes vor, sie kann aber selbstverständlich nur dort durchgehalten werden, wo die finanziellen und räumlichen Möglichkeiten dazu vorhanden sind. Nicht selten haben muslimische Frauen in Autobiografien beklagt, wie massiv sich die Schwiegermutter – manchmal aus Neid, manchmal aus Herrschsucht, manchmal aus Kompensation früher erlittenen Unrechts – in die Ehe einmischt, ja, vielleicht den Sohn sogar dazu bewegt, seine Frau zu verstoßen oder eine Zweitfrau hinzuzuheiraten. In einem solchen Konfliktfall wird der Ehemann seltener auf Seiten seiner Frau, sondern eher auf Seiten seiner Mutter stehen, mit der er emotional und wirtschaftlich oft tiefer verbunden ist und der er hinsichtlich ihres moralischen Lebenswandels weniger misstraut.

Selbst im vergleichsweise westlich orientierten Tunesien wird von einer Mehrheit der Frauen noch heute die Einmischung der Schwiegerfamilie – und insbesondere die Intrigen der Schwiegermutter – als Hauptfaktor für Ehescheidungen benannt. Besonders auf dem Land wird – trotz der bekannten Schariavorgaben – eine von den Eltern getrennte Wohnung gesellschaftlich stark missbilligt.[57]

Aber auch die Familie der Frau kann auf die Ehe Einfluss nehmen, wenn die Eheleute in unmittelbarer Nähe zu ihr leben und die Tochter sie regelmäßig besucht oder Besuche ihrer Mutter empfängt. Kulturell bleibt die Ehefrau ihrer Familie stärker verbunden als der ihres Ehemannes. Auch die Eltern der Frau können versuchen, über die Frau Einfluss auf die Ehe zu gewinnen und beispielsweise versuchen, die vom Ehemann zu leistenden Unterhaltszahlungen in die Höhe zu treiben.

Allein diese traditionell festgelegten Rollen und Abhängigkeitsverhältnisse machen die muslimische Ehe zu einer labilen, konfliktanfälligen Institution. Die allzu engen Abhängigkeiten beginnen sich allerdings in der Neuzeit dort mehr und mehr aufzulösen, wo der finanzielle Rahmen für ein eigenständiges Leben gegeben ist bzw. die Mobilität des 21. Jahrhunderts oder Kriege und Unruhen Kinder und Eltern trennen.

Auch die in einigen Ländern praktizierte »Austauschehe«, in der die Ereignisse in der Familie des ersten Ehepaares das andere Ehepaar beeinflussen, macht solche Ehen zu einem labilen Konstrukt. Sofern ein Ehepaar miteinander in Streit gerät oder sogar eine Scheidung vollzogen wird, wird das andere, eng mit ihnen verwandte Ehepaar aus Loyalität oder »Landessitte« ebenfalls leicht in Schwierigkeiten geraten oder ebenfalls eine Scheidung vollziehen, auch wenn in dieser Ehe eigentlich gar kein Grund dafür vorliegt.[58]

Temporäre und dauerhafte Ehehindernisse

Zu beachten ist bei einer Eheschließung die rechtlich relevante Frage, ob rechtswirksame Ehehindernisse bestehen und wenn ja, ob sie beseitigt werden können – sie also temporärer Natur sind – oder ob sie dauerhaft sind und eine Eheschließung daher unmöglich oder eine bereits geschlossene Ehe im rechtlichen Sinn ungültig *(batil)* machen. Bei Vorliegen von Ehehindernissen darf die Ehe nicht geschlossen werden. Ist eine Ehe im rechtlichen Sinn ungültig, kann sie durch Annullierung *(faskh)* aufgelöst werden. Die Kinder aus einer ungültigen Ehe sind uneheliche Kinder, die Ehefrau ist nicht erb- und nicht unterhaltsberechtigt.

Für den Ehemann ist beispielsweise eine gleichzeitige Eheschließung mit der fünften Frau ein Ehehindernis, das die Ehe nichtig macht, sowie die Eheschließung mit einer dreimal von ihm zuvor verstoßenen Frau. Ein nichttemporäres Ehehindernis ist auch eine zu enge Verwandtschaft (die Ehe mit zwei Schwestern oder einer Schwägerin), die eine Ehe »verboten« *(haram)* macht, während die Ehe zwischen Cousin und Cousine als »erlaubte« *(halal)* gilt.

Für die Ehefrau ist eine zweite gleichzeitige Eheschließung ein Ehehindernis, für beide eine zu enge Verwandtschaft (Schwester, Schwägerin, Mutter, Tochter, Enkelin, Schwiegertochter, »Milchschwester«). Ein temporäres Ehehindernis ist eine Eheschließung vor Ablauf der dreimonatigen Wartefrist nach einer Scheidung oder der viermonatigen Wartefrist nach dem Tod des Ehemannes.

Ferner gilt einigen Theologen eine Überlegenheit der Ehefrau als Ehehindernis (vor allem der Rechtsschule der Hanafiten), anderen nicht. Ein häufig erwähntes Ehehindernis ist auch die »Milchgeschwisterschaft«: Eine gemeinsame Amme stellt nach islamischem Recht eine »Milchverwandtschaft« her, die wie eine Blutsverwandtschaft einen Eheausschluss begründet. Dies jedoch nur, wenn die Milchschwester oder der Milchbruder gestillt wurden – Flaschenernährung bedingt keine Milchgeschwisterschaft.[59]

Unterhaltspflicht und Berufstätigkeit

Ausgehend von den beiden Grundpfeilern des islamischen Eherechts – der Verpflichtung des Ehemannes zum Unterhalt *(nafaga)* und der Verpflichtung der Ehefrau zum Gehorsam *(taa)* – erschließen sich die unterschiedlichen Aufgabenbereiche und Rechtsansprüche von Mann und Frau, wie sie die Scharia definiert:

Mit der Eheschließung erwirbt die Ehefrau nach einhelliger Auffassung der muslimischen Theologie das Recht auf Unterhalt, das sich zunächst auf den täglichen Lebensunterhalt (Nahrung, Kleidung, eine angemessene Wohnung) bezieht, nach Meinung der malikitischen Rechtsschule auch auf die medizinische Versorgung der Ehefrau im Krankheitsfall. Nach Auffassung der Hanafiten jedoch sind etwaige Kosten für eine medizinische Behandlung ebenso wenig für den Ehemann verpflichtend wie die Kosten für Kaffee oder Zigaretten, die die Frau nicht einfordern kann.[60] Unterhaltsberechtigt ist sie allerdings im Fall einer Krankheit. Die schiitische Auffassung lautet, dass nur die Kosten für kleinere Krankheitsfälle vom Ehemann übernommen werden müssen.[61]

Auch die Frage, ob die Kosten, die mit Schwangerschaft und Geburt in Zusammenhang stehen – wie die Bezahlung einer Hebamme –, vom Ehemann übernommen werden müssen, ist unter Juristen nicht ganz unumstritten. Die allgemeine Meinung tendiert eher dahin, dass diese Aufwendungen eigentlich Kosten für den Unterhalt des Kindes sind, der Vater also verpflichtet sei, dafür aufzukommen. Kann die Ehefrau ihr Kind nicht stillen und wird es zu einer Amme gegeben, muss der Vater in jedem Fall dafür aufkommen.

Der Unterhalt ist ab dem Tag der rechtlich gültigen Eheschließung fällig; ab demselben Zeitpunkt ist der Ehemann seinerseits berechtigt, den Gehorsam seitens seiner Ehefrau einzufordern, und zwar insbesondere in sexueller Hinsicht. Kommt er nicht für den Unterhalt auf, ist sie weder zum Verbleib in seiner Wohnung noch zum Gehorsam (einschließlich des ehelichen Verkehrs) verpflichtet. Umgekehrt verliert die Ehefrau das Recht auf Unterhalt, sobald ihr Mann keine Verfügung mehr über seine Frau hat bzw. keinen Zugang zu ihr. Das ist vor allem durch ihre Abwesenheit von zu Hause der Fall, die der Ehemann nicht ausdrücklich gebilligt – erlaubt – hat, durch ihre einfache Verweigerung des ehelichen Verkehrs oder auch durch einen Gefängnisaufenthalt, der sie ihrem Ehemann ebenfalls entzieht. Diese Regelungen über die Abhängigkeit von Unterhalt und Gehorsam (bzw. Verfügbarkeit) sind heute Bestandteil des Familiengesetzbuches etwa von Ägypten, Jordanien, Irak, Kuwait und Syrien.[62]

Die »angemessene« Wohnung

Um für den Ehemann verfügbar zu sein, ist die Frau verpflichtet, mit ihrem Mann in einer ehelichen Wohnung zu leben, kann aber verlangen, dass dies eine »angemessene« Wohnung ist. Eine »angemessene« Wohnung soll so beschaffen sein, dass das Ehepaar einen eigenen Wohnbereich besitzt (bei wohlhabenden Familien auch ein eigenes Haus), den es nicht mit den Verwandten des Mannes teilen muss.

Eine gewisse Ausnahme bilden die Eltern des Ehemannes, denn traditionell zieht die Braut des Sohnes mit der Eheschließung in das Haus ihrer Schwiegereltern. Die Anwesenheit der Schwiegereltern soll jedoch nach den Vorgaben der Scharia nicht die Ehe belasten. Ebenso darf die Ehefrau weder ihre Verwandten noch ihre Kinder aus einer früheren Ehe ohne Einwilligung ihres Ehemannes mit in die eheliche Wohnung aufnehmen.

Nach aller Möglichkeit soll die eheliche Wohnung mit einer eigenen Toilette und Küche versehen sein – günstigstenfalls mit einer Bade- oder Waschgelegenheit, da der Geschlechtsverkehr eine große rituelle Waschung mit einem vollständigen Eintauchen des Körpers in Wasser oder doch wenigstens das Übergießen des ganzen Körpers mit Wasser erfordert, um die für die Religionsausübung erforderliche rituelle Reinheit wiederherzustellen.

Ein von außen uneinsehbarer Innenhof ermöglicht der Ehefrau die Erfüllung ihrer Haushaltspflichten, ohne den Außenbereich betreten zu müssen und in einem konservativen Umfeld durch ständiges Verlassen des Hauses in Verruf zu geraten.[63]

Die Ehefrau kann fordern, dass sich die eheliche Wohnung in guter Nachbarschaft befindet, das heißt nicht in einer Umgebung, die geneigt ist, den guten Ruf oder die Sicherheit der Ehefrau zu gefährden. Nach Möglichkeit soll die Wohnung nicht zu weit entfernt von der Familie der Ehefrau liegen, damit sie ihr nach der Scharia verbrieftes Recht in Anspruch nehmen kann, etwa einmal wöchentlich ihre Mutter (bzw. ihre Herkunftsfamilie) zu besuchen[64], ohne eine dafür erforderliche mehrtägige Reise unternehmen zu müssen, die die Ehefrau nach den geltenden Anstandsregeln kaum ohne männliche Begleitung durchführen könnte. Die Nähe zur eigenen Familie erlaubt der Frau, etwa einmal im Monat bis einmal im Jahr die übrigen Verwandten bei sich zu empfangen.[65]

Zudem genießt die Ehefrau in der Nähe ihrer Familie eher deren Schutz – insbesondere, wenn sie in ihrer Schwiegerfamilie nicht gut behandelt wird – und ist mit den örtlichen Gebräuchen besser vertraut.[66]

Stellt der Ehemann nach der Eheschließung eine solche, den Vorgaben der Scharia entsprechende Wohnung nicht zur Verfügung, ist die Frau berechtigt, eine »unangemessene« Wohnung zu verlassen (sich also ihrem Ehemann und dem Bereich, auf den sich sein Gehorsamsrecht erstreckt, zu entziehen) und ihn aufzufordern, ihr eine den rechtlichen Erfordernissen entsprechende Wohnung zur Verfügung zu stellen. Lebt die Frau in einer Mehrehe, kann sie einen eigenen Haushalt, das heißt, für sich und ihre Kinder einen von der anderen Frau oder den anderen Frauen abgetrennten Wohnbereich verlangen.

Die Höhe des Unterhalts

Die Ehefrau ist mit Abschluss des Ehevertrages zum Empfang ihres Lebensunterhalts berechtigt. Die Unterhaltspflicht wird auch dann nicht minimiert, wenn die Frau aus einer wohlhabenden Familie stammt und Besitz mitbringt, der Mann jedoch von weniger wohlhabendem Hintergrund kommt.

Die Höhe des Unterhalts, den der Ehemann an seine Ehefrau zu entrichten hat, ist Gegenstand der Übereinkunft des Ehepaares, oder, sofern diese nicht zustande kommt, auch der gerichtlichen Festsetzung gemäß des Verdienstes des Ehemanns, den örtlichen Lebenshaltungskosten und den Bedürfnissen der Familie.[67] In jedem Fall muss der Ehemann seine Frau versorgen, so wie es von seinem Einkommen her möglich ist.

Ist die Herkunftsfamilie der Frau vermögend, soll der Mann sie nach Auffassung der Hanbaliten, Malikiten und Schafiiten bestenfalls dem Rahmen entsprechend versorgen, in dem sie aufgewachsen ist – ihr unter Umständen sogar eine Bedienstete stellen –, damit sie durch ihre Eheschließung nach Möglichkeit keinen sozialen Abstieg erfährt.[68] Die Hanafiten dagegen urteilen, dass allein die Vermögenslage des Mannes über die Höhe des Unterhaltes entscheidet[69], da die Frau mit Eingehen der Ehe auch den wirtschaftlichen Hintergrund des Mannes akzeptiert habe.[70]

Kommt der Ehemann seinen Unterhaltspflichten nicht oder nicht ausreichend nach, kann die Frau dieses Recht notfalls vor Gericht einzuklagen versuchen. Hat ihr Ehemann die finanziellen Möglichkeiten, Unterhalt zu bezahlen, weigert sich aber, kann der Richter ihn nach hanafitischem Recht zu einer Gefängnisstrafe von einem bis drei Monaten verurteilen.[71] Hat der Ehemann keine finanziellen Mittel, kann die Frau lediglich eine Scheidung erwirken.

»Ehrbare« Berufe

Während dem Ehemann allein die Verpflichtung zur materiellen Versorgung seiner Familie obliegt, kann die Ehefrau nach Auffassung der Scharia ihrerseits nicht gezwungen, ja nach Meinung mancher Theologen nicht einmal darum gebeten oder dazu aufgefordert werden, einen Teil des Unterhalts der Familie beizusteuern (nach libyschem, marokkanischem und tunesischem Recht sowie dem Recht der Vereinigten Arabischen Emirate soll sie sich aber am Unterhalt beteiligen, wenn sie vermögend ist).[72]

Sofern die Ehefrau berufstätig ist, gehört das Einkommen allerdings der Familie, nicht ihr persönlich wie ihre Brautgabe. Dennoch entbindet ihre Berufstätigkeit den Ehemann nicht von seiner Unterhaltspflicht, denn sie muss von ihrem Verdienst sich selbst auf keinen Fall unterhalten.

Die Berufstätigkeit der Ehefrau berührt nicht nur die rechtliche Seite der ehelichen Aufgabenverteilung, sondern auch die Frage der Familienehre, die prinzipiell immer auf dem Spiel steht, wenn die Frau den öffentlichen Bereich betritt. Ein Mann, der seiner Frau eine Erwerbsarbeit gestattet, wird in vielen Teilen der islamischen Welt, insbesondere im traditionellen Bereich oder auch dem konservativen städtischen Bereich als eine Art Zuhälter betrachtet werden, der seine Frau der Ehrlosigkeit preisgibt.

Manche Theologen – und auch die islamische Frauenbewegung – vertreten die Auffassung, dass der Islam an sich nicht die Berufs- oder außerhäusliche Tätigkeit der Ehefrau verbiete, sofern sie nicht mit den häuslichen Pflichten der Ehefrau kollidiere bzw. keine moralisch anstößige, nicht mit den Grundsätzen des Islam zu vereinbarende Tätigkeit sei. Daher besitze der Ehemann nicht grundsätzlich das Recht, seiner Frau eine außerhäusliche Tätigkeit zu verbieten. Das, was eine »mit den Grundsätzen des Islam zu vereinbarende Tätigkeit« ist, darüber gehen die Meinungen selbstverständlich weit auseinander.

In den Augen der meisten Muslime ausgeschlossene Tätigkeiten wären etwa Berufe wie Schauspielerin oder Tänzerin (wegen der öffentlichen Zurschaustellung des weiblichen Körpers), eine Arbeit im Servicebereich eines Restaurants oder Hotels (wegen der Verpflichtung, mit Alkohol in Berührung zu kommen und männliche Besucher bedienen zu müssen), aber auch der Beruf der Reiseleiterin (wegen des ständigen Kontakts zu Männern, ohne selbst männliche Begleitung zu haben). Nur am Rand sei angemerkt, dass jedem Besucher arabischer Länder – einschließlich der konservativen Golfländer – nach nahöstlichen Maßstäben recht freizügige Bauchtanzveranstaltungen angeboten werden, die nicht nur von Touristen aus dem westlichen Ausland, sondern ebenso von arabischen (muslimischen) Männern besucht werden, aber während man intensiv und interessiert die Darbietung der ausländischen Tänzerin verfolgt, würde man wohl kaum zögern, die eigene Tochter oder Ehefrau zu Hause einzusperren oder sogar zu töten, ginge sie einer solchen unmoralischen Tätigkeit nach.

Geht die Ehefrau einer Berufstätigkeit nach, kann das jedoch nicht nur vom moralischen Standpunkt für die betreffende Familie ein Problem darstellen. Feldstudien in Marokko zeigen, dass mit dem Einzug der Moderne und einer teilweise desolaten wirtschaftlichen Lage nicht selten die Ehefrauen die Rolle des Brotverdieners übernehmen (müssen) – was zu Gefühlen von Eifersucht, Unterlegenheit und Nutzlosigkeit bei den Ehemännern führt und in deren Folge zu Ausbrüchen von Gewalt und vermehrten Scheidungen.[73]

Nach einer Klage der Ehefrau vor Gericht wegen des fehlenden Unterhalts, den der Mann nicht leisten kann, erfolgt dann rasch die

Auflösung der Ehe. Kein Wunder, dass viele Muslime das Vordringen der »westlichen« Moderne, die zunehmende Unabhängigkeit der Frauen und deren daraus folgende kaum mehr durchzuhaltende Kontrolle für eine gesellschaftliche Erosion und Unterwanderung mit westlichen Vorstellungen von Freiheit und Selbstbestimmung verantwortlich machen.

Der Beruf der Ärztin oder Lehrerin (Dozentin) an Schule, Universität oder Moschee – insbesondere dort, wo Frauen Frauen behandeln und unterrichten, bietet vielleicht die geringste Angriffsfläche, ja wird sogar in Saudi-Arabien als »notwendig« bejaht[74] – ein ägyptischer Richter beurteilte den Lehrberuf der Frau als »religiöse Pflicht«.[75] Eine völlige Vermeidung jeglicher Kontaktaufnahme mit männlichen Arbeitskollegen oder Vorgesetzten ist jedoch selbstverständlich sehr schwierig, zumal häufig ein langer Weg zur Arbeit oder abendliche bzw. der Familienfürsorge abträgliche Arbeitszeiten im Zuge einer außerhäuslichen Tätigkeit in Kauf genommen werden müssen.

Die Beurteilung, welche Berufe als ehrbar oder moralisch anfechtbar gelten, hängt auch von der in der jeweiligen Familie und Gesellschaft vorherrschenden Sicht über das erforderliche Maß an Geschlechtertrennung und Wahrung des Anstands ab. Während versucht wurde, in Saudi-Arabien sowie im nachrevolutionären Iran die Geschlechtersegregation so weit wie möglich voranzutreiben (durch getrennte Abteile in Zügen und Bussen im Iran, durch getrennte Bibliotheken bzw. Benutzerzeiten in Saudi-Arabien und die dort übliche Verfolgung von Vorlesungen männlicher Dozenten durch Frauen per Videoübertragung in einen Nachbarraum) wird die Geschlechtertrennung in anderen Ländern nicht ganz so streng verfolgt.

Die Frau benötigt also prinzipiell die Erlaubnis ihres Mannes zur Aufnahme einer Berufstätigkeit – zumal er für den Lebensunterhalt verantwortlich ist, für sie also nach klassischer Ansicht keine »Notwendigkeit« zur außerhäuslichen Tätigkeit besteht. Nach ägyptischem und kuwaitischem Recht verliert die Ehefrau jedoch ihren Unterhaltsanspruch nicht, wenn sie trotz des Unwillens des Ehemannes einer ehrbaren Tätigkeit nachgeht und nicht darüber ihre familiären Pflichten vernachlässigt.[76] Ihr Verdienst soll jedoch der Familie zugute kommen, er ist nicht wie die Brautgabe ihr Besitz, den sie für sich behalten darf.[77]

Viele Muslime würden allerdings der Aussage wohl zustimmen, dass eine Frau nur dann berufstätig sein sollte, wenn dazu eine echte Notwendigkeit besteht, und auch dann wird eine außerhäusliche Tätigkeit nicht als ideal betrachtet. An der traditionellen Rollenverteilung und der Verantwortung der Frau für Haushalt und Kinderfürsorge ändert sich durch die Berufstätigkeit der Ehefrau ohnehin nichts, selbst nicht in westlicher orientierten Ländern wie Tunesien und deren höheren Bildungsschichten.[78] Manche Theologen – auch manche Frauen – urteilen aus dieser Perspektive: »Die arbeitende Mutter erzeugt eine verloren umherirrende Jugend, die Haschisch und Opium raucht und Banden bildet, die rauben, töten und vergewaltigen.«[79] Die Berufstätigkeit der Frau führt nach vielfacher Auffassung direkt zur Verwahrlosung der Gesellschaft und zum moralischen Verfall.

Nimmt die Frau ohne Erlaubnis ihres Mannes eine Berufstätigkeit auf, gilt sie nach überwiegender Auffassung als »rebellisch« und verliert ihr Recht auf Unterhalt. Wenn sie jedoch aus wirtschaftlicher Not heraus berufstätig wird, weil ihr Mann seiner Unterhaltspflicht nicht nachkommt, hat sie das Recht, ihren Gehorsam auszusetzen (also auch ohne seine Erlaubnis außer Haus zu gehen), weil er seine Ehepflichten als Erster verletzt hat. Die entscheidende Frage vor Gericht wird also lauten, wer als Erster seine Pflichten vernachlässigt hat und was nur die Folge daraus war – was sicher in den meisten Fällen nicht eindeutig beantwortet werden kann.

Obwohl sich also weder die Scharia noch der Koran explizit gegen eine Berufstätigkeit der Ehefrau wenden und etliche Theologen die prinzipielle Erlaubnis dazu nicht verweigern wollen, bedeutet dies noch nicht, dass diese Anschauung zur Berufstätigkeit von allen Muslimen gleichermaßen geteilt würde. Die Dehn- und Interpretierbarkeit der Scharia sowie die kulturell begründeten Auffassungen von Ehre und Schande bringen es mit sich, dass niemand, der für seine Ehefrau oder Tochter eine Verletzung der Anstandsregeln fürchtet – ebenfalls eine mit dem Islam begründete nahöstliche, allgemein anerkannte Größe – und ihr daher eine außerhäusliche Tätigkeit verwehrt, weil er die Anstandswahrung höher achtet als das weibliche Recht auf Berufstätigkeit, als »unislamisch« beurteilt werden wird.

In Saudi-Arabien braucht eine Frau immer die Erlaubnis ihres Ehemannes oder Vaters für eine Berufstätigkeit, ebenso wie zum Besuch einer Schule.[80] (Dort benötigt sie außerdem seine Begleitung bei einer Fahrt über die unmittelbare Nachbarschaft hinaus und auch seine schriftliche Erlaubnis zum Verlassen des Landes. Häufig besitzen Frauen keinen eigenen Reisepass oder sind in den Pass ihres Mannes oder Vaters eingetragen. [81])

Manche konservativen Theologen vertreten die Auffassung, eine Frau solle so weit wie möglich im Haus bleiben, denn wenn sie ausgehe, komme über die Gesellschaft die Gefahr der Unmoral, indem sie sich möglicherweise nicht korrekt gekleidet im außerhäuslichen Bereich bewegt. Ihre Begründung findet diese Anschauung auch in Sure 33,33: »Und bleibt in eurem Haus«. Dadurch gefährde sie den Mann, der nicht anders könne, als ihrer Versuchung zu erliegen.

Vor dem Hintergrund der allgemein akzeptierten Auffassung, dass es die Frau ist, die für die Wahrung der gesellschaftlichen Moral verantwortlich ist, scheint die logische Begründung daraus ein möglichst weitgehendes Fernhalten des »gefährdenden« Faktors Frau aus der Öffentlichkeit zu sein. Eine Frau, die sich scheinbar ohne Notwendigkeit, zum Beispiel zum Zeitvertreib, im öffentlichen Raum wie einem Café aufhält, muss – außer vielleicht in großen Städten und in Begleitung – mit ehrverletzender Belästigung rechnen.

Berufstätigkeit nach Ehevertrag

In der heutigen Zeit lassen sich manche Frauen – insbesondere im städtischen Bereich – das Recht auf eine Fortsetzung ihrer beruflichen Tätigkeit oder ihrer Ausbildung in ihren Ehevertrag als Zusatzklausel aufnehmen. Das Eherecht des Westjordanlandes formuliert sogar, dass ein Mann, der von der Berufstätigkeit seiner Frau zum Zeitpunkt der Eheschließung wusste und sie als berufstätige Frau akzeptiert hat, ihr diese nach der Eheschließung nicht plötzlich verbieten kann. Die Beweislast liegt dann beim Ehemann, der darlegen muss, dass er mit der Berufstätigkeit nicht einverstanden war und dies vor der Eheschließung unmissverständlich geäußert hat. In Ramallah urteilte ein Richter im Jahr 1986, dass eine Berufstätigkeit, die den Ruf einer Frau nicht schädigt, noch ihr seelischen und körperlichen Schaden zufügt, noch dazu führt, dass sie darüber Ehemann und Kinder vernachlässigt, vom Ehemann nicht verboten werden darf, ja, er einen »guten Grund« anführen muss, um sie ihr untersagen zu können.[82]

Auch das ägyptische, vom malikitischen Recht geprägte Gesetz empfiehlt, dass eine Frau nicht ihr Recht auf Unterhalt verliert, wenn sie ohne Erlaubnis des Mannes das Haus verlässt, aber dies der örtlichen Gewohnheit und den Bestimmungen der Scharia entspricht, es sich um eine Notwendigkeit handelt und die Arbeit außer Haus ehrenhaft ist, sofern sie ihre Rechte nicht »missbraucht« und ihre Arbeit nicht der Familie schadet – und der Ehemann sie nicht aufgefordert hat, ihr Recht nicht zu missbrauchen.[83]

Trotz dieser gesetzlich-empfehlenden Regelungen wird eine Frau, deren Mann aus kulturell-religiösen Gründen auf seinem Weisungsrecht besteht, keine Instanz anrufen können, die ihr Recht auf freie Entscheidung für oder gegen eine Berufstätigkeit dem Gehorsamsgebot der Scharia überordnet. Insbesondere wenn der Ehemann urteilt, dass eine dieser Bedingungen bei seiner Frau nicht gegeben sind – sie also ihre Rechte »missbraucht« und ihr das Zuhausebleiben befiehlt, wird sie kaum dagegen vorgehen können, ohne zu befürchten, ihren Unterhalt zu verlieren und ihre Ehe zu zerstören. Der Ehemann könnte sich beispielsweise auch auf ein Rechtsgutachten des langjährigen Großmuftis und Vorsitzenden des Obersten Rates der Religionsgelehrten Saudi-Arabiens, Scheich Abd al-Aziz Bin Baz, berufen, der in einem Rechtsgutachten *(Fatwa)* die außerhäusliche Berufstätigkeit der Frauen ausdrücklich verurteilte.[84] Nach saudischer Ansicht kann sogar die Stimme einer Frau, wenn sie sie einem Mann gegenüber ertönen lässt, eine Versuchung für den nicht mit ihr verheirateten Mann darstellen.[85] Solche Auffassungen machen selbstverständlich eine Berufstätigkeit, ja schon ein Verlassen der eigenen vier Wände ohne entsprechende männliche Begleitung unmöglich.

Diese »Sonderparagraphen« im Ehevertrag zur Berufstätigkeit oder Beendigung der Ausbildung werden vor dem Hintergrund der Verpflichtung der Ehefrau zum Gehorsam verständlich. Befindet sich die Ehefrau noch in der Ausbildung und hat sie die Ehe in der Annahme geschlossen, sie könne weiter die Universität besuchen, aber ihr Mann befindet nach der Hochzeit den täglichen Umgang mit Studenten und Lehrkräften für unpassend und in moralischer Hinsicht für anstößig, kann er seiner Frau ohne weiteres den Ausgang aus dem Haus verbieten, und ihre Ausbildung oder Berufstätigkeit findet ein abruptes Ende. Vor diesem Hintergrund scheint es durchaus sinnvoll, sich die eigene Zukunft so gut es geht per Zusatzklausel offen zu halten.

Sonderbedingungen im Ehevertrag

Es ist prinzipiell immer möglich, Sonderbedingungen in den Ehevertrag aufzunehmen – woran vor allem die Frau Interesse haben wird, da der Mann ohnehin der stärkere Part ist. Diese Zusatzvereinbarungen sind jedoch nur zulässig, wenn sie den Grundzügen der Scharia nicht widersprechen.

So kann eine Frau ihrem Ehemann in ihrem Ehevertrag nicht grundsätzlich untersagen, eine Zweitehe einzugehen, da die Scharia dem Mann das prinzipielle Recht auf eine Eheschließung mit bis zu vier Frauen zugesteht. Um sich vor einer Zweitehe zu schützen, kann eine Frau allenfalls eine Klausel in den Ehevertrag aufnehmen, die ihr die Scheidung ermöglicht, sobald ihr Ehemann eine zweite Frau hinzuheiratet. Diese Regelung bedarf insofern einer Zusatzklausel, als dass nach Auffassung der Scharia die Ehefrau an sich kein Recht auf Scheidung besitzt, wenn ihr Mann eine Zweitehe eingeht, da einem Mann immer das prinzipielle Recht auf den Abschluss mehrerer Ehen gemäß Sure 4,3 zusteht. Daher gibt es auch Kritik an der Aufnahme dieser Art Sonderklauseln in den Ehevertrag, da dadurch das Entscheidungsrecht des Mannes – der Scharia widersprechend – eingegrenzt werde.[86]

In Jordanien kann eine Ehefrau seit 1951, im Irak seit 1959, in Ägypten seit 1979 und in Marokko seit 1958 die Bedingung in ihren Ehevertrag aufnehmen, die Scheidung zu erhalten, wenn ihr Mann ein zweites Mal heiratet. In Marokko kann die Ehefrau auch gegen eine Zweitehe klagen, wenn sie sie als »Schaden« betrachtet[87], im Iran kann die Ehefrau bei einer Zweitheirat ihres Mannes ebenfalls die Scheidung verlangen.[88]

Die Gehorsamspflicht der Ehefrau

Der Gehorsam der Ehefrau wird bereits im Koran gefordert (Sure 4,34), aber auch von der islamischen Überlieferung aufgegriffen. Anweisungen an die Ehefrau wie: »Pass auf, wie du deinen Ehemann behandelst, denn er ist dein Paradies und deine Hölle«[89] oder »Wenn eine Frau stirbt, während ihr Ehemann mit ihr zufrieden ist, wird sie ins Paradies eingehen« sind Zeugen dieses Gehorsamsverständnisses nach Muhammad.

Die Scharia definiert den Gehorsam der Ehefrau als ein aus der Eheschließung resultierendes Recht des Ehemannes. Er kann seiner Frau Anweisungen erteilen und deren Befolgung erwarten, insbesondere dort, wo Entscheidungen den außerhäuslichen Bereich betreffen wie die Wahl des Wohnortes der Familie, die Frage des Schulbesuchs und der Berufsausbildung der Kinder sowie deren Verheiratung.

Darf eine Frau das Haus verlassen?

In besonderer Weise erstreckt sich seine Weisungsbefugnis auf die Frage, ob, in welchem Umfang und zu welchem Zweck seine Ehefrau das Haus verlassen darf, ja in Anlehnung an entsprechende Überlieferungstexte sogar darauf, ob und welchen Besuch sie zu Hause empfangen darf. Zum einen existieren Überlieferungen, die davon berichten, dass eine Frau nur zweimal im Leben das Haus verlässt, nämlich einmal am Tag ihrer Hochzeit und einmal auf der Totenbahre. Aber auch im gesellschaftlichen Kontext wird zumindest im konservativen Bereich erwartet, dass eine Frau in nur wirklich notwendigen Angelegenheiten aus dem Haus geht und dabei die allgemein gültigen Anstandsregeln wahrt, damit sie keinem Mann Anlass zu unmoralischem Verhalten bietet.

Die Frau schuldet also dem Mann für ihre Ausgänge prinzipiell Rechenschaft, während er ihr keinerlei Erklärungen abgeben muss und sein Ausbleiben in keiner Weise erläutern oder mit »sinnvollen« Ausgängen entschuldigen muss.

Die Frau ist, insbesondere, was das Verlassen der ehelichen Wohnung angeht, grundsätzlich dazu verpflichtet, den Anweisungen des Mannes Folge zu leisten. Sie hat ihm an den von ihm gewählten Wohnsitz zu folgen, es sei denn, dies stellt für sie eine unzumutbare Härte dar. Verlässt sie die Wohnung ohne seine Erlaubnis bzw. gegen seinen ausdrücklichen Willen, gilt sie als »rebellisch« *(naschiza)* und verliert, sofern sie ihrerseits nicht nachweisen kann, dass ihr Ehemann gegen seine Pflichten verstoßen hat und sie eine rechtlich einwandfreie Begründung für ihren Ungehorsam hatte, prinzipiell ihren Unterhaltsanspruch. In Marokko kann die Ehefrau zumindest versuchen, vor Gericht eine Unterhaltsklage auch dann vorzubringen, wenn sie die eheliche Wohnung bereits verlassen hat, da es die Pflicht des Ehemannes ist, ihr »Ungehorsam« nachzuweisen, während im Iran die Frau nur dann Unterhalt einfordern kann, wenn sie noch im Haus wohnt, da die Beweislast bei ihr liegt, ihrem Mann ein Versäumnis nachzuweisen.[90]

Plant der Ehemann, den Unterhalt einzustellen, ist es eigentlich nicht ausreichend, dass er den Ungehorsam seiner Ehefrau behauptet. Wenn sie »rebellisch« ist und das Haus gegen seinen Willen verlassen hat, muss er sie zum Gehorsam auffordern und ihr befehlen, nach Hause zurückzukehren. Dies kann der Mann »beweisen«, indem er seine Aufforderung öffentlich macht, das heißt, Verwandte bittet, ihn zum Aufenthaltsort seiner Frau zu begleiten und sie dort für alle hörbar zu bitten, ihn nach Hause zu begleiten oder sie sogar von der Polizei eskortieren zu lassen.[91] (In Israel existiert ein solch gerichtlich angeordneter Zwang zum Gehorsam –

der Rückkehr zum Haus des Ehemanns – nicht.[92]) Meist sind jedoch diesem – für die nahöstliche Kultur – drastischen Mittel der Herstellung einer Öffentlichkeit schon Versöhnungsversuche zwischen den beiden Familien vorausgegangen.

Erst wenn sich die Ehefrau diesen Aufforderungen, sich wieder in der ehelichen Wohnung einzufinden, widersetzt und seinen Anweisungen nicht Folge leistet, hat der Ehemann ihren Ungehorsam dokumentiert. Er kann in der Folge den Unterhalt seiner Frau aussetzen.

Geht die Frau vor Gericht, wird dort nach diesem Vorlauf die Klage der Ehefrau wegen ausbleibendem Unterhalt nicht angenommen werden. Nach ägyptischem Eherecht kann die Ehefrau 30 Tage, nachdem sie von der Klage ihres Ehemanns auf Gehorsam erfahren hat, dagegen Einspruch erheben.[93]

Allerdings scheint dieses Verfahren – die Klage des Ehemannes auf Gehorsam seiner Ehefrau – zumindest im Westjordanland vor Gericht nicht unbedingt sehr erfolgreich zu sein, da die Frau mancherlei Gründe für ihre Gehorsamsverweigerung, mit ihrem Ehemann in derselben Wohnung zu leben, vor Gericht geltend machen kann (wie eine nicht den Scharia-Erfordernissen entsprechende Wohnung, ein zu enges Zusammenleben mit einer Zweitfrau u. ä.).[94]

In einigen Fällen wird der Frau jedoch das Recht auf Ungehorsam eingeräumt. So erlaubt beispielsweise das jordanische Familiengesetz der Ehefrau folgende legale Gründe für ihren Ungehorsam: Sie darf die Wohnung verlassen (und damit »ungehorsam« sein), wenn sie von ihrem Mann (heftig) geschlagen wurde, wenn eine Zweitfrau mit ihr im selben Haus Wohnung nimmt, ohne dass sie dem zugestimmt hat. Ebenso darf sie ungehorsam sein, wenn Verwandte ihres Mannes ohne ihre Zustimmung in ihrem Haus wohnen, wenn der Ehemann etwas von ihr fordert, was der Scharia widerspricht, wenn sie ihre Brautgabe nicht erhalten hat und keine angemessene Wohnung, die nicht den Maßgaben der

Scharia entspricht, von ihrem Mann zur Verfügung gestellt bekommt. Nach schiitischem Recht kann die Frau ihren Gehorsam aussetzen, um ihren andernorts wohnenden hilfsbedürftigen Vater zu pflegen, um den sich sonst niemand kümmert.[95]

Gehorsam im sexuellen Bereich

Der zweite Schwerpunkt der Gehorsamseinforderung liegt im Bereich der Sexualität, denn mit Abschluss des Ehevertrages und der Entrichtung der Brautgabe erwirbt der Ehemann das – ausschließliche – Anrecht auf die Nutzung der Geschlechtsorgane seiner Frau und ihres gesamten Körpers zu seinem Genuss. Nicht die Ehefrau gehört ihm, sondern nur das Recht, sich ihrer zu erfreuen, dies allerdings, wann immer er es wünscht (ausgenommen sind die Zeiten der Unreinheit der Ehefrau während Menstruation und Wochenbett, tagsüber während des Ramadanfastens und während einiger Riten der Pilgerfahrt).

Schon der Koran spricht vom uneingeschränkten Recht des Mannes auf Sexualität: »Eure Frauen sind für euch ein Saatfeld. Geht zu Eurem Saatfeld, wo immer ihr wollt.« (Sure 2,223) Ähnlich lautet Sure 2,187: »So verkehrt mit ihnen [euren Frauen] und macht von dem Gebrauch, was Allah euch eingeräumt hat.«

Unter Bezug auf diesen Koranvers subsumiert beispielweise T. Akinola Aguda die gängige Ansicht muslimischer Theologen folgendermaßen: »Nach diesem Vers soll eine Ehefrau ihrem Mann immer zur Verfügung stehen, wenn er es wünscht.«[96] Und der Führer der iranischen Revolution, Ayatollah Khomeini, formuliert: »Eine in dauerhafter Ehe lebende Frau [eine Frau, die nicht in einer Zeitehe lebt] muss ihrem Mann jede Art von Genuss bereiten, die er von ihr wünscht.«[97] Eine Weigerung der Ehefrau auf diesem Gebiet wird ebenso als »Ungehorsam« aufgefasst wie ihr Verlassen des Hauses gegen den erklärten Willen des Ehemannes.

»Ungehorsam« oder »rebellisch« zu sein ist im islamischen Eherecht ein rechtlich definierter Terminus, der dazu führt, dass die Frau ihren Unterhalt verliert.

Insbesondere die Überlieferung hebt hervor, dass es – außer an den Tagen der Menstruation, tagsüber während des Ramadanfastens und in den ersten 40 Tagen des Wochenbettes – für eine Frau keinen Grund der Verweigerung geben könne, denn »Wenn ein Mann seine Frau in sein Bett bittet und sie es ablehnt, zu ihm zu gehen, so wird sie von den Engeln so lange verflucht, bis sie am nächsten Morgen aufsteht.«[98] Eine andere Überlieferung besagt: »Wann immer der Ehemann mit seiner Frau Verkehr haben möchte, darf sie sich ihm nicht verweigern, auch wenn sie auf dem Rücken eines Kamels sitzt.«[99] Und das in Deutschland publizierte »Handbuch der muslimischen Frau« urteilt: »Die Ablehnung der Frau ist nur dann rechtlich zulässig, wenn sie körperlich wegen Krankheit oder Erschöpfung, seelisch wegen Depression, einem Trauerfall ... wegen dem Geschrei eines von Schmerzen geplagten Kindes ihren Mann zurückweist oder wenn sie ernsthaft ihre Scheidung begehrt und die Nähe ihres Mannes auf Dauer ablehnt.«[100] Nach tunesischem Eherecht kann der Ehemann bei Verweigerung seiner Frau die Scheidung wegen einer »erlittenen Schädigung« einreichen.[101]

Sexuelle Verweigerung der Ehefrau – eine Sonderform des Ungehorsams – ist ein anerkannter Scheidungsgrund, denn sie verstößt gegen das von der Scharia formulierte Gehorsamsgebot. Die Hanafiten vertreten allerdings die Auffassung, dass die Frau, die zwar den Verkehr verweigert, aber sich innerhalb der ehelichen Wohnung befindet, nicht des Ungehorsams schuldig gesprochen werden kann, da sie sich ja prinzipiell in der Verfügungsgewalt des Mannes befände.[102]

Zwar besitzt auch die Ehefrau ein generelles Recht auf Sexualität, und über eine mehrmonatige Vernachlässigung oder sogar Impotenz kann sie vor Gericht Klage führen oder sogar aufgrund dessen die Scheidung erwirken. Das Recht auf unmittelbaren Gehorsam in Bezug auf den ehelichen Verkehr kann jedoch nur der Ehemann einfordern.

Die islamische Theologie hat die Frage erörtert, wo die Grenzen des ehelichen Gehorsams einer Frau erreicht sind. Im Allgemeinen wird die Ansicht vertreten, dass sie zum Gehorsam verpflichtet ist, solange die Forderungen des Ehemannes nicht dem Islam bzw. den Bestimmungen der Scharia zuwiderlaufen, die Ehefrau nicht von der Erfüllung ihrer religiösen Pflichten abhalten oder sie zur Unmoral verführen.

Die Ehefrau darf sich also – streng nach Schariaverständnis – weigern, im Ramadan das Fasten zu brechen, indem sie tagsüber mit ihrem Mann Geschlechtsverkehr hat. Ist die Sonne untergegangen, besteht allerdings keine Berechtigung mehr für ihre Weigerung. Als der Scharia zuwiderlaufend würden beispielsweise Anweisungen des Ehemannes betrachtet, die den Besitz der Ehefrau betreffen, da sie das alleinige Verfügungsrecht über ihr Vermögen besitzt. Zudem muss der Ehemann seinerseits die von der Scharia an ihn gestellten Anforderungen erfüllt haben (also den Unterhalt seiner Frau bereitstellen), um seinerseits von ihr Gehorsam einfordern zu können. – Soweit die Erwägungen der Theologen.

Allerdings fehlt Frauen häufig das Wissen über ihre von der Scharia verbrieften Rechte. Zudem sind sie von dem ungleichen Kräfteverhältnis in ihrer Ehe her häufig gar nicht in der Lage, sich einer Anweisung ihres Mannes widersetzen zu können.

Heutige Frauen sind sich durchaus der »Gefahr« bewusst, mit ihrer Heirat einem Mann und seinen eventuellen Launen oder sogar seiner Willkür mehr oder weniger ausgeliefert zu sein, der von seiner Frau oder seinem Umfeld kaum Korrektur oder Grenzen erfahren wird, sofern er nicht bestimmte Grenzen überschreitet. Die Frau muss »aufpassen, dass sie nicht an einen gerät, der ihr alles verbietet«, denn »sie schuldet ihm unbedingten Gehorsam«.[103]

Einen Sonderweg hat in dieser Beziehung wohl nur Tunesien beschritten. Dort wurde im Jahr 1993 im Zuge einer umfassenden Personenstandsreform die Gehorsamspflicht der Ehefrau gegenüber dem Ehemann ebenso abgeschafft wie die einseitige eheliche Pflichterfüllung, die durch eine beiderseitige Pflichterfüllung ersetzt wurde.[104] Es erfordert kaum eine nähere Begründung, um sofort hinzuzufügen, dass die arabisch-islamische Gesellschaft mit diesem Gebot kaum Schritt hält. Auch in heutigen Gerichtsurteilen wird noch immer der Ungehorsam der Ehefrau als Scheidungsgrund anerkannt, vor allem, wenn die Frau der Forderung des Mannes nach Bezug einer gemeinsamen ehelichen Wohnung nicht nachgekommen ist.[105] Hier entsteht ein offensichtlicher Widerspruch: Die erste Verfügung spiegelt den gesetzlichen, an die Moderne angepassten Rahmen wider, der jedoch an die Grenzen der gesellschaftlichen Wirklichkeit stößt und letztlich die überkommenen Muster nicht brechen kann. Die vor dem Gesetz garantierten Rechte der Frau können nur insofern eingefordert werden, wie eine den Scharianormen verhaftete Gesellschaft sie ihnen auch zugesteht.

Das Züchtigungsrecht des Ehemannes

Dass das Recht auf Gehorsam der Ehefrau nicht nur als eine Art »letztes Wort« in einem Familienkonflikt verstanden wird, sondern ein Erziehungsrecht meint, wird spätestens dann deutlich, wenn der bekannte Koranvers zur Züchtigung der Ehefrau zur Sprache kommt: »Diejenigen aber, deren Widerspenstigkeit ihr fürchtet, ermahnt sie, meidet sie im Ehebett und schlagt sie!« (Sure 4,34). Ausgehend von diesem Koranvers führen muslimische Theologen aus, dass der Koran eine dreistufige Ermahnung für die Ehefrau vorsieht, deren »Widerspenstigkeit« ihr Ehemann befürchtet (also nicht erlebt, sondern vorausahnt): Auf die Ermahnung der Ehefrau folgt die sexuelle Vernachlässigung und als letzter Schritt die Züchtigung. Streng genommen geht es in diesem Koranvers nicht um die Überlegung, ob wohl eine Möglichkeit zur Züchtigung der Ehefrau bestände oder nicht, sondern um eine Handlungsanweisung im Imperativ: »Schlagt sie!«

Dass der Koran das Schlagen der Ehefrau im Falle ihres Ungehorsams vorsieht, wird von muslimischen Theologen in aller Regel nicht bestritten und das an dieser Stelle verwendete arabische Verb *daraba* nur selten anders ausgelegt. Manchmal wird allerdings der Versuch unternommen, zu argumentieren, dass die Überlieferung zwar vom Schlagen spreche, Muhammad selbst aber das Schlagen der Ehefrauen nicht erlaubt habe. Er soll gesagt haben: »Schlagt niemals Gottes Dienerinnen!«[106] Und auch an anderer Stelle laute die Überlieferung: »Keiner von euch darf seine Frau wie einen Sklaven auspeitschen; alsdann ihr auch noch am Tagesende beischlafen!«[107] (sic)

Einige wenige Theologen wie Ali Ashgar Engineer vertreten die Auffassung, dass der Koran eigentlich nicht den Mann dazu ermutige, seine Ehefrau zu schlagen, sondern im Gegenteil, es das Ziel des Korans sei, die vorislamische Praxis des Schlagens der Ehefrau in den Hintergrund zu drängen und schließlich ganz abzuschaffen. Engineer bietet für den berühmten »Züchtigungsvers« alternative Auslegungsmöglichkeiten an.[108] Insgesamt ist diese Position jedoch – obwohl sie manche Muslime privatim teilen mögen – unter Theologen, die durch Veröffentlichungen oder einflussreiche Positionen tonangebend sind, in keiner Weise maßgeblich zu nennen.

Wenn der Koran und einige Überlieferungstexte sich wirklich gegen das Schlagen der Ehefrau wenden würden, blieben immer noch zahlreiche andere Überlieferungstexte stehen, die zum Beispiel den Mann anweisen, stets die Peitsche an der Tür hängen zu haben, damit die Frau stets wisse, dass er, wenn andere Mittel nichts bewirken, auch zur körperlichen Züchtigung greifen könne.

Überlieferungstexte wie: »Ein Mann wird nicht zur Verantwortung gezogen dafür, dass er seine Frau geschlagen hat« werden häufig zitiert. Auch mit Bezug auf Muhammad existieren entsprechende Berichte aus der Überlieferung: »Der Prophet sagte: ›Schlagt nicht die Mägde Gottes.‹ Da kam Umar [der zweite Kalif, regierte 634–644 n. Chr.] und sagte: ›O Gesandter Gottes, die Frauen rebellieren gegen ihre Gatten.‹ So erlaubt er, sie zu schlagen«.[109]

Die Überlegungen der muslimischen Theologie richten sich daher vorwiegend darauf, in welchem Maß die Ehefrau zu ihrer Besserung bei Rebellion gezüchtigt werden darf. Insbesondere in der Neuzeit betonen manche Theologen – und ebenso muslimische Frauenrechtlerinnen, die einerseits vermehrte Rechte einfordern, andererseits vehement für die Wahrheit des Islam eintreten – dass die Schläge leicht sein müssten und gemäß einer auf Muhammad zurückgehenden Überlieferung nicht das Gesicht der Frau treffen dürften: »Du sollst sie nicht ins Gesicht schlagen«.[110] Auch dürfe eine Frau nicht so geschlagen werden, dass bleibende Schäden entständen. (Erst im Januar 2004 wurde der in Spanien lebende Religionslehrer Mohammed Kamal Mustafa zu 15 Monaten Haft und einer Geldstrafe verurteilt, weil er in seinem 1997 veröffentlichten Buch Anweisungen gegeben hatte, wie Frauen so zu schlagen seien, dass die Schläge keine sichtbaren Spuren hinterließen.)

Wie finden Frauen Schutz vor Misshandlung?

Selbstverständlich wäre es eine verkürzte Sichtweise, anzunehmen, dass alle muslimischen Ehemänner ihre Frauen schlagen und dieses Problem in nichtmuslimischen Ehen nicht existierte. Allerdings kann die Tatsache nicht geleugnet werden, dass der als göttliche Offenbarung betrachtete Koran und ebenso die Überlieferung die unzweifelhafte Anweisung zum Schlagen der Ehefrau enthalten. Die gesellschaftliche Wirklichkeit in der islamischen Welt sieht für viele Frauen so aus, dass sie von ihren Ehemännern, die die Züchtigung für ihr von Gott verbrieftes Recht betrachten, geschlagen werden und es keine Instanz gibt, die ihre Männer zur Rechenschaft ziehen würde, ja, dass der Frau von ihrer Familie und ihrem Umfeld häufig die Schuld am Zorn ihres Ehemannes gegeben wird.

Da der Koran und die Überlieferung diese Form der Züchtigung für die Ehefrau nun einmal vorsehen, ist es für eine Frau sehr schwierig, wenn nicht unmöglich, Einspruch zu erheben und Schutz zu finden, wenn sie von ihrem Ehemann nicht nur leicht und auch ins Gesicht geschlagen wird, sondern häufig und heftig. Verboten sind nach allgemeiner Auffassung Schläge, die einen Knochenbruch verursachen oder dauerhaften Schaden zufügen. Eine echte Misshandlung, die die Fortsetzung der Ehe unmöglich macht, kann eine Frau in den meisten Ländern einem Gericht als Klage vortragen (beispielsweise in Ägypten, Algerien, Irak, Jordanien, Kuwait, Libyen, Marokko, Syrien, Tunesien und in den Vereinigten Arabischen Emiraten[111]) und – falls vom Gericht initiierte Versöhnungsversuche scheitern – und die Misshandlung vom Gericht als solche erkannt wird, die Scheidung erwirken.

Die Chancen, durch ein solches Urteil eine Scheidung zu erreichen, sind jedoch – umso mehr für eine Frau mit unzureichender Bildung aus dem ländlichen Bereich – nur äußerst gering. Schläge an sich als »Erziehungsmaßnahme« (»eine leichte körperliche Strafe«[112]) werden allgemein als erlaubt und in Übereinstimmung mit der Scharia betrachtet. Solche leichten Schläge rechtfertigen nicht, dass die Frau die eheliche Wohnung verlässt[113]; nur harte und mehrfach verabreichte Schläge können als Misshandlung gewertet werden.

Einen Sonderweg geht auch hier wiederum Tunesien, das mit seiner Strafrechtsreform von 1993 die Körperverletzung der Ehefrau als Straftatbestand bezeichnete – unklar blieb aber auch danach, ob die eheliche Züchtigung nach tunesischem Recht als »abgeschafft« betrachtet werden kann oder nicht.[114] So urteilte 1987 der tunesische Kassationsgerichtshof in einem unveröffentlichten Urteil, dass »Schläge und leichte Verletzungen der Frau durch ihren Ehemann Teil der Natur eines normalen Ehelebens (seien) und keine ausreichend schwer wiegende Schädigung für eine Ehescheidung zu Lasten des Ehemannes (darstellen)«[115] – was der traditionellen Auffassung entspricht.

Auch in islamischen Ländern existieren Zufluchtsstätten und Beratungsstellen für muslimische Frauen, die im Fall der Gewaltanwendung Hilfe und Schutz bieten. Wenn der Ehemann bzw. die Familie versucht, die Frau von dort mit nach Hause zu nehmen, ist das nicht selten eine sehr heikle Angelegenheit. Zwar mag sich die Frau aus Angst vor Vergeltung oder erneuter Gewaltanwendung zunächst weigern, nach Hause zurückzukehren, letztlich ist es jedoch sehr schwierig, in einer familienzentrierten Gesellschaft einer nicht berufstätigen und nicht selten unzureichend ausgebildeten Frau außerhalb ihrer Familie eine tragfähige Lebensperspektive zu vermitteln, die sich, auch nach ihrem eigenen Verständnis, mit den geltenden Anstandsregeln vereinbaren lässt.

Nicht wenige Ehemänner und Familienväter sind über die Existenz solcher Beratungsstellen, die Frauen auf ihre gesetzlichen Rechte hinweisen und Rechtsbeistand leisten, in einem Maß empört, dass es zu Anschlägen auf diese Einrichtungen oder einzelne Personen kommt. Auch von Übergriffen anlässlich von Familientreffen innerhalb dieser Einrichtungen wird berichtet. Manche Stellungnahmen wie das in Deutschland veröffentlichte *Handbuch der muslimischen Frau*, das sich ebenfalls für die Züchtigung der rebellischen Ehefrau durch ihren Ehemann ausspricht[116], lehnen die Einrichtung solcher Beratungszentren daher offen ab: »Beratungsstelle: für muslimische Frauen kann eine destruktive Einrichtung sein *(sic)* … Manche muslimische Frauen … glauben, sie wären in der Lage, eine Beratungsstelle oder eine Art »Frauenhaus«

ins Leben zu rufen und zu verwalten. Diese Gedanken sind für Muslime gefährlich; denn sie können dazu führen, dass Frauen sich sofort bei jeder ehelichen Streitigkeit dorthin flüchten und die Tür zur Verständigung und Versöhnung zuschlagen.«[117] Wo ein ehelicher Konflikt durch die Rückkehr der Ehefrau zum Gehorsam gelöst wird, ist eine Beratungsstelle, die die Frau zum Ungehorsam »aufstachelt«, natürlich unerwünscht. Hinzu kommt der Gesichtsverlust eines öffentlich bekannt gewordenen Familienkonfliktes, der üblicherweise innerhalb der eigenen vier Wände beigelegt wird.

Ergibt sich aus einer dauerhaften Misshandlung der Ehefrau eine Scheidung, wird die Frau dennoch häufig als Verliererin aus diesem Verfahren hervorgehen. Sie verliert ihren Unterhalt – und damit ihre Lebensgrundlage –, in der Regel ihre Kinder und hat häufig keinen Platz, an dem sie leben könnte. Zudem wird ihr in aller Regel von der Familie und Gesellschaft die moralische Schuld am Scheitern der Ehe zugeschoben werden, denn ihr Gehorsam und ihr Bemühen, ihren Mann zufrieden zu stellen, gilt als Schlüssel zum Gelingen der Ehe. Wenn sie, so wird die überwiegende Meinung ihres Umfeldes lauten, ihrem Mann keinen Anlass zur Klage gegeben hätte – beispielsweise durch einen unmoralischen Lebenswandel –, wäre die Ehe nicht gescheitert. Hätte sie ihren Mann nicht durch ihren Ungehorsam erzürnt – so lautet häufig die Logik –, hätte er sicher keinen Grund gehabt, auf die vom Koran vorgesehene »Ermahnung« und das »Meiden im Ehebett« auch noch die Züchtigung folgen zu lassen.

Die Polygamie

Von der Forschung wird für die vorislamische Zeit der Arabischen Halbinsel überwiegend von einer möglicherweise unbeschränkten Polygynie ausgegangen, in jedem Fall aber von der Möglichkeit zur gleichzeitigen Heirat mehrerer Frauen sowie im Vergleich zur islamischen Zeit einer wesentlich informelleren Eheschließungs- und Scheidungspraxis. Der Koran greift den Gedanken der Polygamie auf und schlägt in dieser Frage einen Mittelweg ein: Er beschränkt die Polygamie auf die Ehe mit vier Frauen, schafft sie jedoch nicht ab. (Nur der Vollständigkeit halber sei hinzugefügt, dass eine Mehrehe einer Frau mit mehreren Männern im Koran an keiner Stelle erwähnt wird.) Heute haben zahlreiche islamische Länder Gesetze erlassen, die es für einen Mann deutlich erschweren, eine Zweitehe einzugehen.

Der eindeutigste Koranvers zur Polygamie findet sich in Sure 4,3: »Heiratet, was euch an Frauen beliebt, zwei, drei oder vier. Wenn ihr aber befürchtet, sie nicht gleich zu behandeln, dann nur eine oder was eure rechte Hand (an Sklavinnen) besitzt.« Der Vers besagt mindestens zweierlei: Ein Ehemann kann über mehrere Eheschließungen mit bis zu vier Frauen hinaus zur gleichen Zeit auch eine unbegrenzte Zahl an eheähnlichen Verhältnissen mit (unfreien) Nebenfrauen eingehen. Außerdem ist der Ehemann zur gerechten Behandlung mehrerer gleichgeordneter Ehefrauen verpflichtet. Ein weiterer Vers aus Sure 4,129 bestätigt ausdrücklich, dass eine wirklich gerechte Behandlung mehrerer Frauen nachgerade unmöglich ist: »Und ihr werdet die Frauen nicht wirklich gerecht behandeln können, ihr mögt euch noch so sehr darum bemühen« (4,129). Die Überlieferung warnt darüber hinaus denjenigen, der seine Ehefrauen nicht gerecht behandelt, dass er im Jenseits »halb gelähmt« sein werde.[118]

Die Mehrzahl muslimischer Theologen interpretiert diese Verse dahingehend, dass der Koran zwar die Mehrehe erlaube, jedoch unter der Maßgabe, dass alle Frauen »gerecht« zu behandeln, also gleichermaßen mit Nahrung, Kleidung und Wohnung zu versehen seien. Nur eine Minderheit – wie der ägyptische Reformtheologe Muhammad Abduh (1849–1905) oder der zeitgenössische indische Theologe Ashgar Ali Engineer – vertritt die Auffassung, dass der Koran eigentlich die Einehe als Ideal proklamiere und die Polygamie nur eine »Notlösung« sei, ein Zugeständnis an die Umstände zu Muhammads Lebzeiten.

Muhammad Abduh brachte 1899 in Ägypten eine Gesetzesvorlage ein, die zahlreiche Bedingungen benannte, die vor Erlaubnis des Abschlusses einer Zweitehe erfüllt werden sollten. Diese Gesetzesvorlage wurde zwar mehrfach erörtert, aber nie verabschiedet.[119] Allerdings gab Ägypten erstmals 1979 und erneut 1985 nach einer Revision des Gesetzes von 1979 der Erstfrau in einer Mehrehe das Recht, die Auflösung der Ehe zu betreiben, wenn sie mit dem Abschluss einer Zweitehe nicht einverstanden ist bzw. erst nach ihrer Eheschließung erfuhr, selbst Zweitfrau zu sein. Für den Abschluss einer Ehe muss der Mann in Ägypten seinen Zivilstand erklären, und der Richter wird seine Erstfrau oder seine Frauen von der Absicht ihres Mannes zum Abschluss einer erneuten Ehe schriftlich in Kenntnis setzen.[120]

Keine Zweitehe bei »Ungerechtigkeit«

Das marokkanische Gesetz untersagt die Polygamie, wenn eine Ungerechtigkeit zwischen den Ehefrauen befürchtet wird (dies hat der Richter vor Abschluss der Zweitehe zu untersuchen) und empfiehlt dem Ehemann, seine Erstfrau über seinen Wunsch einer zweiten Eheschließung in Kenntnis zu setzen. Die Erstfrau besitzt ihrerseits das Recht, für den Fall des Abschlusses einer Zweitehe ihres Mannes im Ehevertrag ihr Scheidungsrecht zu verankern.[121]

In Pakistan kann eine Erstfrau vor Gericht Klage führen, wenn sie Ungerechtigkeiten, das heißt Unterschiede in der Behandlung der einzelnen Frauen feststellt.[122] (Allerdings dürfte die bloße Behauptung vor Gericht kaum ausreichend für ein wirksames Verfahren gegen den Ehemann sein.)

Auch das algerische Recht fordert »vollständige Gerechtigkeit«

zwischen den Ehefrauen.[123] Im Irak erfordert eine Zweitehe die Erlaubnis des Richters, der die finanziellen Möglichkeiten des Ehemannes zum Unterhalt von zwei Familien prüfen sowie feststellen muss, ob der Abschluss einer Zweitehe (etwa durch die Unfruchtbarkeit der Erstfrau) »begründet« ist. Schließt ein Mann ohne diese Erlaubnis eine Zweitehe, kann er bis zu einem Jahr Gefängnis und/oder einer Geldstrafe verurteilt werden.[124]

Auch in Somalia und im Jemen muss der Ehefrau ein »Mangel« nachgewiesen werden (wie Unfruchtbarkeit oder eine unheilbare Krankheit[125]), um eine Zweitehe zu ermöglichen. Die Türkei hat 1926 die Polygamie gesetzlich abgeschafft, Tunesien im Jahr 1956. Das tunesische Gesetz droht dem Bigamisten ein Jahr Gefängnis und/oder 240 000 Francs Geldstrafe an. 1964 wurde eine bereits geschlossene Zweitehe für nichtig erklärt.[126] Dennoch existieren sowohl in Tunesien als auch in der Türkei besonders im ländlichen Bereich Zweitehen.

Über die genannten Koranverse hinaus, die tatsächlich eher eine Erlaubnis zur Polygamie im Koran nahelegen, führen die Befürworter der Polygamie zusätzlich ins Feld, dass auch Muhammad die Mehrehe praktiziert habe und die Heirat mehrerer Frauen daher *sunna* (nachzuahmende Gewohnheit Muhammads) sei. Zu Lebzeiten seiner ersten Frau Khadidja heiratete Muhammad zwar keine weitere Frau hinzu, aber mit deren Tod etwa um das Jahr 619 n. Chr. schloss er eine Reihe weiterer Ehen.

Der Koran und noch eindeutiger die Überlieferung berichten von Muhammads zahlreichen Eheschließungen, wobei die Quellen sich hinsichtlich der Zahl seiner Ehefrauen und Nebenfrauen nicht einig sind. Der Prophetenbiograf Ibn Ishaq nennt 13 Ehefrauen, der Historiker al-Tabari 15, andere muslimische Historiker gehen von einer noch größeren Zahl an Ehen aus. Nicht berücksichtigt sind dabei Muhammads Nebenfrauen, mit denen er keine offizielle Eheschließung vollzog. Der Koran räumt Muhammad ausdrücklich das Recht auf eine unbeschränkte Zahl an Frauen ein:

> O Prophet! Wir haben dir zur Ehe für erlaubt erklärt: deine Gattinnen, denen du ihren Lohn gegeben hast; was du (ergänze: an Sklavinnen) besitzt, von dem, was dir Gott als Beute zugewiesen hat; die Töchter deines Onkels und deiner Tanten väterlicherseits und deines Onkels und deiner Tanten mütterlicherseits, die mit dir ausgewandert sind; auch eine jede gläubige Frau, wenn sie sich dem Propheten schenkt und er sie heiraten will. Das gilt im Unterschied zu den übrigen Gläubigen für dich … damit du dich nicht bedrückt zu fühlen brauchst. (Sure 33,50)

Der Koran unterstreicht hier, dass diese Ausnahmeregelung – ebenso wie die durch eine Offenbarung legitimierte Ehe Muhammads mit der Frau seines Adoptivsohnes Zaid, die nach arabischem Recht als Blutschande verurteilt worden wäre – ein Sonderrecht war, das Gott ihm allein eingeräumt hatte (Sure 33,37–40).

Als Muhammad im Jahr 632 n. Chr. starb, soll er neun Witwen zurückgelassen haben. Während muslimische Apologeten stets betont haben, dass Muhammad zahlreiche Ehen einging, um die Witwen seiner im Kampf gefallenen Gefährten zu versorgen, kann das doch nicht für alle seine Eheschließungen gelten und ganz sicher nicht für die Eheschließung im Jahr 619/620 mit der erst sechsjährigen Aischa (ca. 614–678), mit der der rund 50-jährige Muhammad, wie die Überlieferungen unzweifelhaft berichten, rund drei Jahre später – um das Jahr 622/623 – die Ehe vollzogen haben soll. Nur sehr wenige muslimische Theologen haben diese Altersangabe von sechs bzw. neun Jahren für Aischa je in Zweifel gezogen.[127]

Daher galt – und gilt teilweise noch heute – im traditionellen Islam das Alter von neun Jahren für Mädchen als prinzipiell mögliches Heiratsalter. Besonders im Iran sind seit Ausbruch der Iranischen Revolution 1979 wieder vermehrt Ehen mit Neunjährigen geschlossen worden.[128]

Ein Anstieg des Bildungsniveaus in den vergangenen 30 bis 40 Jahren hat in vielen islamischen Ländern den Zeitpunkt der Eheschließung verzögert. Auch wenn heute Kinderheiraten in der islamischen Welt wohl überall verboten sind und das Heiratsalter in fast allen islamischen Ländern gesetzlich auf mindestens 15 Jahre für Mädchen (Kuwait, Jordanien, Jemen, Marokko) oder mehr (Algerien und Irak: 18, Libyen: 20) und für Jungen auf 15 Jahre (Jemen), 16 Jahre (Jordanien) oder 17 Jahre (Kuwait) hinaufgesetzt wurde, teilweise sogar auf 18 Jahre (Libanon, Irak, Ägypten, Marokko, Syrien, Vereinigte Arabische Emirate) oder sogar 21 (Algerien)[129] werden im konservativen Bereich – unter Erteilung von Sondergenehmigungen durch die Gerichte oder auch einfach unter entsprechenden geldlichen Zuwendungen – auch heute manche Ehen wesentlich früher geschlossen, nicht selten aus Armut.[130] In Tunesien kann das gesetzliche Mindestalter für eine Heirat (17 Jahre für die Braut, 20 Jahre für den Mann) im Fall einer »sozialen Notlage der Frau« auf 13 Jahre für die Braut gerichtlich herabgesetzt werden. »Notlagen« sind Defloration, Schwangerschaft, Vergewaltigung oder Verwaisung[131], und auch hier eröffnen sich Möglichkeiten, Ausnahmen auszuhandeln oder zu erkaufen. Zum Teil werden Kinder von ihren Familien noch vor ihrer Geburt oder im Kleinkinderalter zur Ehe versprochen.

Die Polygamie in der Praxis

Außer in Tunesien und der Türkei ist es einem Mann in jedem islamischen Land prinzipiell möglich, eine Zweit-, Dritt- oder Viertehe einzugehen. Allerdings muss der betreffende Ehemann über die nötigen finanziellen Mittel zur Versorgung mehrerer Familien verfügen, und diese Bedingung allein macht dem weitaus größten Teil der in vielen islamischen Ländern nicht sehr wohlhabenden Bevölkerung eine Mehrehe unmöglich. Dort, wo der Wohlstand größer ist – wie in der Oberschicht der Golfländer – sind Mehrehen auch häufiger anzutreffen.[132]

Noch weitaus häufiger aber sind Scheidungen und eine anschließende Zweit- oder Drittehe, also Konsekutivehen. Verlässliche Daten zu Scheidung und Wiederheirat zu erhalten, ist selbstverständlich dort schwierig, wo entsprechende Unterlagen entweder nicht vorliegen oder nicht einsehbar sind, was für eine große Zahl der muslimischen Länder der Fall sein dürfte. Die muslimische Apologetik geht einhellig davon aus, dass Scheidungen im großen Stil nur ein Problem der westlichen Welt seien, in islamischen Ländern jedoch viel seltener vorkämen. Für den Sudan der 1970er Jahre hat Carolyn Fluehr-Lobban allerdings für drei Städte eine Scheidungsrate von 28 Prozent ermittelt. Für Nigeria fand sie eine Scheidungsrate von 74 Prozent der städtischen und 52 Prozent der auf dem Land geschlossenen Heiraten vor, während für Kairo und Alexandria nur knapp 3 Prozent und im ländlichen Ägypten nur knapp 2 Prozent angegeben werden.[133]

Eine Zweitehe einzugehen, bedeutet allerdings nicht nur, einer zweiten Frau und ihren Kindern Nahrung und Kleidung zur Verfügung zu stellen. Die Scharia – und auch die Familiengesetzbücher einzelner Länder wie in Syrien[134] – verlangen zudem für jede Frau einen eigenen Wohnbereich, ein eigenes Haus oder zumindest einen eigens abgetrennten Teil der Wohnung. Kommt der Ehemann dem nicht nach, kann die Ehefrau theoretisch den ehelichen Verkehr verweigern, bis er diese Bedingungen erfüllt hat.[135]

Der Ehemann ist unter der Maßgabe der »gerechten« Behandlung zudem verpflichtet, seine Frauen im streng gleichmäßigen Turnus zu besuchen und seine Zeit und Nächte abwechselnd mit ihnen zu verbringen sowie im Hinblick auf seine Zuwendung und Geschenke »Gerechtigkeit« walten zu lassen. Es ist nicht unbedingt erforderlich – so die Maßgabe der Scharia –, dass der Ehemann mit jeder Frau gleichmäßig Verkehr hat, und er ist auch in der Nacht, in der er sie besucht, nicht dazu verpflichtet. Aber einmal in vier Monaten muss er mit jeder Frau Verkehr haben, weil dies der in der Scharia festgelegte Zeitraum ist, nach dessen Ablauf sie den Mann wegen sexueller Vernachlässigung verklagen kann.

Trotz der Erfordernis der räumlichen Trennung und Mahnung zur gerechten Behandlung sprechen zeitgenössische Biografien muslimischer Frauen, literarische Erzählungen ebenso wie historische Quellen und nicht zuletzt auch die Berichte über Muhammads Ehefrauen von der unaufhörlichen, erbitterten Eifersucht in einer Mehrehe. Obwohl die islamische Überlieferung Muhammads unbestechliche Gerechtigkeit hervorhebt, die er im Umgang mit seinen Frauen walten ließ, wird doch seine jüngste Frau, Aischa, die übrigens auch als Autorität für etliche Überlieferungsberichte bürgt, als Muhammads »Lieblingsfrau« bezeichnet, in deren Schoß der Prophet des Islam verstorben sein soll.

Wenn ein Ehemann bereits mit einer Frau verheiratet ist und später eine Zweitehe eingehen möchte, ist diese Absicht nach den Vorgaben der Scharia für die erste Frau zunächst kein Scheidungsgrund, es sei denn, ihr Recht auf Scheidung ist für diesen Fall im Ehevertrag festgehalten worden.

Allerdings haben zahlreiche Länder mittlerweile Gesetze erlassen, die die Polygamie de facto eingrenzen und den Abschluss einer *Zweitehe* deutlich erschweren: So verlangen die Familiengesetze einiger Länder, dass die erste Ehefrau von der Absicht des Mannes, eine Zweitehe eingehen zu wollen, in Kenntnis gesetzt werden muss (beispielsweise in Ägypten). Zudem muss dem Gericht eine Begründung für den Wunsch einer Zweitehe vorgelegt werden, wie beispielsweise eine bestehende Unfruchtbarkeit der Ehefrau. Auch der Nachweis über ausreichende finanzielle Mittel des Ehemannes muss vor Gericht geführt werden (wie im Jemen[136]). Libyen verlangt eine Bescheinigung über die Gesundheit des Ehemannes[137] (vermutlich, um Zweitehen wegen vermeintlicher Unfruchtbarkeit der Frau zu verhindern, deren tatsächliche Kinderlosigkeit aber auf eine Erkrankung des Mannes zurückgeht).

Vor dem Abschluss einer Zweitehe muss in Syrien, Irak, Libanon und Libyen das Gericht prüfen, ob eine Gleichstellung der Ehefrauen gegeben ist – und wenn befürchtet wird, dass dies nicht gegeben ist, wird die Zweitehe untersagt (so in Marokko). Allerdings wird auch berichtet, dass auf diese Untersuchung nicht immer die nötige Sorgfalt verwendet wird, da die Erstfrau selten vor Gericht gerufen und gehört wird.[138]

Auch in Pakistan benötigt der Ehemann die offizielle Erlaubnis des Gerichts für eine Zweitehe, die er nur erhält, nachdem die Angelegenheit von einem Vermittlergremium untersucht wurde, das eine Person aus der Familie des Mannes und eine Person aus der Familie seiner Frau sowie eine neutrale Person der örtlichen Verwaltungsbehörde umfasst.[139] In Algerien muss der Ehemann ebenfalls »stichhaltige« Gründe für seine Zweitehe anführen können.[140]

Gründe für den Abschluss einer Zweitehe

Als infrage kommende Gründe für den Abschluss einer Zweitehe nennt das pakistanische Gesetz: Sterilität der Ehefrau, Krankheit, Unfähigkeit und Unwillen zum ehelichen Verkehr und Geisteskrankheit.[141] Wenn der Ehemann in Pakistan trotz des Fehlens einer offiziellen Erlaubnis seitens einer Untersuchungskommission eine zweite Ehe eingeht, kann sie zwar nicht amtlich registriert werden, aber die Ehe ist dennoch rechtlich gültig (was die Wirksamkeit des Verbots stark eingrenzt); die Ehefrau kann ihren Ehemann jedoch verklagen und eine Scheidung einfordern, der Mann kann theoretisch bestraft werden.[142] Im Irak dagegen wird eine solche, ohne die richterliche Genehmigung eingegangene Zweitehe aufgelöst.[143]

In Syrien kann das Gericht die Zweitehe untersagen, wenn es befürchtet, dass der Ehemann nicht über die nötigen Mittel für den Unterhalt zweier Familien verfügt. In Ägypten muss der Ehemann die Namen und Wohnorte seiner bisher mit ihm verheiratete(n) Frau(en) benennen, die vom Gericht über seine Absicht einer Zweit- oder Drittehe unterrichtet werden. Beklagen die erste oder zweite Frau einen durch die erneute Heirat erlittenen materiellen oder seelischen Schaden und missbilligen sie die erneute Eheschließung, können sie seit 1979 die Auflösung der Ehe gerichtlich beantragen[144] – der Abschluss einer Zweitehe kann in Ägypten von der Frau also als »Schaden« und damit als Scheidungsgrund deklariert werden (allerdings sind aus Ägypten auch anders lautende Urteile bekannt[145]). Der arabische Begriff für »Zweitfrau« lautet in Ägypten *durra* und ist etymologisch mit *darar* (Schaden, Unrecht) verwandt.

Einen ähnlichen Weg geht Indien: Die Polygamie wurde zwar gesetzlich nicht abgeschafft, aber der Abschluss einer Zweitehe wird dort de facto bereits als »Schaden« für die Erstfrau betrachtet.[146] Auch in Israel ist die Polygamie zwar nicht ganz abgeschafft worden, aber deren Praxis verboten worden, sodass eine Zweitehe vor dem Gesetz bestraft wird. Diese Strafe kann wiederum umgangen werden, indem auf Abwesenheit oder Geisteskrankheit des Ehepartners plädiert wird, denn diese beiden Gründe sind gesetzlich anerkannte Ausnahmen für eine gerichtliche Genehmigung der Polygamie.[147]

Diese Regelungen zur Einschränkung der Polygamie – insbesondere die der Erstfrau eingeräumte Möglichkeit, gegen eine Zweitehe gerichtlich vorzugehen – stehen eigentlich der Erlaubnis zur Mehrehe aus Sure 4,3 diametral entgegen. Gesetzlich abgeschafft haben jedoch die wenigsten Staaten die Mehrehe, und ein generelles Verbot der Polygamie hätte in Ländern, die sich auf die Scharia als maßgebliche Gesetzesgrundlage berufen, auch nur wenig Aussichten auf Erfolg. Die Einschränkung, die in vielen Ländern de facto einem Verbot der Mehrehe sehr nahe kommt, stellt damit einen Kompromiss zwischen der offiziellen Beibehaltung der Schariaregelungen zur Polygamie und der Vermeidung einer direkten Konfrontation mit der Scharia dar.

Die Polygamie – eine »sinnvolle« Einrichtung?

In apologetischen Stellungnahmen zur Verteidigung der Polygamie stellen muslimische Theologen heraus, dass die Scharia nicht nur zeitlos gültig sei, sondern ihre Bestimmungen auch der menschlichen Natur am meisten entsprächen. An »rationalen« Gründen dafür, dass die Mehrehe eine von Gott gestiftete, sinnvolle Einrichtung sei, führen muslimische Theologen beispielsweise einen stärkeren sexuellen Trieb des Mannes an, den eine einzige Frau – insbesondere in Zeiten von Wochenbett und Menstruation – nicht immer befriedigen könne, daher sei »die erzwungene Monogamie unnatürlich«.[148] Das Problem der nicht lückenlosen sexuellen Verfügbarkeit einer Ehefrau löst die islamische Theologie nicht mit einer Anweisung zum zeitweiligen Verzicht des Ehemanns, sondern fordert die Frau oder die Frauen des Ehemannes auf, seinen sexuellen Wünschen stets nachzukommen.

So formuliert das für deutsche Muslime verfasste *Handbuch der muslimischen Frau:* »Die Ehefrau sollte – außer in Verbotszeiten oder wenn ernsthafte Hindernisse vorhanden sind – jederzeit bereit sein, ihrem Ehemann sexuelle Befriedigung, sofern er es wünscht, zu geben, damit bei im keine sexuelle Not entsteht, die ihn eventuell zur Unzucht, einer Zweitehe oder zur für einen verheirateten Mann unwürdigen Masturbation zwingt.«[149] Zwischen den Bedürfnissen des Mannes und der Frau wird ein deutlicher Unterschied gemacht: »Ein Mann kann und sollte seine Sexualität nicht zügeln, er muss befriedigt werden, wenn er danach verlangt, während eine Frau darauf warten kann und es auch muss.«[150]

Ein weiteres, unter der Vorgabe der »Wissenschaftlichkeit« vorgebrachtes Argument zur Begründung der Mehrehe lautet, dass es nicht nur in Kriegszeiten der Vergangenheit mehr Frauen als Männer gegeben hätte, sondern dies auch in der Gegenwart noch so sei: »In den meisten Ländern der Welt übertrifft die Anzahl der Frauen die der Männer. Offizielle Statistiken zeigen, dass die weibliche Population in Russland und West-Deutschland die der männlichen um 20 Millionen übertrifft, in den USA um 2 Millionen. Es gibt keine andere Lösung, dieser Überzahl Herr zu werden, außer der islamischen Polygamie.«[151] Diese Argumentation bedarf keines weiteren Kommentars.

Dieses vermeintliche Ungleichgewicht zwischen Männern und Frauen sei sinnvoller durch die Polygamie aufzufangen – so die muslimische Apologetik – als durch irgendeine andere Maßnahme, denn selbst eine Zweit- oder Drittehe ermögliche jeder Frau eine ehrenhafte Stellung in der Gesellschaft als verheiratete Frau. Außerdem werde auf diese Weise ihre Versorgung sichergestellt. Sie sei nicht dazu verurteilt, einen unmoralischen Lebensstil zu führen oder dem Genuss einer Ehe entsagen zu müssen, denn auch eine Mehrehe vermittle der Frau Würde, Ansehen, Schutz und Ehre, die sie selbst für sich nicht erwerben kann: »Es ist besser und respektvoller für Frauen, in der islamischen Polygamie mit einem Mann vereint zu leben, mit legitimen Kindern in ihrem Arm und anerkannt, als erniedrigt, auf die Straße geworfen, ohne Heim, unversorgt, ein Opfer für irgendeinen Passanten zu werden, der Mutterschaft beraubt und von allen verachtet.«[152]

Die Zeitehe

Die Zeit- oder »Genuss«-Ehe *(mut'a)* ist eine vor allem von schiitischen Muslimen praktizierte Ehe-Sonderform, bei der nach gemeinsamer Übereinkunft zwischen Mann und Frau per Vertrag eine Ehe für eine begrenzte Dauer geschlossen wird. Die Frau schließt ihre Ehe selbst ab, die zwischen einer Stunde und 99 Jahren dauern kann. Auch eine Festlegung einer bestimmten Anzahl von sexuellen Begegnungen zwischen Mann und Frau kann vereinbart werden.[153]

Es gibt keine Scheidung in dieser Ehe, sie endet mit Ablauf der festgesetzten Frist und kann nicht verlängert werden. Anstelle einer bestimmten Frist kann auch eine vereinbarte Zahl an sexuellen Kontakten festgelegt werden, wobei nach Ablauf des Zeitrahmens keine weiteren sexuellen Begegnungen stattfinden dürfen.

Die Ehefrau erhält nach Beendigung der Ehe eine Entlohnung, weshalb die Zeitehe von sunnitischen Muslimen überwiegend als eine Art Prostitution verurteilt wird. Aus schiitischer Sicht ist die Zeitehe keineswegs mit der Prostitution zu vergleichen, denn diese beute die Frau aus und demütige sie, während eine Zeitehe der Frau die geachtete Stellung der Ehefrau gebe und sie diese Verbindung ja auch »freiwillig« einginge.

Die Trennlinie der Befürworter und Kritiker verläuft allerdings nicht streng zwischen Schiiten und Sunniten: Einige wenige schiitische Theologen und Gruppierungen (wie die Fatimiden oder Ismailiten) lehnen die Zeitehe ab, während manche sunnitische Theologen sich zustimmend über die Zeitehe äußern. Einige Länder verbieten den Abschluss einer Zeitehe in ihren Familiengesetzbüchern, wie der Libanon oder auch Libyen.[154]

Sonderbedingungen für die Zeitehe

Für die Zeitehe gelten einige Sonderbestimmungen, die von den Bedingungen für eine übliche Eheschließung abweichen. Zeitehen werden von Frauen meist nicht als erste Ehe, sondern nach einer Scheidung geschlossen. Die Zeitehe benötigt keine zwei Zeugen zum Vertragsabschluss und keinen Qadi (Richter). Die Frau wird nicht von ihrem Vormund vertreten, sondern tritt selbst als Handelnde auf; die minderjährige Braut benötigt für eine Zeitehe allerdings die Zustimmung ihres Vormundes.[155] Die Zeitehe kann von der Frau, vom Mann oder von einem Mullah geschlossen werden. Die Frau spricht beispielsweise die folgende Formel: »Ich [es folgt der Name der Frau] schließe mit dir für [es folgt die Bezeichnung der Entlohnung] für [es folgt der Zeitraum] eine Zeitehe.« Der Mann antwortet: »Ich nehme [die Eheschließung oder: die mut'a] an.«[156] Muslimische Männer können mit Musliminnen, aber auch mit Jüdinnen, Christinnen und Zoroastrierinnen (also mit »Schriftbesitzerinnen«[157]) eine Zeitehe eingehen.

Bei einer Zeitehe gibt es keine Brautgabe, die Partner beerben sich nicht gegenseitig. Wird die Frau schwanger, ist der Vater weder zu Unterhaltszahlungen für die Frau noch für die Kinder verpflichtet. Die aus dieser Verbindung hervorgehenden Kinder gelten jedoch als legitime, das heißt, eheliche Kinder. Sie gehören – wie in einer dauerhaften Ehe – dem Ehemann. Wenn er jedoch die Vaterschaft leugnet – und hier gilt allein sein Wort, nicht das der Ehefrau –, wird er nicht als der Vater betrachtet, denn eine Frau in einer Zeitehe, so einige schiitische Theologen, ist einer Sklavin vergleichbar, sie ist eine »gemietete Frau«[158] aus einer Art »Leasing«[159]; denn eine Zeitehe ist »dasselbe, als wenn man ein Auto mietet«.[160]

Der Mann entscheidet also allein darüber, ob er das gemeinsame Kind anerkennen und zu sich nehmen möchte oder nicht. Wenn er das Kind nicht als sein eigenes anerkennt, kann es nur die Hälfte des Erbes eines legitimen Kindes beanspruchen.

Nach Ablauf einer Zeitehe beträgt die vorgeschriebene »Wartefrist« für die Frau (die Abwartezeit, in der sich eine eventuelle Schwangerschaft herausstellen soll) wie bei einer verstoßenen Sklavin zwei Perioden – nach anderer Auffassung 45 Tage – (also rund die Hälfte der üblichen Wartezeit), es sei denn, die Frau schließt einen neuen Vertrag mit demselben Mann, der keine Wartezeit erfordert.

Die Frau darf bei Abschluss einer Zeitehe nicht anderweitig verheiratet sein, während der Mann bereits mit einer oder mehreren Frauen verheiratet sein und theoretisch eine unbegrenzte Zahl an anderweitigen Zeitehen geschlossen haben kann. Die in einer Zeitehe verheiratete Frau hat keinen Anspruch auf Unterhalt, Wohnung und Kleidung. Nach iranischem Recht können diese Dinge jedoch in den Vertrag aufgenommen werden.

Die Frau kann im Unterschied zu einer dauerhaften Ehe in einer Zeitehe kein Recht auf Sexualität einklagen. Auch die gegenseitige Beerbung ist ausgeschlossen.

Unterschiedliche muslimische Sichtweisen zur Zeitehe

Keine Uneinigkeit besteht zwischen Sunniten und Schiiten darüber, dass die Zeitehe zu Muhammads Lebzeiten praktiziert wurde, ebenso wenig darüber, dass der Koran in Sure 4,24 auf die Zeitehe anspielt: »Alle anderen sind euch erlaubt, daß ihr sie euch mit eurem Vermögen zu erwerben sucht, in richtiger Ehe, und nicht, um Unzucht zu treiben. Wenn ihr dann welche von ihnen genossen habt, dann gebt ihnen ihren Lohn als Pflichtteil.« Uneinigkeit herrscht zwischen Sunniten und Schiiten jedoch darüber, ob Muhammad die Zeitehe an seinem Lebensende verwarf (so die sunnitische Auffassung, die mit entsprechenden Überlieferungstexten untermauert wird) oder ob er sie auch am Ende seines Lebens noch billigte (so die schiitische Meinung, die dafür ebenfalls zahlreiche Überlieferungen ins Feld führt). Eine einhellige Ablehnung im sunnitischen Lager scheint sich mit dem 11. Jahrhundert n. Chr. durchgesetzt zu haben.

Nach sunnitischer Auffassung wurde die Zeitehe entweder bereits von Muhammad oder von einem seiner unmittelbaren Nachfolger, dem Kalifen Umar (regierte 634–644) – möglicherweise auch erst in späterer Zeit – abgeschafft. Einige sunnitische Theologen vertreten die Auffassung, die Zeitehe sei in Wirklichkeit niemals abgeschafft worden, sondern das Verbot ergebe sich schon aus dem Korantext.[161]

Diese unterschiedliche Sichtweise zwischen Sunniten und Schiiten ist u. a. darin begründet, dass für Sunniten die rechtlichen Äußerungen des Kalifen und Prophetengefährten Umar selbstverständlich rechtsverbindlichen Charakter haben, während schiitische Muslime aufgrund ihrer Ablehnung der Rechtmäßigkeit der Herrschaft der ersten drei Kalifen nach Muhammad deren rechtlichen Urteilen nur sehr bedingte Autorität – in jedem Fall jedoch keinen Gesetzescharakter – zubilligen. Der eigentliche Unterschied der Betrachtung liegt also weniger im Textbefund selbst als in der Beurteilung der Autorität der Prophetengefährten.

Von schiitischer Seite wird außerdem argumentiert, dass Muhammad die Zeitehe praktiziert habe, sie also zur *sunna* gehöre, seiner vorbildhaften Gewohnheit. Daher sei sie für seine Nachfolger nicht nur erlaubt, sondern sogar empfohlen, so wie es der Koran bestätige. Es existieren sogar – von Schiiten häufig zitierte – Überlieferungen, die besagen, dass derjenige, der die Rechtmäßigkeit der Zeitehe leugne, nicht wirklich zur schiitischen Gemeinschaft gehöre[162] und seinen Glauben auf unvollkommene Weise lebe.[163] Schiiten berufen sich auf Imam Jafar, der gesagt haben soll: »Ich möchte nicht, dass ein einziger Mann diese Welt verlässt, ohne die Zeitehe praktiziert zu haben, und sei es auch nur ein einziges Mal.«[164]

Die Zeitehe in der Praxis

Zeitehen werden vor allem in Ländern mit einem großen schiitischen Bevölkerungsanteil oder einer schiitischen Mehrheit geschlossen, insbesondere im Iran. Sie werden als Zweitehe bevorzugt für eine Reise oder eine längere Abwesenheit von zu Hause eingegangen. Eine Bevölkerungsgruppe, die besonders im Iran häufig Zeitehen eingeht, scheinen nach iranischen Berichten Mullahs zu sein, die üblicherweise bei den Heiligenschreinen von bestimmten Frauen auf eine Zeitehe angesprochen werden.[165] Andere initiieren eine Zeitehe mit einer Frau, die sich in einem für die Kontaktaufnahme bekannten Teil einer Moschee aufhält oder ein bestimmtes Zeichen aussendet – zum Beispiel die Innenseite ihres Tschadors nach außen trägt.[166]

Insbesondere nach Ausbruch der Islamischen Revolution 1979 ist die Zeitehe von der iranischen Regierung als ein »hervorragendes Gesetz des Islam« propagiert worden. Daher scheint die Zeitehe im Iran nach 1979 wieder vermehrt praktiziert worden zu sein.[167] Zwar schreibt das schiitische Eherecht vor, dass eine Frau, die mit ihrem Mann in einer Ehe von unbegrenzter Dauer lebt, dem Abschluss einer Zeitehe zustimmen muss[168], aber in der Realität scheinen Zeitehen meist ohne Wissen der Ehefrau geschlossen zu werden. Im Iran durchgeführte Studien machen deutlich, dass die in einer üblichen Ehe angetraute Ehefrau vom Abschluss einer Zeitehe meist nichts weiß, aber wenn sie davon erfährt, nicht selten versucht, ihre Kontrahentin aus dem Feld zu schlagen.[169]

In der Vergangenheit erwies es sich als schwierig, verlässliches Datenmaterial über die Häufigkeit der Zeitehe und die Personen, die eine solche Ehe eingehen, zusammenzutragen. Die Institution der Zeitehe gehörte lange zu den unzureichend erforschten Themen des zeitgenössischen Islam, zumal die Länder mit einem bedeutenden schiitischen Bevölkerungsanteil selbst dazu kein Datenmaterial zu erheben schienen. Man ging aufgrund der spärlichen Dokumentationen deshalb davon aus, dass Zeitehen vor allem von Frauen in wirtschaftlicher Notlage initiiert und als Konsekutivehe mit der Absicht geschlossen werden, nach einer Scheidung zumindest für einen begrenzten Zeitraum materiell versorgt zu werden.

Nachdem allerdings in der jüngsten Vergangenheit im Iran zwei oder drei ausführliche Feldstudien zu diesem Themenkomplex von Forscherinnen iranischer Herkunft durchgeführt wurden, hat sich das Bild der Zeitehe insofern gewandelt, als dass diese Untersuchungen ergaben, dass für eine Frau weniger die materielle Versorgung der ausschlaggebende Grund für den Abschluss einer Zeitehe ist. Es scheint eher so zu sein, dass eine Frau – insbesondere eine geschiedene – in erster Linie durch den Wunsch, Geborgenheit zu erfahren, zum Abschluss einer Zeitehe motiviert wird, was aus den autobiografischen Berichten von Frauen deutlich wird, die bereit waren, auf eine Bezahlung in der Zeitehe ganz zu verzichten.[170]

Auch der im Vergleich zur Ledigen höher geachtete Status einer verheirateten Frau spielt eine Rolle. Dazu kommt natürlich auch der Wunsch oder die Notwendigkeit einer finanzieller Versorgung, zumal eine geschiedene Frau im Iran, die bei ihrer Scheidung noch unter 20 Jahre alt sein kann, nicht selten als moralische und wirtschaftliche Belastung für ihre Familie betrachtet wird.

Nicht wenige Frauen, die eine Zeitehe eingehen, scheinen damit die Hoffnung zu verbinden, dass sich der Ehemann vielleicht von seiner ersten Frau scheiden lassen und nur noch die Zeitehe aufrechterhalten oder zumindest auf längere Dauer in der Zeitehe ausharren wird.

Die besonderen rechtlichen Implikationen der Zeitehe sowie die strikte Geschlechtertrennung und die eng definierten Grenzen moralischen Verhaltens im Iran seit der Revolution haben zu ungewöhnlichen Formen der Zeitehe geführt: In manchen iranischen Familien wird die Bedienstete mit dem Ehemann des Hauses in einer Zeitehe verbunden – oder zwei jüngere Bedienstete mit den Söhnen der Familie –, um innerhalb der Familie eine rechtlich »einwandfreie« Situation herzustellen, in der sich die Bedienstete in Anwesenheit der Männer der Familie nicht verschleiern muss.[171]

Eine Zeitehe kann auch aus praktischen Überlegungen zwischen zwei Menschen geschlossen und damit eine Art »künstliche Verwandtschaft« hergestellt werden, die keine sexuelle Beziehung miteinander eingehen. Durch den Abschluss von Zeitehen ohne sexuelle Komponente werden im Iran etwa – ansonsten als unmoralisch sanktionierte – nachbarschaftliche Kontakte zwischen Männern und Frauen wieder möglich.

Wer miteinander in einer Zeitehe verbunden ist, kann zusammen eine Reise unternehmen, was für eine Frau in Begleitung eines nichtverwandten Mannes im Iran ansonsten undenkbar wäre.[172] Auch Brautleute, die eine dauerhafte Ehe eingehen möchten, können zuvor für einige Stunden eine Zeitehe zur Herstellung einer formalen Verwandtschaft abschließen, um sich unterhalten zu können, ohne dass die Frau verschleiert sein muss.[173]

Vom islamischen Rechtsdenken her verteilt die Zeitehe die Pflichten einseitig auf die Schultern der Frau, die Rechte auf die Schultern des Mannes. Das in einer dauerhaften Ehe angestrebte Gleichgewicht zwischen dem Recht auf Sexualität seitens des Mannes und dem Recht auf Unterhalt seitens der Frau existiert hier nicht. Der Mann erhält zwar das Recht auf Sexualität (und findet, falls gewünscht, mit Sicherheit Wege, die vereinbarte Entlohnung nicht auszuzahlen), die Frau erhält jedoch keinerlei Rechte und kann nichts einfordern. Die Kontrolle, die der Mann allerdings über die Frau und ihren Bewegungsspielraum in einer Zeitehe ausüben kann, ist in aller Regel geringer als in einer üblichen Ehe.

Eheauflösung und Scheidung

Eine muslimische Ehe endet selbstverständlich mit dem Tod eines der Ehepartner sowie durch den Abfall des Ehemannes vom Islam oder durch die Scheidung. Der Abfall vom Islam beendet die Ehe, weil ein Nichtmuslim nicht mit einer Muslimin verheiratet sein darf, die Ehe also rechtlich ungültig *(. batil)* wird; sie muss aufgelöst werden, auch gegen den Willen der Ehepartner. Kehrt der Ehemann zum Islam zurück, muss zunächst ein neuer Ehevertrag geschlossen werden.

Geschieden kann eine Ehe in erster Linie auf Wunsch und Betreiben des Ehemannes werden, indem er seine Frau verstößt. Auch die Ehefrau kann in den meisten Ländern eine Scheidung durchsetzen, muss dafür aber ein Gerichtsverfahren anstrengen. Die Ehefrau kann niemals eine Verstoßung aussprechen, sie bleibt das alleinige Recht des Ehemannes. Muslimische Apologeten haben das relativ einfache Verfahren der Scheidung im Islam vielfach als Vorteil gerade im Vergleich zum christlichen Eherecht propagiert[174], das die Ehe als Sakrament und daher als unauflöslich betrachte.

Die islamische Ehe kann durch vier Verfahren geschieden werden, durch *talaq*, die Scheidung durch den Ehemann, durch *khul*, den Selbstloskauf der Frau, durch *faskh*, die Annullierung der Ehe oder durch *tafriq*, die an das Gericht übertragene Eheauflösung.

Scheidung durch den Ehemann

Zwar ist die Scheidung von allen erlaubten Dingen diejenige, »die Gott am meisten hasst« – wie eine islamische Überlieferung häufig zitiert wird –, aber sie ist nach Auffassung des Korans, der Überlieferung und der einhelligen Meinung der Theologen für den Ehemann eine allein ihm obliegende Entscheidung, die niemand anfechten und niemand für ihn rückgängig machen kann.

Die eigentliche und über die Jahrhunderte hinweg bei weitem häufigste Scheidungsform seitens des Ehemannes ist die »Verstoßung« *(talaq)*. Der Ehemann benötigt nach einhelliger Meinung maßgeblicher Theologen für die Verstoßung seiner Frau keinerlei Begründung und keine Rechtfertigung. Er kann, wenn er den Entschluss zur Verstoßung einmal gefasst hat, von niemand an der endgültigen Auflösung der Ehe gehindert werden. Ja, er muss seine

Frau nach klassischem Eherecht nicht einmal davon in Kenntnis setzen. Er kann die Scheidung auch telefonisch[175] oder neuestens auch per SMS übermitteln.

In vielen Ländern, die sich bemühen, die leichtfertige Scheidung einzudämmen, ist die Rechtslage jedoch inzwischen so, dass eine Scheidung nur rechtskräftig wird, wenn das Gericht einen oder zwei Versöhnungsversuche unternommen hat und bei deren Scheitern die Scheidung amtlich registriert wird.

Schon im Koran wird die Einschaltung eines Vermittlers zur Lösung von Eheschwierigkeiten empfohlen: »Und wenn ihr befürchtet, dass es zwischen einem Ehepaar zu einem Zerwürfnis kommt, dann ernennt einen Vermittler aus ihrer Familie und einen Vermittler aus seiner Familie. Wenn die beiden sich aussöhnen wollen, wird Gott zwischen ihnen Frieden stiften« (Sure 4,35).

Das somalische Gesetz verlangt seit 1975 vom Ehemann die gerichtliche vorherige Erlaubnis, seine Frau zu verstoßen und gewährt diese erst nach mehreren Versöhnungsversuchen; ebenso verhält es sich im Irak seit 1959).[176] In Ägypten muss der Ehemann zumindest nachweisen, dass seine Ehefrau von der Scheidung in Kenntnis gesetzt wurde. Tut dies der Mann selbst nicht, übernimmt das Gericht diese Aufgabe).[177]

Etliche islamische Länder sind bestrebt, das überaus unkomplizierte Scheidungsverfahren der Scharia, das der Ehemann jederzeit durch ein einfaches Aussprechen der Scheidungsformel in Gang setzen kann, zu erschweren und Hürden zu errichten, um eine vorübergehend in eine Krise geratene Ehe möglicherweise retten zu können. Dazu gehören der endgültigen Scheidung vorgeschaltete verpflichtende Versöhnungsversuche, beispielsweise durch einen oder zwei vom Gericht bestellte Schlichter – so auch in Algerien –, die Bestimmung, vom Gericht eine Scheidungsbestätigung erwirken zu müssen oder auch die gerichtliche Verzögerung der Scheidung durch die Festsetzung bestimmter Fristen.

In einigen Ländern muss für die Gültigkeit der Verstoßung zudem ein Gerichtsurteil erwirkt werden (Algerien, Irak); in Jordanien, Libanon, Libyen, Marokko und Syrien muss das Gericht eine Bestätigung formulieren bzw. die Scheidung genehmigen, und die Ehefrau muss informiert werden.[178] Diese und andere Reformbestimmungen wurden zwar nirgends mit der Maßgabe erlassen, die Scharia außer Kraft zu setzen; de facto höhlen sie jedoch die von der Scharia vorgesehene, fast unbegrenzte Handlungsfreiheit und Entscheidungsgewalt des Ehemannes in Bezug auf die Scheidung aus.

Trotz neuer Gesetze und der Erschwernis der Scheidung kann der Ehemann seine Ehefrau in vielen islamischen Ländern noch durch das bloße Aussprechen einer Scheidungsformel verstoßen. Der Koran greift diese offensichtlich bereits aus vorislamischer Zeit stammende Praxis auf, missbilligt aber die Formel »Du bist mir wie der Rücken meiner Mutter« (Sure 58,2; 33,4) – das heißt, die Ehefrau wird dem Ehemann ebenso unberührbar, wie es seine Mutter für ihn ist. Stattdessen gilt als erlaubte Scheidungsformel: »Ich verstoße dich.« Mit dem Aussprechen diese Formel ist die Scheidung vollzogen.

Nach hanafitischem Recht ist auch eine Scheidung, die im Scherz, unter Alkoholeinfluss oder unter Zwang ausgesprochen wurde, eine gültige Scheidung und kann nicht zurückgenommen werden.[179] Nach Auffassung der übrigen Rechtsschulen sind Scheidungen unter Androhung von Gewalt hinfällig, bei den Schafiiten und Schiiten sind Scheidungen im Scherz und unter Alkohol- bzw. Drogeneinfluss nichtig.[180]

Im hauptsächlich nach malikitischem Recht regierten Marokko sind Rausch, Zwang, Zorn, die Verstoßung während der Menstruation der Ehefrau und die »Verstoßungsschwüre« ungültig[181] – eine Art Bedingungsschwur, der die Verstoßung der Ehefrau an ein anderes Ereignis koppelt. Im Fall der Nichterfüllung der genannten Bedingung, die der Mann an die Verstoßung seiner Frau knüpfte, muss er sie verstoßen, ob er das in diesem Moment noch wünscht oder nicht: So kann er etwa eine Verstoßung für den Fall ankündigen, dass seine Frau dieses oder jenes tut – es gibt Rechtsgutachten, die bestätigen, dass die Verstoßung erfolgen muss, auch wenn die Erfüllung der genannten Bedingung außerhalb der Möglichkeiten der Ehefrau liegt. Oder ein Mann leistet einen Eid, dass er seine Frau verstoßen werde, wenn sich eine gegen ihn gerichtete Anklage als wahr erweisen sollte.[182] Ist das der Fall, ist die Frau automatisch geschieden.

Fast schon bizarr mutet die Regelung an, dass ein stummer Ehemann die Scheidung durch Gesten »aussprechen« kann[183], nach Auffassung der Malikiten und Hanafiten auch auf schriftlichem Weg. Die Willkür des Mannes etwas eingeschränkt haben einige Länder, indem sie ein Aussprechen der Scheidungsformel im Zorn, im Zustand der Trunkenheit, Krankheit, unter Zwang, während geistiger Unzurechnungsfähigkeit oder bei fehlender Absicht nicht als gültig anerkennen.[184]

Muslimische Apologeten führen an, dass es nur gerecht sei, wenn dem Mann das Verstoßungsrecht der Ehefrau zustände, denn nur er allein könne beurteilen, wie groß die finanzielle Bürde sei, die er als Ehemann tragen müsse und wie viel finanzielle Aufwendungen ihn eine Scheidung koste. Und schließlich sei der Mann von seinem Wesen her sowohl geduldiger als auch entgegenkommender als die Frau und werde sie nicht aufgrund von unbedeutenden Vorkommnissen verstoßen.[185]

Widerrufliche und unwiderrufliche Scheidung

Grundsätzlich wird bei der Verstoßung zwischen der widerruflichen und der unwiderruflichen Scheidung unterschieden. Eine widerrufliche Scheidung *(talaq ar-rajih)* liegt vor, wenn der Ehemann die Scheidungsformel »Ich verstoße dich« nur ein- oder zweimal ausgesprochen hat oder seine Ehefrau noch vor Ablauf der Wartefrist von drei Monaten zurücknimmt, in der sich eine eventuelle Schwangerschaft herausstellen soll (Sure 2,228).

Für eine unwiderrufliche (endgültige) Scheidung muss der Ehemann die Scheidungsformel entweder dreimal ausgesprochen haben oder sich seiner Frau drei Monate nicht in sexueller Absicht genähert haben. Hat der Ehemann die Scheidungsformel nur einoder zweimal, also in widerruflicher Form ausgesprochen, befindet sich die Frau in einer Art »Schwebezustand«, aus dem sich entweder die endgültige Scheidung oder die Fortsetzung der Ehe entwickeln kann. Eine ein- oder zweimalige Scheidung kann als eine Art »Drohung« oder Erziehungsmaßnahme der Ehefrau aufgefasst werden, die signalisiert, dass der Mann bereit ist, seine Frau zu verstoßen.

Hat er die erste Scheidungsformel »Ich verstoße dich« in einer »Reinheitsperiode« (einer Zeit zwischen zwei Menstruationen) ausgesprochen und beabsichtigt er, eine endgültige Scheidung durchzusetzen, muss er sich des ehelichen Verkehrs während dreier Reinheitsperioden enthalten. Nimmt er jedoch in der nächsten Reinheitsperiode die Scheidung mit Worten zurück oder tauscht er mit seiner Frau eheliche Zärtlichkeiten aus, die zwischen allen anderen Personen verboten wären oder hat er wieder Verkehr mit ihr – eine Entscheidung, die allein bei ihm liegt, da sie ihm auf sexuellem Gebiet unbedingten Gehorsam schuldet und noch mit ihm verheiratet ist –, gilt der Schwebezustand, in dem sich die Frau befand, als aufgehoben, und die Ehe wird fortgesetzt.

Enthält sich der Ehemann des Verkehrs bis zum letzten Tag vor Ablauf der drei Wartemonate, kann er auch dann noch die Ehe fortsetzen. Mit Ablauf der dritten Reinheitsperiode (die der nach der Scharia vorgeschriebenen dreimonatigen Wartezeit für eine Geschiedene entspricht), in der er keinen Verkehr mit seiner Frau hatte, gilt die Ehe als endgültig geschieden. Der Ehemann kann auch die Verstoßungsformel in den drei Reinheitsperioden jeweils wiederholen, sie also mit Ablauf der drei Monate dreimal ausgesprochen haben.

Bei dieser Art der verzögerten Scheidungspraxis unterliegt die Frau der alleinigen Entscheidungsgewalt (oder den Launen?) ihres Ehemannes, ohne selbst das Geschehen beeinflussen oder ein Gericht anrufen zu können. Fast 100 Tage befindet sie sich in einem Zustand, in dem die Ehe jederzeit beendet oder fortgesetzt werden kann. Ob ein Mann eine widerrufliche Scheidung nochmals verstärkt und sie in eine unwiderrufliche Scheidung umwandelt oder die Ehe fortsetzt und vielleicht drei oder sechs Monate später dasselbe Verfahren beginnt, liegt allein in seiner Hand, und niemand kann ihn dafür zur Rechenschaft ziehen.

Aus vorislamischer Zeit scheint die Quellenlage darauf hinzudeuten, dass dem Ehemann eine unbegrenzt häufige Verstoßung und »Rückholung« seiner Frau(en) möglich war. Der Koran begrenzt dieses Verfahren auf maximal drei »Rücknahmen« der Frau (Sure 2,229). Muslimische Apologeten betrachten diese Begrenzung als Beweis der Humanität des Islam. Die Regelung sei zudem sinnvoll, damit der Mann Gelegenheit habe, seine Entscheidung zu überdenken.[186]

Hat der Mann in drei aufeinander folgenden Reinheitsperioden eine dreimalige Scheidung ausgesprochen und die Ehe in der Zwischenzeit auch nicht wieder aufgenommen, gilt die Ehe als unwiderruflich geschieden. Der Ehemann kann seine Ehefrau nun nicht mehr zurückholen. Bereut er jedoch seine Entscheidung und möchte die Ehe mit seiner früheren Frau fortsetzen, verlangt die Scharia, dass diese Frau zuerst mit einem anderen Mann eine gültige Ehe eingegangen sein und von diesem Mann geschieden worden sein muss, um zu ihrem ersten Mann zurückkehren zu können (Sure 2,228–230). Sie muss dann jedoch zunächst ihre dreimonatige Wartefrist abwarten und mit ihrem ersten Mann per Vertrag erneut eine rechtsgültige Ehe schließen.

Obwohl schon Muhammad diese »Zwischenehen« missbilligt

haben soll und das islamische Recht sie als *haram* (verboten, tabu) betrachtet, werden solche Scheinehen in der islamischen Welt häufig nur auf dem Papier geschlossen. Obwohl eine Eheschließung nach Vorgaben der Scharia einen Ehevertrag, eine Brautgabe, Zeugen und den Vollzug der Ehe erfordert, wird bei dieser Art »Scheinehen« häufig ein Greis oder ein Kind (oder eine aus anderem Grund nicht ehefähige Person) gegen Entlohnung als »Ehepartner« angeworben, der für einen einzigen Tag diese Ehe schließt, die Frau verstößt, aber sie in Wirklichkeit niemals zu Gesicht bekommt.

Diese Institution der Zwischenehe ist so häufig, dass der »Lückenbüßer-Ehemann« im Arabischen als *muhallil* bezeichnet wird, als der, der die Ehefrau für ihren früheren Ehemann wieder *halal* (erlaubt) macht. (Umgangssprachlich wird ein solcher Ehemann als »Esel« bezeichnet, denn er trägt nur eine Last, aber er hat kein Anrecht an »seiner« Frau.) An diesem Beispiel wird die Umgehung des Schariarechts mittels eines »Rechtskniffs« deutlich.

Zwar ist dem Koran durchaus zuzugestehen, dass eine Begrenzung der Verstoßung auf drei Mal eine Verbesserung der Situation der Frau gegenüber vorislamischer Zeit ist. Gemessen an heutigen in Menschenrechtserklärungen verbrieften Rechten erscheint jedoch ein solches Hin- und Herschieben einer Frau wie eine Handelsware menschen- und frauenverachtend.

Die missbilligte Scheidung

Muslimische Theologen haben einige Scheidungsverfahren als erlaubt und gebilligt beurteilt, andere als verwerflich, aber dennoch rechtskräftig. Als verwerfliche Scheidung *(talaq al-bida)* wird beispielsweise das dreimalige Aussprechen der Scheidungsformel während einer einzigen Reinheitsperiode der Ehefrau betrachtet (»Ich verstoße dich, ich verstoße dich, ich verstoße dich«) *(talaq,*

talaq, talaq) bzw. das Aussprechen der endgültigen Scheidung in einem einzigen Ausspruch: »Ich verstoße dich dreimal«. Diese dreimalige Scheidung tritt sofort in Kraft und gilt als unwiderrufliche Scheidung.

Die muslimische Theologie missbilligt diese sofort in Kraft tretende Scheidung, weil sie keine Möglichkeit zum Überdenken der Folgen der Scheidung und zur Versöhnung bietet. Die schiitische Theologie erkennt diese Scheidungsform daher überhaupt nicht an. Nach schiitischem Recht muss die Scheidung in Gegenwart zweier Zeugen ausgesprochen werden – also eine Öffentlichkeit hergestellt werden. Eine schriftliche Form ist nicht gestattet.[187]

Nach einer sofortigen dreimaligen Scheidung muss die Frau ebenfalls ihre drei Perioden als Wartezeit abwarten. Hat der frühere Ehemann danach dennoch mit seiner früheren Frau Verkehr, wird dies als Unzucht, also als unrechtmäßig, beurteilt. Die sofortige, dreimalige Scheidung gilt daher als *talaq al-bida*, als »unzulässige Neuerung«. Auch nach hanafitischem Recht gilt die sofortige dreimalige Verstoßung als »Sünde«, aber sie ist dennoch rechtswirksam.[188]

Als »ideale« Form der Scheidung gilt die *talaq al-sunna* (die Scheidung gemäß der vorbildhaften Gewohnheit Muhammads), bei der der Ehemann in der ersten Reinheitsperiode die Scheidungsformel ausspricht und dann – ohne wieder Verkehr mit seiner Frau zu haben – die drei Reinheitsperioden als Wartezeit verstreichen lässt. Diese Scheidung, die über drei Monate hinweg die Möglichkeit zur Besinnung und zur Wiederaufnahme der Ehe bietet, ist bis zum Ende eine widerrufliche Scheidung. Sie wird erst mit dem Ablauf der dritten Reinheitsperiode zur unwiderruflichen Scheidung.

Eine Form der *talaq as-sunna* ist die *talaq al-hasan*, eine Scheidungsform, bei der der Ehemann die Scheidungsformel »Ich verstoße dich« o. ä. in drei aufeinander folgenden Reinheitsperioden ausspricht. Sie ist ebenfalls gültig, gilt aber nicht als »ideal«. Ebenso gilt eine Verstoßung der Ehefrau ohne stichhaltigen Grund als »verwerflich« *(makruh)*, aber wenn die vorgeschriebene Form eingehalten wurde, dennoch als gültig.

Die Bezichtigung der Ehefrau des Ehebruchs

Eine weitere Form der Scheidung ist die Bezichtigung der Ehefrau des Ehebruchs *(lian)*. Gemäß des islamischen Strafrechts müsste der Ehemann, sobald er seine Frau des Ehebruchs beschuldigt, entweder vier Augenzeugen benennen können, die die Tat bezeugen oder ein Geständnis der Ehefrau vorlegen können. Ist dies nicht der Fall, würde er der Verleumdung des Ehebruchs angeklagt und gemäß der Scharia ausgepeitscht werden müssen.

Es gibt jedoch noch eine andere Möglichkeit für ihn: Kann der Ehemann keine Zeugen benennen und liegt kein Geständnis der Ehefrau vor, kann er vor Gericht einen Eid leisten, dass seine Frau Ehebruch begangen hat. Sie kann ihrerseits diese Beschuldigung – und die daraus folgende Verurteilung und Bestrafung – abwenden, indem sie viermal schwört, keinen Ehebruch begangen zu haben und beim fünften Mal Gott zum Zeugen anruft, sofern sie die Unwahrheit sagt. Damit gilt der Vorwurf als abgewehrt, aber die Ehe ist geschieden. Die Frau erhält keinen Unterhalt, auch nicht während ihrer Wartezeit[189] wie nach einer üblichen Scheidung.

Bemerkenswert ist die Tatsache, dass hier, im Gegensatz zum islamischen Zeugenrecht, der Schwur – oder man könnte auch sagen: das Zeugnis – der Frau nicht nur genauso viel gilt wie das Wort des Mannes, sondern sie ihn sogar noch übertrumpfen kann, indem sie Gott als ihren Zeugen anruft.

Dieses Scheidungsverfahren scheint relativ selten angewandt zu werden. Häufiger scheint Frauen der Vorwurf der ehelichen Untreue von ihrem Mann gemacht zu werden – auch wenn er keinerlei Beweise dafür anführen kann –, wenn er kurz vor der Verstoßung seiner Ehefrau steht. Als Grund dafür kann vermutet werden, dass der Ehemann verhindern will, vor Gericht der »grundlosen« Scheidung bezichtigt zu werden, für die er eine Kompensationsleistung erbringen müsste.[190]

Außer durch Worte kann ein Ehemann seine Ehe auch durch »Taten« oder besser »die Unterlassung von Taten« beenden. Wenn er schwört, vier Monate mit einer Frau keinen Verkehr mehr zu haben und diesem Schwur auch Folge leistet, ist die Ehe nach hanafitischer Auffassung unwiderruflich geschieden. Auch hierfür braucht der Mann keinerlei Begründung oder Rechtfertigung.

Nach malikitischer Auffassung ist die Ehe nach solch einem Schwur widerruflich geschieden; der Ehemann kann innerhalb von vier Monaten den ehelichen Verkehr wieder aufnehmen und eine Bußleistung wie ein dreitägiges Fasten oder den Loskauf eines Sklaven leisten[191] und die Ehe wird fortgesetzt (Sure 2,226–227).

Die von der Ehefrau initiierte Scheidung

Auch die Ehefrau kann in den meisten islamischen Ländern eine Scheidung herbeiführen, allerdings immer nur durch ein Gerichtsverfahren und nur in ganz wenigen Fällen, bei Angabe »stichhaltiger« Gründe. Eine Frau kann unter keinen Umständen eine Verstoßung aussprechen. Bei einem Gerichtsverfahren übernimmt der Richter, der die Scheidung ausspricht, quasi die Autorität des Ehemannes und verstößt die Ehefrau an seiner Stelle.

Hat eine Ehefrau Klage gegen ihren Ehemann zu führen, wird sie als erste Stufe vor dem Gang zum Gericht möglicherweise andere Mittel wählen, wie die Vermittlung durch ihre Familie, da eine Scheidung für beide in den Prozess involvierte Großfamilien große Schande bedeutet, die allerdings zu größten Teilen der Ehefrau zugerechnet wird.

Da vor Gericht bei Ehestreitigkeiten intime Details zur Sprache kommen, lassen sich manche Frauen als Klägerinnen von ihrem Vater vertreten[192], was angesichts der Möglichkeit, als Vormund für seine Tochter Rechtsgeschäfte wahrzunehmen – wie den Abschluss eines Ehevertrages – naheliegend ist.

Kann oder möchte die Ehefrau nicht vor Gericht gehen, kann sie bei einem Ehestreit zunächst versuchen, ihren Vater oder Bruder einzuschalten, der versuchen wird, auf den Ehemann Einfluss zu nehmen und eine Verhaltensänderung zu bewirken. Vielleicht werden die Ehefrau oder ihr Vater bestimmte finanzielle Forderungen mit ihrer Rückkehr verbinden. Ein wirtschaftlich potenter, einflussreicher, in der Gemeinschaft respektierter Vater wird größere Möglichkeiten haben, seine Tochter wirksam vor schlechter Behandlung durch ihren Ehemann zu schützen als ein Mann von geringem Einfluss und niedriger sozialer Stellung. Auch wenn der Ehemann theoretisch die Möglichkeit besäße, seine Frau zu verstoßen, wird er diese Entscheidung überdenken, wenn er mit einer Intervention oder Druck seitens der Familie seiner Frau rechnen muss. Er wird sich, sofern sich die öffentliche Meinung gegen ihn wendet, der Missbilligung der Gemeinschaft und den sich möglicherweise daraus für ihn ergebenden wirtschaftlichen oder sozialen Folgen nicht gut entziehen können.

Hat die Vermittlung der Familie der Ehefrau keinen Erfolg gezeigt, kann die Frau ihren Mann um eine Verstoßung bitten (die kein Gerichtsverfahren erfordert und damit keine Öffentlichkeit herstellt, die Schande über sie bringt) oder mit ihm einen »Selbstloskauf« aushandeln. Führen diese Versuche zu keiner Lösung, bleibt der Frau der Weg zum Gericht, sofern sie dort stichhaltige Klagegründe vorzubringen hat.

Grundsätzlich steht der Ehefrau das Recht auf Verstoßung des Ehemannes in keinem Fall zu. Sie kann eine Scheidung weder selbst aussprechen noch selbst rechtskräftig machen, sondern benötigt die Hilfe ihres Ehemannes oder des Gerichts. Auch daran wird ein Aspekt der Gehorsamspflicht der Ehefrau deutlich, da ein

Ehemann seine Frau zwar mit seiner Verstoßung maßregeln und sie durch seine bloßen Worte in eine in sozialer wie rechtlicher Hinsicht neue Situation als Geschiedene versetzen kann, sie aber ihrerseits über ihren Mann keinerlei Bestimmungsgewalt hat. Die Autorität, ihre Ehe aufzulösen, besitzt nur das Gericht, niemals aber sie selbst.

Wenn eine Ehefrau eine Scheidung durch ein Gerichtsverfahren erwirken möchte *(tafriq)*, braucht sie dafür eine stichhaltige Anklage. Die Regel lautet: »Wer eine Klage vorbringt, muss auch den Beweis liefern«.[193] Diese Forderung richtet sich ebenfalls gegen die Ehefrau, da dem Ehemann grundsätzlich die Möglichkeit zur Scheidung ohne Angabe von Gründen zur Verfügung steht.

Die Ehefrau benötigt also das, was ihr Ehemann in keinem Fall benötigt, nämlich einen triftigen Grund und eine Rechtfertigung für ihren Wunsch, ihre Ehe aufzulösen. Ihr Wunsch an sich hat keinerlei Wirksamkeit, sie benötigt eine vor Gericht oder nach den Regeln der Scharia als stichhaltig anerkannte Begründung.

Wenn sie Klage führt, so wird ihrem Ehemann in vielen Fällen eine gewisse Frist gesetzt (meist zwischen sechs und zwölf Monaten), um den beklagten Mangel zu beseitigen. Er erhält also Aufschub und wird nicht sofort schuldig gesprochen, während der Ehefrau im Fall seines Scheidungsbegehrens weder eine Frist eingeräumt wird, noch der Ehemann überhaupt eine Klage gegen seine Frau vorbringen muss, die die Frau durch Behebung des angeführten Mangels zur Eherettung nutzen könnte.

Unterhaltsversäumnis

Als Rechtfertigung für den Scheidungswillen der Ehefrau gilt in erster Linie der Vorwurf des schuldhaften Versäumnisses des Ehemanns, der am erfolgversprechendsten ist. Dieses Versäumnis kann die Ehefrau auf unterschiedlichen Gebieten beklagen. Da sie jedoch nicht einfach eine Scheidungsformel aussprechen kann, benötigt sie gerichtliche Hilfe – in vielen Fällen vermutlich zunächst Aufklärung über ihre Rechte und einen Rechtsbeistand – sowie die Unterstützung durch ihre Verwandten.

Die wichtigste Verpflichtung, für deren Versäumnis eine Frau am ehesten eine Scheidung erwirken kann, sofern sie diese Tatsache beweisen kann, ist das Versäumnis des Ehemanns, für seine Frau Unterhalt zu leisten *(adam al-infag)* (nur die Hanafiten erkennen das Unterhaltsversäumnis als Scheidungsgrund nicht an). Die Ehefrau kann das Unterhaltsversäumnis vor Gericht geltend machen, sofern sie nicht ihrerseits gegen ihre Ehepflichten – insbesondere die Gehorsamspflicht – verstoßen hat.

Die Pflicht zum Unterhalt der Frau ist eine rechtlich einklagbare Größe, sodass der Ehemann zuerst dazu vom Gericht verurteilt und bei seiner Weigerung dafür zu einer Gefängnisstrafe verurteilt werden kann. Voraussetzung ist allerdings, dass die Ehe weiter besteht und der Ehemann die Frau nicht wegen Ungehorsam anklagt, also eine Begründung nennen kann, warum er seinerseits berechtigt ist, den Unterhalt auszusetzen. Ron Shaham berichtet für Ägypten, dass manche Ehemänner ihre Ehefrauen von einer Rückkehr nach Hause abhielten, um ihnen Ungehorsam vorwerfen und sich damit von der Unterhaltspflicht befreien zu können.[194]

Die Abwesenheit des Ehemannes

Das Versäumnis der Unterhaltszahlungen ist ebenso wie eine länger währende Abwesenheit nach den Familiengesetzbüchern zahlreicher Länder ein anerkannter Grund für eine von der Frau betriebene Scheidung (wie in Ägypten, Algerien, Irak, Jemen, Jordanien, Kuwait, Libyen, Marokko, Oman, Syrien, Tunesien und

Sudan[195]), wenn der Ehemann länger als ein Jahr säumig ist (in Pakistan kann die Ehefrau frühestens nach zwei Jahren klagen[196]): Dieses Versäumnis tritt bei der Weigerung des Ehemannes ein, seiner Unterhaltspflicht Folge zu leisten, aber auch dann, wenn ein Ehemann über längere Zeit von zu Hause abwesend ist – beispielsweise sich für eine berufliche Tätigkeit im Ausland aufhält – und seiner Frau keine Unterhaltszahlungen zukommen lässt. Die Abwesenheit des Ehemannes zum Zweck der Tätigung von Geschäften oder des Gelderwerbs im Ausland ist zwar zunächst ein anerkannter Grund dafür, dass er nicht bei seiner Frau lebt, jedoch muss er durch Mittelsmänner oder Banküberweisungen seiner Unterhaltspflicht nachkommen.

Wenn die Ehefrau vor Gericht die Abwesenheit des Mannes seit mehr als einem Jahr beklagt, kann der Richter versuchen, seinen Aufenthaltsort zu ermitteln und ihn auffordern, für die materielle Versorgung seiner Frau bzw. seiner Familie zu Hause Sorge zu tragen. Er wird ihm eine Frist (meist ein oder zwei Monate) setzen, um seine Zahlungen wieder aufzunehmen. Ist die ihm vom Gericht gesetzte Frist verstrichen und ist er der Aufforderung nicht nachgekommen, kann die Frau eine gerichtliche Scheidung erwirken, wenn sie einen Eid leistet, dass er keinerlei Besitz zurückgelassen hat, den sie veräußern oder verpachten könnte.[197]

Ist der Aufenthaltsort des Ehemannes über Dritte nicht zu ermitteln, kann der Richter nach malikitischem Recht nach Abwesenheit von mindestens einem Jahr eine Scheidung aussprechen.[198] Im Sudan wird der Richter versuchen, über Verwandte und Freunde den Aufenthaltsort des Mannes festzustellen, und – falls das nicht gelingt, vier Jahre nach seinem Verbleib an unbekanntem Ort – die Scheidung aussprechen und zwar auch dann, wenn er Geld zum Unterhalt seiner Ehefrau zurückgelassen hat[199] (die Frist von vier Jahren gilt auch im Libanon; ist der Mann allerdings Kriegssöldner, genügt ein Jahr ab dem Zeitpunkt, an dem zuletzt Nachricht von ihm ergangen ist[200]).

Ist der Aufenthaltsort des Ehemannes unbekannt und lässt er seiner Familie über einen längeren Zeitraum hinweg keine Nachricht über seinen Verbleib und keine Zahlungen zukommen, muss die Ehefrau diesen Umstand dem Gericht zunächst zur Kenntnis bringen und damit sein Versäumnis aktenkundig machen – eine sofortige Scheidung ist also für sie ausgeschlossen, während ihr Mann jederzeit das Recht auf Verstoßung besitzt.

Sofern der Ehemann Besitz zurückgelassen hat, ist sie nach ägyptischem oder auch nach jordanischem Recht autorisiert, diesen Besitz zu veräußern oder zu beleihen, um ihren Unterhalt decken zu können.

Ist kein Besitz vorhanden, kann sie im Namen ihres Ehemannes bei einer Bank Kredit aufnehmen. Erst wenn diese Möglichkeiten ausgeschöpft sind und der Ehemann auch weiterhin keinen Unterhalt übermittelt, kann sie vor Gericht die Scheidung beantragen. Das gilt auch für den Fall, dass er zwar vor Ort wohnt, aber mit einer Gefängnisstrafe bedroht ist oder sogar dazu verurteilt wurde.

Allerdings sind diese gesetzlich vorgesehenen Möglichkeiten zur Scheidung in der Praxis für die Ehefrau von begrenztem Nutzen. Das erste Jahr muss die Frau gänzlich ohne Zahlungen zurechtkommen, und auch danach wird sich der Prozess eine Zeit lang hinziehen, in der die Frau ohne Geldmittel (und ohne Beruf selbstverständlich auch ohne Einkommen) überleben muss. Führt die Klage wegen fehlenden Unterhalts vor Gericht zu keinem Ergebnis, kann die Ehefrau – vorausgesetzt sie hat die finanziellen Möglichkeiten dazu und findet Unterstützung in ihrem Umfeld – zwar die Scheidung durchsetzen und erhält ihre »Freiheit« zurück, befindet sich aber als mittellose Geschiedene nicht unbedingt in wirtschaftlich oder sozial günstigeren Umständen. Die wirtschaftliche Potenz eines möglichen Ehekandidaten und ein hohes Brautgeld sind also für eine Frau für die Eheschließung von großer Bedeutung, denn Beruf und Einkommen sind für den Fortbestand der Ehe lebenswichtig.

Vernachlässigung der Ehefrau

Eine länger währende Abwesenheit des Mannes *(gaiba)* wird vom rechtlichen Standpunkt nicht nur wegen der ausbleibenden Unterhaltszahlungen als problematisch betrachtet, sondern auch von der moralischen Warte aus. Eine längere Vernachlässigung *(hajr)* der Ehefrau gefährdet die Ehe – und damit indirekt die Stabilität der Gesellschaft, denn insbesondere eine junge Ehefrau hat Anspruch auf ein »regelmäßiges Sexualleben«[201] und kann die »Einsamkeit im Ehebett«[202] vor Gericht beklagen. Hinzu kommt, dass rein rechtlich betrachtet der eheliche Verkehr mindestens einmal in vier Monaten stattgefunden haben muss, da sonst der Ehemann die Ehe aufgekündigt hat.

Ausgehend von dem Gedanken, dass Mann und Frau das Bedürfnis und das Recht auf eine regelmäßige sexuelle Betätigung haben, wird insbesondere bei einer jüngeren, von ihrem Mann längere Zeit allein gelassenen Frau in zahlreichen islamischen Ländern auch eine Klage gerichtlich anerkannt werden, die dahingehend lautet, dass die Ehefrau um ihren moralischen Lebenswandel fürchtet, wenn sie auf Dauer ohne ihren Ehemann leben muss.

Der Sudan sieht eine solche Scheidungsmöglichkeit vor; schon 1929 wurde in Ägypten einer Frau die Scheidung aus diesem Grund bewilligt, obwohl der Ehemann, der sich in Ausübung seines Berufes nicht zu Hause aufhielt, seiner Unterhaltspflicht nachkam.[203] Die Sicht, dass die berufliche Abwesenheit bei gleichzeitiger Unterhaltszahlung eine Scheidung rechtfertigt, wird jedoch nicht einhellig geteilt. In der Beurteilung der Frage, ob ein Studium oder die dauerhafte Beschäftigung in einer anderen Stadt oder dem Ausland ein »gerechtfertigter« Grund dafür ist, dass der Ehemann nicht bei seiner Frau wohnt, unterscheiden sich die Auffassungen muslimischer Richter erheblich.

Grundsätzlich kann eine Ehefrau in Ägypten nach einem Jahr Abwesenheit ihres Mannes Klage führen, auch wenn Unterhalt gezahlt wird und auch wenn sie selbst die Mittel besitzt, um für ihren Unterhalt aufzukommen[204]; dieselbe Frist von einem Jahr formuliert das Familiengesetzbuch von Kuwait.[205] Der Richter wird den abwesenden Ehemann schriftlich darauf hinweisen, dass er mit seiner Frau zusammenleben muss. Kehrt der Ehemann dennoch nicht zurück oder ist sein Aufenthaltsort nicht auszumachen, wird der Richter die Scheidung aussprechen.[206]

Diese Scheidung ist immer eine widerrufliche, das heißt, kehrt der Mann innerhalb der dreimonatigen Wartezeit der Frau zurück und nimmt die ehelichen Beziehungen wieder auf, kann er die Ehe fortsetzen, da der drohende Scheidungsgrund nun als beseitigt gilt.

Im Irak beträgt diese Frist des »Verlassens« zwei Jahre, auch wenn der Aufenthaltsort des Mannes bekannt ist.[207]

Bei einer dauerhaften Unterbrechung der Ehe wird also der Frau ein erlittener Schaden zugestanden. Das heißt, der ansonsten vor allem im Zusammenhang mit der männlichen Sexualität (der Polygamie oder Zeitehe) vorgebrachte Gedanke, dass es ein unwidersprochenes Recht, ja fast eine Notwendigkeit zur Ausübung der Sexualität gibt und nötigenfalls die Umstände diesem Recht angepasst werden müssen, klingt hier auch in Bezug auf die Ehefrau durch. Eine derartige Vernachlässigung gilt muslimischen Theologen als »wider die menschliche Natur«.[208]

Allerdings wird eine Scheidung von der Ehefrau bei Abwesenheit des Ehemannes nicht in jedem Fall als vorteilhaft betrachtet. So berichtet Aharon Layish beispielsweise für Israel, dass Ehefrauen im Fall einer längeren Abwesenheit keine Scheidung herbeiführen, entweder, weil sie sich anderweitig nicht verheiraten möchten oder können oder weil der Status der Verheirateten ihr größere

Freiheiten und weniger Kontrolle durch die Gesellschaft und Familie bescheren. Voraussetzung ist allerdings, dass sie Unterhalt erhalten oder vom Besitz ihres Ehemannes zehren können, also wirtschaftlich versorgt sind.[209]

Gefängnis

Die Verurteilung des Ehemannes zu einer längeren Gefängnisstrafe gilt in zahlreichen islamischen Ländern ebenfalls als Klagegrund für eine Scheidung, und zwar entweder unter dem Aspekt der fehlenden Unterhaltszahlungen oder der Vernachlässigung durch Abwesenheit. Ägypten, Algerien, Irak, Jemen, Jordanien, Kuwait, die Vereinigten Arabischen Emirate und Syrien anerkennen beispielsweise eine Scheidung aus diesem Grund. In Algerien gilt die Schande, die der Familie durch eine Verurteilung des Ehemannes zu längerer Haft zugefügt wurde, bereits als »Schaden«.[210] Als »längere« Haft wird in der Regel eine Verurteilung zu mindestens drei Jahren Freiheitsentzug betrachtet, wovon der Ehemann zum Zeitpunkt der Klageerhebung bereits ein Jahr im Gefängnis zugebracht haben muss.

Umgekehrt lässt eine Inhaftierung der Ehefrau sie jedoch ebenfalls ihren Unterhaltsanspruch verlieren.[211] In Afghanistan ist für eine Eheauflösung eine zehnjährige Haftstrafe erforderlich, wovon der Ehemann zum Zeitpunkt der Klage fünf Jahre verbüßt haben muss.[212]

Geistige und körperliche Mängel

Eine andere Möglichkeit der gerichtlichen Beschwerdeführung für die Frau sind »körperliche« oder »geistige Mängel« des Ehemannes. Bedingung ist jedoch, dass dieser Mangel erst im Verlauf der Ehe aufgetreten ist – das heißt bei der Eheschließung noch nicht existierte oder der Ehefrau zumindest nicht bekannt war. Besaß sie darüber Kenntnis und ging dennoch die Ehe ein, kann sie niemals mehr Beschwerde darüber führen, da das Gericht eine spätere Klageerhebung dann als vorgeschobenen Grund für ein Scheidungsbegehren beurteilt.

Unter den anerkannten »körperlichen Mängeln« ist als Erstes die Impotenz zu nennen, die die Frau jedoch vor Gericht beweisen muss. Insgesamt weisen Gerichtsakten nur selten Urteile wegen Impotenz aus, woraus deutlich wird, dass diese Argumentation für ein Scheidungsverfahren selten gerichtlich verfolgt wird.

Eine Klage wegen Impotenz ist für die Ehefrau am ehesten Erfolg versprechend, wenn sie ein Jahr nach der Eheschließung ein medizinisches Gutachten vorlegen kann, das ihre Jungfräulichkeit bescheinigt. Das Gericht wird dem Ehemann dann wahrscheinlich eine Frist von sechs bis zwölf Monaten (Mondmonaten) setzen, um sich einer Behandlung zu unterziehen. Bringt die Ehefrau jedoch den Fall nach Ablauf eines Jahres erneut vor Gericht mit dem Argument, die Behandlung habe keine Wirkung gezeigt, kann sie in Ägypten, Algerien, Irak und Jemen[213] auf der gerichtlichen Scheidung bestehen. Lässt sie diese Frist jedoch verstreichen, kann sie später aus diesem Grund keine Scheidung mehr erwirken.

Kann die Ehefrau bei einer Klage wegen Impotenz jedoch kein Attest über ihre Unberührtheit beibringen bzw. kann sie ihre Jungfräulichkeit nicht belegen oder existieren bereits gemeinsame Kinder, wird es sehr schwer für sie, bei gemeinsamer Wohnung eine dauerhafte sexuelle Vernachlässigung zu beweisen. Ein Ehemann, der vor Gericht der Impotenz bezichtigt wird, kann zunächst einen Eid schwören, dass die Klage seiner Frau gegenstandslos sei. Wenn Aussage gegen Aussage steht, muss der Richter dem Ehemann nach ägyptischem Recht – und das scheint die überwiegende Auffassung zu sein – zunächst Glauben schenken[214], ihm eine

Frist zur Behandlung setzen und erneute Klage erst nach Ablauf eines Jahres wieder annehmen.

Als gerichtlich einklagbarer »Mangel« wird auch eine Geisteskrankheit oder eine ansteckende oder Ekel erregende körperliche Krankheit betrachtet, wie Syphilis, Lepra oder Tuberkulose (diese Gründe erkennt u. a. das zwölferschiitische Recht an[215]). Diese und andere Krankheiten können unter dem Aspekt Klagegrund für die Ehefrau bieten, dass sie bei weiterem ehelichen Zusammenleben die Gesundheit bzw. das Leben der Ehefrau und der gemeinsamen Kinder gefährden. Voraussetzung für eine Klageerhebung ist jedoch, dass die Krankheit des Ehemannes entweder unheilbar oder nur über einen sehr langen Zeitraum auszukurieren ist. In einigen Ländern kann die Frau nur dann Klage führen, wenn ihr die Krankheit bei Eheschließung nicht bekannt war – so die Gesetzeslage in Tunesien[216] – oder sie nach der Eheschließung auftrat; in anderen Ländern – wie Marokko – spielt dieser Umstand keine Rolle.

Allein das hanafitische Recht sieht für den Fall der Erkrankung des Ehemannes keine Scheidungsmöglichkeit vor. Der Mann besitzt gemäß der Scharia das Verstoßungsrecht an sich und braucht für eine Scheidung keinerlei Begründung; nach malikitischem Recht kann er jedoch darüber hinaus seine Frau auch aufgrund körperlicher Mängel verstoßen.[217]

Misshandlung der Ehefrau

Zwar weist der Koran den Ehemann im Fall der Widerspenstigkeit der Ehefrau zur Züchtigung an (Sure 4,34), jedoch kann der Ehemann – zumindest vom rein rechtlichen Standpunkt – seine Ehefrau nicht beliebig misshandeln. Über die gerichtlich einklagbare Vernachlässigung, das Unterhaltsversäumnis und die unzumutbare Erkrankung existiert daher in mehreren islamischen Ländern die Möglichkeit, gegen eine unzumutbare »Härte« bzw. einen durch den Ehemann erlittenen »Schaden« *(darar)* zu klagen. Der Begriff »Härte« oder »Schaden« wird allerdings unterschiedlich definiert. Im Libanon ist die Verletzung (oder Schadenzufügung) des Ehepartners für Mann und Frau ein Klagegrund vor Gericht.

Unter »Härte« oder »Schaden« kann zum einen eine fortwährende Misshandlung mit Worten oder Taten verstanden werden, die nach malikitischer Tradition als der Fortsetzung einer Ehe abträglich betrachtet werden.[218] Ein vereinzelter Fall von Misshandlung dagegen – Schläge beispielsweise – kann von der Frau kaum vor Gericht beklagt werden, zumal eine »gute« oder »schlechte« Behandlung der Ehefrau von verschiedenen Richtern unterschiedlich beurteilt werden kann. Schon im 19. Jahrhundert argumentierten Theologen wie der berühmte ägyptische Reformtheologe Muhammad Abduh (1849–1905), dass eine Frau von niedrigerem sozialen Stand Flüche und Schläge eher gewohnt sei und daher auch in ihrer Ehe hinnehmen könne, während einer Frau von höherem sozialen Stand dies nicht zugemutet werden könne, da sie aus ihrer Kindheit eine solche Behandlung nicht kenne.[219] Auch in Afghanistan wird bei einer Scheidung aufgrund eines erlittenen »Schadens« die soziale Herkunft der Ehefrau bei der Abwägung in Betracht gezogen, ob der Ehemann ihr Schaden zufügt, wenn sie weiter mit ihm zusammenleben muss.[220]

Ob eine Frau eine Misshandlung überhaupt vor Gericht bringen kann, hängt von einer Vielzahl von Faktoren ab:

Auch wenn eine Frau von ihrem Mann dauerhaft geschlagen wird und ihr dabei ernsthafte Verletzungen zugefügt werden, kann die Frau eine solche Misshandlung nicht einfach vor Gericht behaupten. Sie braucht zur Klageerhebung aussagefähige (männliche) Zeugen, wie Nachbarn, die einen Streit zwischen den Ehepartnern beobachtet oder eine schwere Verletzung der Ehefrau gesehen haben und zudem bereit sind, dies vor Gericht zu bezeugen. Über die Aussage von Zeugen hinaus benötigt die Frau Beweise wie zum Beispiel das Gutachten eines behandelnden Arztes oder Krankenhauses, einen polizeilichen Bericht und günstigstenfalls Fotos, die die erlittenen Verletzungen eindeutig dokumentieren.

In den meisten Fällen wird es jedoch für die Frau nicht ganz einfach sein, so viele Beweise zu erbringen. Für Tunesien wird beispielsweise die fehlende Bereitschaft der Ärzte beklagt, anhand entsprechender Verletzungen die betreffenden Unterlagen darüber auszustellen.[221] Ron Shaham weist für den ägyptischen Kontext darauf hin, dass es aufgrund der gesellschaftlichen Akzeptanz des männlichen Züchtigungsrechts nicht einfach ist, überhaupt Zeugen zu finden, die zu einer Aussage vor Gericht gegen den Ehemann bereit sind.[222] Schläge in einer Ehe sind eine größtenteils akzeptierte gesellschaftliche Realität und »Gewalt in der Ehe wird als eine private Angelegenheit betrachtet, die eine öffentliche Einmischung nicht erforderlich macht.«[223] M. A. Qureshi bezweifelt für Indien, ob eine Misshandlung, die innerhalb der ehelichen Wohnung geschieht, überhaupt nach außen dringt und damit öffentlich bekannt wird[224] – eine unbedingte Erfordernis jedoch, um eine gerichtliche Klage stützen zu können. Aus Alexandrien wird daher für die Mitte des 19. Jahrhunderts berichtet, dass eine Frau aufgrund einer Misshandlung laut lamentierend das Haus verließ. Das geschah, um die Nachbarschaft auf diese Weise auf die erlittenen Verletzungen hinzuweisen und öffentlich zu »erklären«, warum sie ihrem Ehemann ungehorsam sein und sein Haus verlassen durfte.[225]

Auch in einem vergleichsweise westlichen Land wie Tunesien scheint Gewalt in der Ehe ein weitgehend mit Tabus belegtes Thema zu sein.[226] Eine tunesische Anwältin urteilt: »Das Schlimme ist, dass tunesische Männer heute umso aggressiver sind, je mehr Rechte Frauen haben und einfordern. Der Durchschnittsmann kann einfach nicht akzeptieren, dass die Frau ihm gleichgestellt ist«.[227] Es wird von Fällen berichtet, in denen Männer ihre Frauen von der Inanspruchnahme einer medizinisch notwendigen Versorgung abhalten, nachdem sie geschlagen wurden[228], um den Fall nicht aktenkundig werden zu lassen. Letztlich bleibt auch in Tunesien die Handhabe der Frau zur Einleitung rechtlicher Schritte gegen männliche Gewalt begrenzt. In Ägypten – und dies wird beileibe kein Einzelfall sein – wurden Fälle aktenkundig, in denen die Ehemänner ihre Frauen zwangen, ihre Klage wegen Misshandlung zurückzuziehen[229], sobald sie von der Klageerhebung erfuhren.

Bei weitem nicht alle Frauen sind sich über die rechtlichen Erfordernisse und die Beweise im Klaren, die sie erbringen müssen, um wegen Misshandlung Klage führen zu können. Eine Frau, die von ihrer Familie keine Unterstützung erfährt, sondern zu ihrem Mann zurückgeschickt wird, wird sich aus eigener Kraft gegen seine Willkür kaum zur Wehr setzen können.

Vermittlungsversuche

Kann eine Frau eine Misshandlung nicht beweisen, kann der Richter den Fall für eine bestimmte Frist vertagen (beispielweise einen Monat) in der Hoffnung, dass derweil eine Versöhnung zwischen den Ehepartnern zustande kommt.

Ergreift die Frau nicht wieder die Initiative, gilt der Fall als beigelegt. Besteht die Frau weiterhin auf ihrer Klage, kann das Gericht beispielsweise im Sudan oder auch in Syrien zwei Schlichter bestellen, die mit beiden Ehepartnern Unterredungen führen und dem Richter eine Empfehlung – Fortführung der Ehe oder Scheidung – geben.

Der Richter kann ihrer Empfehlung folgen oder sie verwerfen und zu dem Schluss kommen, dass die Züchtigung der Ehefrau als Reaktion auf ihre Rebellion aufzufassen sei, die Schuld also nicht eindeutig beim Ehemann liege.[230] Wenn der Richter der Empfehlung der Schiedsrichter nicht folgen möchte, kann er zwei andere Schlichter bestellen.[231]

In Israel erweist sich die Einschaltung von Vermittlern im Fall von Misshandlung für die Frau als effektivste Waffe, um sich aus einer Ehe befreien zu können, in der der Ehemann seiner Frau keine Scheidung gewährt[232], denn die Ehefrau kann durch die Einschaltung von Vermittlern ihre Ehe gewissermaßen zum Gegenstand einer öffentlichen Untersuchung machen. Selbst wenn das Gericht urteilt, dass sich der Mann keines Versäumnisses schuldig gemacht hat, die Ehefrau am Zerbrechen der Ehe Schuld trägt und anordnet, dass sie ihre Morgengabe zurückerstatten muss sowie alle früheren Geschenke ihres Ehemannes, kommt sie dennoch frei[233], was ihr vielleicht auf andere Weise nicht möglich gewesen wäre.

In manchen Fällen zum Beispiel aus Ägypten wird berichtet, dass die Richter dem Vorschlag der eingesetzten Schlichter nicht folgen wollten, weil ihr Lösungsvorschlag nicht den Regeln der Scharia entsprach (wie die Kinder in der Obhut der Mutter zu belassen.[234]) In Nigeria kann der Richter selbst als Schlichter fungieren, was in der Praxis aber offensichtlich an der häufigen Überlastung der Richter scheitert.[235]

Nach malikitischer Tradition können die Schlichter, wenn sie unüberbrückbare Differenzen zwischen den Eheleuten festgestellt haben, die Ehe sogar selbst scheiden, wobei der Richter diese Entscheidung nachfolgend bestätigen soll. Die Scheidungsgewalt geht also nicht auf den Richter, sondern auf Zivilpersonen (die Schlichter) über – etwa wie im Fall von Geschworenen.

Nach dem Recht der Hanbaliten, Schafiiten und Hanafiten jedoch können die Vermittler nur eine Aussöhnung herbeiführen, aber keine Scheidung aussprechen.[236] In Pakistan ist die Einschaltung von Schlichtern nicht vorgeschrieben, der Ehemann kann ohne Versöhnungsversuch eine Scheidung aussprechen.[237] In Tunesien sind beim Vorhandensein von Kindern drei Versöhnungssitzungen mit den Ehepartnern vorgesehen.[238]

Schaden durch Mehrehe

Ein »Schaden« kann unter Umständen auch im Fall einer Mehrehe geltend gemacht werden, wenn eine Ehefrau argumentiert, durch einen erneuten Eheschluss ihres Mannes materiellen oder moralischen Schaden davonzutragen (so das Eherecht Ägyptens) oder die anderen Ehefrauen nachweislich vor ihr bevorzugt werden (so das Eherecht Pakistans).

Die Mahnung des Korans, in einer polygamen Ehe alle Frauen gerecht zu behandeln (Sure 4,3) sowie Muhammads Vorbild, dem die Überlieferung absolute Gerechtigkeit bei der Behandlung seiner zahlreichen Ehefrauen zuschreibt, ist eine rechtlich einklagbare Größe.

Entsprechende Beweise für eine drohende Ungleichbehandlung zu führen, wird im Einzelfall jedoch nicht ganz leicht und ohne Unterstützung von außen kaum zu bewerkstelligen sein. Betont werden muss, dass nach Auffassung der Theologie eine Zweitehe an sich kaum eine unzumutbare Härte für die erste Ehefrau darstellt, da der Koran nach überwiegender Meinung dem Mann die Mehrehe erlaubt und die daraus resultierenden seelischen Befindlichkeiten der Ehefrau rechtlich irrelevant sind. (In einigen islamischen Ländern ist das Fandlienrecht aber mittlerweile so geändert worden, dass es für eine Ehefrau heute leichter ist, im Falle einer Zweitheirat Klage zu führen oder zumindest eine gerichtliche Untersuchung der Verhältnisse im Fall des Abschlusses einer Zweitehe einzufordern.) In jedem Fall aber kann die Ehefrau eine ungleiche Behandlung mehrerer Frauen beklagen, da Ungerechtigkeit vor Gericht einen anerkannten Klagegrund darstellt.

Im Irak ist es möglich, außer wegen körperlicher Misshandlung und Verletzung wegen »Untreue« als eine Form des von der Frau erlittenen »Schadens« Klage zu führen sowie aufgrund einer Zweitheirat ohne gerichtliche Erlaubnis. In Tunesien steht seit 1968 sogar der Ehebruch des Mannes unter Strafe und wird ebenso wie der Ehebruch der Frau mit fünf Jahren Freiheitsentzug und einer Geldstrafe von 500 tunesischen Dinar geahndet.[239]

In Pakistan muss der Ehemann eine schriftliche Erlaubnis einholen, wenn er eine Zweitehe schließen möchte. Er muss Gründe für deren Notwendigkeit anführen und das Einverständnis seiner Erstfrau darlegen. Wenn die zweite Eheschließung dem Richter »notwendig und gerecht« erscheint, erteilt er die Erlaubnis (anerkannte Gründe sind Sterilität der Ehefrau, Krankheit, Unfähigkeit oder Unwillen, die Ehe zu vollziehen, oder Geisteskrankheit).[240] Verstößt der Ehemann in Pakistan gegen diese Auflagen, soll er seiner ersten (oder seinen ersten) Ehefrau(en) ihre gesamte Brautgabe (also auch die Abendgabe) übergeben und ihnen die Möglichkeit zur Scheidung eröffnen. Zudem muss er mit bis zu einem Jahr Gefängnisstrafe rechnen und/oder bis zu 5000 Rupien Strafe bezahlen. Außerdem werden diese außergerichtlich geschlossenen Zweitehen nicht registriert und existieren daher vor dem Gesetz eigentlich gar nicht. Eine Frau, die in solch einer nicht registrierten Ehe lebt, kann später niemals Klage vor Gericht führen. Außerdem erweist sich die Tatsache als verhängnisvoll, dass diese Ehen zwar untersagt sind, aber rechtlich voll gültig.[241]

Andere Scheidungsgründe

Über die genannten Scheidungsgründe hinaus werden in einigen Ländern einige weitere Klagegründe seitens der Frau anerkannt.

In Pakistan wurde in einem Ehegerichtsverfahren im Jahr 1959 die »Unverträglichkeit des Wesens« der Ehepartner als Scheidungsgrund (für den Wunsch des »Selbstloskaufs« der Frau, einer Khul-Trennung) anerkannt.[242] Beide Eheleute können im Irak wegen Unversöhnlichkeit das Gericht anrufen.[243] In Nigeria kann aufgrund des 1970 erlassenen »Matrimonial Causes Decree« ausschließlich eine zerrüttete Ehe geschieden werden. Als Anzeichen einer echten Zerrüttung werden folgende Aspekte genannt: Ehebruch (der im Zustand der Berauschtheit allerdings nicht als solcher beurteilt wird), fortgesetzte seelische oder körperliche Misshandlungen oder Anwendung von Zauberei, die ein Zusammenleben unmöglich machen, mutwilliges Verlassen des Ehepartners, der Nichtvollzug der Ehe, der Ehe abträgliches Verhalten – wie Sodomie, Gewalttätigkeit, das Verüben von Verbrechen –, Rauschmittelabhängigkeit, Verweigerung der Unterhaltszahlungen, Abwesenheit – u. a. aufgrund eines Gefängnisaufenthalts –, Angriffe auf Leib und Leben des Ehepartners, dauerhafte Geisteskrankheit und siebenjährige Abwesenheit mit unbekanntem Verbleib unter Annahme des Todes.[244]

In Indien können seit einer Reform des Familiengesetzes im Jahr 1939 seitens der Ehefrau vor Gericht als Gründe für ihr Scheidungsbegehren angeführt werden: das Verlassen der Ehefrau über einen Zeitraum von vier Jahren hinweg, fehlende Unterhaltszahlungen über mehr als zwei Jahre, die Verurteilung des Ehemanns zu einer Gefängnisstrafe von sieben Jahren, die Verweigerung des ehelichen Verkehrs über drei Jahre, Impotenz sowie geistige und körperliche Krankheiten und Misshandlungen, die Leib und Leben der Ehefrau gefährden.[245]

Aber auch unter Maßgabe dieser Gründe ist eine Scheidung für Frauen vor Gericht niemals leicht zu erwirken, da die Gerichte Frauen nicht selten benachteiligen oder die Klage zwar annehmen, aber einer Eheauflösung dennoch nicht stattgeben.[246]

Vor ägyptischen Gerichten erwies sich für einen Untersuchungszeitraum von Anfang bis Mitte des 20. Jahrhunderts eine Klage wegen nicht erbrachten Unterhalts als häufigste und für eine Scheidung effektivste Begründung.[247]

In Israel wurden als die häufigsten Scheidungsgründe außer der Vorenthaltung der Morgengabe und der Aneignung der mit der Morgengabe erworbenen Haushaltsgüter, Kleidung und Schmuck durch den Ehemann, das Zusammenleben mit der Familie des Ehemannes angeführt sowie die Verweigerung der Unterhaltszahlungen, Abwesenheit des Ehemannes – zum Beispiel aufgrund von Gefängnisstrafen – sowie die Misshandlung und der Vorwurf der Unmoral gegen die Ehefrau, Ableugnung der Vaterschaft eines Kindes, Zwang zur Arbeitsaufnahme durch die Frau außerhalb des Hauses, Unverträglichkeit der Ehepartner, Alter, Krankheit und Unfähigkeit der Ehefrau, ihre ehelichen Pflichten zu erfüllen, Impotenz und Krankheiten, ein unmoralischer Lebenswandel des Ehemannes und unterschiedliche Religionszugehörigkeit.[248] Zwar versucht auch das israelische Familienrecht seit 1951, das einseitige Scheidungsrecht des Mannes einzuschränken und das Einverständnis der Frau vorzuschalten sowie die Polygamie stark einzugrenzen, aber die Traditionen und das Verständnis der von der Scharia dem Mann übertragenen umfangreichen Rechte sind tief im gesellschaftlichen Bewusstsein verwurzelt.

Auch Männer können vor Gericht Klage über ihre Ehe führen, beispielsweise um einer befürchteten Klage durch ihre Frau zuvorzukommen und eine Schuldzuweisung abzuwenden. Männer führten in Israel bei Gericht am häufigsten Klage über die Abwesenheit der Frau, ihre Unfruchtbarkeit, Krankheit, ihr (vermutlich: moralisches) Fehlverhalten und Konflikte innerhalb von polygamen Ehen.[249]

In Israel sind wie in zahlreichen anderen Ländern Bestrebungen im Gang, zum Schutz der Ehe das einseitige Verstoßungsrecht des Ehemanns per Scheidungsformel einzugrenzen. Aber da die Scharia das einseitige Verstoßungsrecht des Mannes nun einmal eindeutig festlegt, stießen Bestimmungen zur Einschränkung der Scheidung durch den Ehemann in Israel an enge kulturelle Grenzen, und viele Ehemänner waren eher bereit, eine Gefängnisstrafe anzutreten, als sich dieses Recht nehmen zu lassen[250]; andere »erkauften« sich das Einverständnis der Ehefrau durch die Zusicherung von Unterhalt nach der Scheidung und andere finanzielle Zugeständnisse[251], wieder andere durch Drohungen, Schläge, Einschüchterungen oder indem sie ihre Frau des Hauses verwiesen.[252]

Hier wird deutlich, dass althergebrachte religiöse Werte und Normen gesellschaftlich so tief verwurzelt sind, dass sie nicht allein durch eine Gesetzesreform in ihrer Wirkung ausgehebelt werden können. Natürlich kann sich das fragile Gleichgewicht innerhalb einer Ehe, das sich nach den Vorgaben der Scharia leichter zugunsten des Ehemannes neigt, ebenso zu Ungerechtigkeiten gegenüber dem Mann führen, wenn die Machtverhältnisse entsprechend sind oder der Ehemann einen Teil seiner herkömmlichen Macht einbüßt.

Tunesien erkennt seit dem Erlass des »Code du Statut Personnel« (CSP) im Jahr 1956 nach einem obligatorischen Versöhnungsversuch – deren Zahl beim Vorhandensein von Kindern auf drei erhöht werden muss – eine Scheidung »im beiderseitigen Einverständnis der Ehegatten« ohne Angabe spezifischer Scheidungsgründe an, was de facto einer Scheidung nach dem Zerrüttungsprinzip nahekommt. Anderweitige Scheidungsverfahren können von Mann oder Frau auf Antrag wegen einer Schädigung verlangt werden.[253] Aus der Perspektive der Ehebestimmungen der Scharia ist die Scheidung ohne nachweisliche Schädigung der Ehefrau eigentlich sensationell zu nennen – wenn die gesellschaftliche Wirklichkeit mit den gesetzlichen Vorgaben Schritt halten würde. Eine formlose Verstoßung existiert in Tunesien nicht mehr.

Besonderheiten des hanafitischen Scheidungsrechts

Das hanafitische Scheidungsrecht unterscheidet sich in mancherlei Hinsicht von den Bestimmungen der anderen drei sunnitischen Rechtsschulen. Die hanafitische Rechtsschule ist die strengste Rechtsschule, und das Eherecht räumt der Ehefrau die wenigsten Scheidungsmöglichkeiten ein.

Die hanafitische Rechtsschule erlaubt der Ehefrau die Eheauflösung ausschließlich im Fall von Impotenz (bzw. der Unfähigkeit des Ehemannes, die Ehe zu vollziehen), im Fall der Minderjährigkeit der Ehefrau zum Zeitpunkt der von einer anderen Person als ihrem Vater oder Großvater vereinbarten Eheschließung und im Fall der Unauffindbarkeit des Ehemannes, die aber erst als bewiesen gilt, wenn 90 Jahre seit seiner Geburt vergangen sind. Darüber hinaus besitzt die Ehefrau keinerlei Möglichkeit zur Scheidung – auch Misshandlung ist kein Scheidungsgrund – es sei denn, sie kann mit dem Ehemann eine gegenseitige Übereinkunft aushandeln.

Auch die Zufügung eines »Schadens« ist nach hanafitischem Gesetz als Scheidungsgrund nicht vorgesehen. Misshandelt der Ehemann seine Ehefrau über die in Sure 4,3 gestattete Züchtigung hinaus und die Ehefrau verklagt ihn vor Gericht, kann der Richter die Ehefrau von ihrer Pflicht zum Gehorsam entbinden und den Ehemann mit einer Ermessensstrafe belegen – die sich unter Umständen auf eine bloße Ermahnung beschränken kann –, aber er wird nicht die Ehe scheiden.[254]

Dies wird in Saudi-Arabien, aber auch in Afghanistan mit angestammtem hanafitischem Recht – in dessen Familienrecht in den 1970er Jahren einige Rechtselemente der malikitischen Rechtsschule aufgenommen wurden – so gehandhabt, sodass eine Frau in Afghanistan zwar eine Misshandlung vor Gericht bringen, aber kaum eine Scheidung erwirken kann, sondern allenfalls eine Bestrafung des Ehemanns.[255] Die Möglichkeit zur einseitigen Verstoßung der Ehefrau durch den Ehemann bleibt in vielen Ländern weiterhin eine nur dem Ehemann zustehende Option, die die Ehefrau von seinem Wohlwollen abhängig macht, ohne Möglichkeit der Eingriffnahme in ein (drohendes) Scheidungsverfahren.

Auch in Pakistan wird überwiegend nach hanafitischem Recht geurteilt. Die wichtigste Reform des Familiengesetzes fand 1961 in der Gesetzesverordnung der »Muslim Family Laws Ordinance« seinen Niederschlag, das darauf abzielte, die Polygamie einzuschränken, übereilte Scheidungen zu verhindern und die Durchsetzung von Unterhaltsklagen zu verbessern. Dennoch ist die rechtliche Stellung der Frau in Pakistan weiter schlecht.

Da das malikitische Recht eine Scheidung erlaubt, wenn der Ehefrau durch den Ehemann körperlicher oder seelischer Schaden entsteht, geben einige Länder wie Ägypten oder der Sudan, die malikitische Rechtselemente in die Familienrechtsprechung aufgenommen haben, der Frau die Möglichkeit, bei fortgesetzter Misshandlung eine Scheidung zu erwirken.

Die ägyptischen Familiengesetzreformen von 1920 und 1929 bemühten sich erstmals durch die Einführung der liberaleren malikitischen Rechtselemente um eine Abmilderung der strengen hanafitischen Bestimmungen (ähnliche Entwicklungen sind 1951 in Jordanien und 1953 in Syrien zu verzeichnen[256]) und benennen darüber hinaus als Scheidungsgründe für die Frau körperliche und geistige Defekte des Ehemanns, fehlenden Unterhalt bei Abwesenheit und unbekanntem Aufenthalt, Gefängnisaufenthalt und Misshandlung.[257]

Der »Verkauf« der Scheidung

Eine weitere, schon im Koran angedeutete Auflösungsmöglichkeit der Ehe nach gegenseitiger Übereinkunft ist der *khul* (ein Kleidungsstück ausziehen, ablegen), der »Selbstloskauf der Frau« aus der Ehe gegen die Zahlung eines Entgeltes. Auch die Überlieferung berichtet Beispiele für den Selbstloskauf der Frau.

Die Ehefrau trifft mit ihrem Mann eine Übereinkunft finanzieller Natur mit dem Ziel, dass er sie verstößt, das heißt, sie für die Zahlung einer bestimmten Summe Geldes im Gegenzug von ihm ihre Freiheit erhält. Der Selbstloskauf kann nach überwiegender Überzeugung auch gegen den Willen des Ehemannes in Gang gesetzt werden. In Ägypten kann die Frau den Loskauf ohne die Zustimmung ihres Ehemannes erwirken, wenn sie zuvor einen Versöhnungsversuch zweier Schlichter akzeptiert. Danach entscheidet das Gericht über die Auflösung der Ehe – nicht der Ehemann –, indem das Gericht die Scheidung ausspricht.[258] In Pakistan kann die Ehefrau ebenfalls ohne Zustimmung des Ehemannes eine Auflösung der Ehe durchsetzen, wenn sie dem Gericht beweisen kann, dass die Ehe zerbrochen ist.[259]

Die Höhe der finanziellen Forderungen des Ehemannes beim Selbstloskauf ist nicht festgelegt. Frühere Geschenke des Ehemannes wie Schmuck und Kleidung können jedoch in keinem Fall zurückgefordert werden.[260]

Die mit dem Selbstloskauf eng verwandte *mubaraa* – ebenfalls eine Art Ablösung der Ehefrau aufgrund geldlicher Zuwendungen an den Ehemann – kommt nicht ohne seine Zustimmung zustande. Hier darf der Ehemann keine die Brautgabe übersteigende Summe fordern.

In aller Regel wird der Ehemann beim *khul* einen Teil oder, häufiger, die gesamte Summe des Brautgeldes für eine Scheidung zurückfordern. Er soll sich nach Empfehlung der Theologie jedoch nicht durch eine überhöhte Forderung an der Scheidung bereichern. Die Malikiten erlauben allerdings auch die Forderung eines höheren Betrages als das Brautgeld, mahnen aber gleichzeitig zur Mäßigung, damit die geforderte Summe die Frau nicht in Not und Elend zurücklässt.

Anstelle des Verzichts auf die Rückgabe (eines Teils) der Brautgabe kann sich die Frau auch damit einverstanden erklären, dass der Ehemann keine Unterhaltszahlungen an die gemeinsamen Kinder leistet – wozu er bis zu einem gewissen Alter ansonsten verpflichtet wäre – oder sogar die ihm rechtmäßig zustehenden Kinder der Sorge der Ehefrau überlässt –, Letzteres vielleicht insbesondere dann, wenn er anderweitig für seine Kinder nicht sorgen könnte oder es sich ausschließlich um Mädchen handelt.

In vielen Fällen wird der Selbstloskauf für die Frau die einzige

Möglichkeit darstellen, die Scheidung zu erreichen. Der Ehemann macht sich nicht selten diesen Umstand zu Nutze, indem er hohe Forderungen stellt. Aus Nigeria wird berichtet, dass dort die eingeforderte Summe üblicherweise so hoch ist, dass sich auch die Eltern der Ehefrau noch hoch verschulden müssen, um den Forderungen des Ehemanns nachzukommen.[261]

Diese Art des Loskaufs der Frau kann zutreffend mit dem »Verkauf einer Scheidung« bezeichnet werden. Nach sunnitischem Recht kann auch ein Dritter dem Ehemann die Scheidung »abkaufen«, indem er ihm eine bestimmte Summe für die Verstoßung seiner Frau bietet.[262]

Der Ehemann zieht also insofern einen Vorteil aus dieser Scheidungsform, als er seine ansonsten ihm obliegenden Zahlungen der Abendgabe oder des Unterhalts an seine Kinder nicht entrichten muss. Für die Frau besteht der Vorteil dieser Scheidungsform darin, dass sie kein Gerichtsverfahren anstrengen und keinen Beweis für eine Schädigung erbringen muss, der Nachteil jedoch darin, dass sie auf die Bedingungen des Ehemannes wird eingehen müssen und auf die Kooperation des Ehemannes angewiesen ist, obwohl der Selbstloskauf in der Theorie auch ohne Einwilligung des Mannes vonstatten gehen kann.

Die übertragene Scheidung

Eine Ehefrau kann in ihrem Ehevertrag bestimmte Fälle festlegen, in denen einem Richter bzw. der Ehefrau das Recht auf Verstoßung übertragen wird (dies wird u. a. im Iran praktiziert[263]). Das heißt, nicht der Ehemann scheidet die Frau, wenn der zuvor festgelegte Fall eingetreten ist, sondern der Richter oder sie selbst spricht die übertragene Scheidung aus *(tafriq)*.

Allerdings gilt diese Art der Eheauflösung unter Juristen als umstritten. Die Zwölferschiiten erlauben die gerichtliche Eheauflösung ausschließlich im Fall von Impotenz.[264] Die strenge Schule der Hanafiten argumentiert, dass eine Eheauflösung ausschließlich das Recht des Ehemannes sei und das Gericht nur bei Impotenz oder Kastration einschreiten könne, während die Malikiten, Schafiiten und Hanbaliten der Ehefrau in bestimmten Fällen das Recht auf ein Gerichtsverfahren einräumen und die gerichtliche Scheidung – nach Ausschöpfung aller Versöhnungsversuche – erlauben.[265] Die übertragene Scheidung scheint eher selten praktiziert zu werden.

Eine Übertragung des Scheidungsrechts ist deshalb erforderlich, weil es aus der Sicht der Scharia nicht möglich ist, dass eine Frau selbst die Scheidungsworte ausspricht, weil sie dazu juristisch in keinem Fall berechtigt ist. Sie benötigt dazu eine Legitimitätsübertragung durch ihren Mann und handelt damit de facto als sein Vertreter.

Die Zukunft der geschiedenen Frau

Bei einer willkürlichen Scheidung durch den Ehemann, mit der er seine Frau auf klassische Weise verstößt, verliert eine Frau ihr Heim, ihre geachtete Stellung in der Gesellschaft als Verheiratete, ihre materielle Versorgung und in der Regel auch ihre Kinder, die nach der Kleinkinderzeit immer dem Vater gehören und in seine Obhut übergehen.

Eigentlich gibt es für die allein lebende Frau in der islamischen Gesellschaft keinen Platz. Dass eine Frau selbstverantwortlich für sich Entscheidungen trifft, alleine lebt, berufstätig ist und materiell auf eigenen Füßen steht, ist im traditionellen Bereich nicht vorgesehen und kommt allenfalls in großen Städten vor, da eine Frau eigentlich ihr ganzes Leben unter der Obhut ihrer Familie steht, deren Interessen stets höher stehen als ihre persönlichen Wünsche und Neigungen.

Ist die geschiedene Frau noch jung, wird sie vielleicht vorübergehend in ihre Herkunftsfamilie zurückkehren, aber ihre Eltern werden doch versuchen, sie bald wieder zu verheiraten. Möglicherweise hat sie ihrem Bruder ihr Erbe als vorlaufende Gegenleistung dafür überlassen, dass sie im Fall des Scheiterns ihrer Ehe von der Familie ihres Bruders aufgenommen wird.[266] Im Iran oder einem anderen islamischen Land mit schiitischer Bevölkerung wird die Frau vielleicht eine Zeitehe eingehen, die ihr für eine bestimmte Zeit eine Versorgungsmöglichkeit bietet.

Als Geschiedene ist eine erneute Eheschließung nicht mehr ganz so einfach, und die Brauteltern können weniger hohe Forderungen geltend machen. Das liegt zum einen daran, dass die Tochter nun keine Jungfrau mehr ist, was ihren »Wert« und die Höhe der Brautgabe ganz erheblich schmälert, aber auch daran, dass sie nun nicht mehr ganz jung sein wird und möglicherweise schon Kinder hat. Zudem ist das gesellschaftliche Ansehen einer Geschiedenen nicht sehr hoch, denn in aller Regel wird die Gesellschaft – und meist wohl auch die eigene Familie – der Frau die Schuld am Scheitern der Ehe zuweisen. Im Sudan hat eine Geschiedene nur noch sehr geringe Aussichten auf eine zweite Ehe, aber auch der Mann gerät in Verruf, wenn seine erste Ehe vor Gericht aufgrund von Misshandlung oder fehlendem Unterhalt geschieden wurde.[267]

Ist die geschiedene Frau bereits älter, wird sie möglicherweise im Haus ihres (ältesten) Sohnes wohnen, der nach Anweisung des Korans (Sure 17,23–24; 46,15ff.) als Kind zur respektvollen Behandlung und zur Versorgung seiner alt gewordenen Eltern verpflichtet ist. In der Familie ihres Sohnes wird die Schwiegermutter nun über größere Bewegungsfreiheiten und auch über deutlich mehr Autorität verfügen als in ihrer Jugend. Je älter sie wird, umso weniger Misstrauen wird ihr ihre Umwelt in Bezug auf ihr moralisches Verhalten entgegenbringen, ja, sie gilt nun selbst als Hüterin der Moral, die die überkommenen Regeln an die nächste Generation weitergibt. Sie ist ihrer jüngeren Schwiegertochter gegenüber weisungsberechtigt oder wird ihr vielleicht sogar mit Härte oder Intrige begegnen, sie herumkommandieren und ihr das Leben so schwer machen, wie sie es einst selbst gehabt hat.

Die »Höchststrafe« für einen Mann bei Fehlverhalten in der Ehe ist also allenfalls die gerichtlich anerkannte Scheidung, eventuell auch die Zahlung einer bestimmten Summe Geldes, wenn er seine Frau willkürlich, das heißt grundlos, entlässt. Der Mann kann jedoch sofort eine neue Ehe eingehen (für seine Frau muss er nur kurzzeitig Unterhalt bezahlen, seine Kinder kann er unter Umständen seinen Verwandten überlassen) und ist im Gegensatz zur Frau auch nicht mit dem sozialen Stigma der Scheidung behaftet.

Die »Höchststrafe« bedeutet für die Frau in vielen Fällen, mittellos zurückzubleiben, ohne Fürsorge, ohne Heim, ohne Beruf und Einkommensmöglichkeit und häufig auch ohne ihre Kinder. Zudem werden viele Frauen durch eine mangelhafte Kenntnis der gültigen Gesetze – ja, häufig aufgrund der fehlenden Fähigkeit, Dokumente lesen und verstehen zu können – ihrer begrenzten Rechte beraubt. Aufgrund der fehlenden Vertrautheit mit den Familiengesetzen, des gesellschaftlichen Stigmas der Geschiedenen, des drohenden Verlustes der Kinder sowie der wirtschaftlichen Unsicherheit oder Verarmung scheinen viele Frauen ein nicht unbedingt harmonisches oder sogar problematisches Eheleben dem Status der Geschiedenen vorzuziehen.[268]

In anderen Fällen möchte die Frau sich aus ihrer bestehenden Ehe befreien, aber der Mann verweigert ihr die Scheidung. Sie verweigert ihm die Weiterführung der sexuellen Beziehungen und befindet sich damit im Zustand des »Ungehorsams«, was den Mann – strengt die Frau ein Verfahren an – davon befreit, Unterhalt zahlen zu müssen. In solch einem Fall kann sich die Ehefrau, sofern sie ihrem Mann nicht ein anderes, stichhaltiges Vergehen vorwerfen kann, kaum aus dieser Ehe befreien, und die alleinige

Verstoßungsgewalt des Mannes wird sie in vielen Fällen zur Gefangenen machen. Im Sudan kann die Frau in so einem Fall das Gericht anrufen und um Lösung der Ehe durch eine Abstandszahlung *(fidya)* ersuchen. Akzeptiert der Ehemann diese Zahlung, erhält er vom Gericht die Weisung, seine Frau zu verstoßen. Weigert er sich, spricht das Gericht die Scheidung aus. Diese Eheauflösung kommt dem »Selbstloskauf« *(khul)* nahe, jedoch kann die Frau die Hilfe des Gerichts in Anspruch nehmen.[269]

Unterhalt

Hat der Ehemann seine Frau verstoßen, stellt sich die Frage des Unterhalts für ihn in nur sehr begrenztem Umfang. Gemäß der Bestimmungen der Scharia kann die Frau nach ihrer Scheidung nur Unterhalt während ihrer drei Monate dauernden »Wartefrist« *(idda)* einfordern, in der sie nicht wieder heiraten darf, weil sich herausstellen soll, ob eine Schwangerschaft besteht. Für eine Witwe beträgt die Wartefrist vier Monate und zehn Tage. Der Ehemann dagegen darf sofort nach der Scheidung eine neue Ehe eingehen und muss keine Wartefrist beachten.

Nach hanafitischem Recht erhält die Geschiedene den Unterhalt nur, solange sie im Haus des Ehemannes bleibt, während die Malikiten davon ausgehen, voller Unterhalt sei nur im Fall der Schwangerschaft gerechtfertigt, ansonsten habe sie während der Wartefrist nur ein Wohnrecht.[270] Auch das verwirkt sie, wenn sie eine moralische Schuld auf sich geladen hat.[271]

In diesen drei Monaten ist es der Ehefrau streng untersagt, eine neue Ehe zu schließen und Geschlechtsverkehr zu haben. Sie muss enthaltsam leben, damit die Vaterschaft eines ungeborenen Kindes eindeutig geklärt werden kann. Diese Wartefrist muss auch dann eingehalten werden, wenn die Ehe nie vollzogen wurde. Nach Auffassung der Scharia genügt es, dass ein Ehepaar durch

»wirksame Zurückgezogenheit« *(halwatu s-sahiha)* die Gelegenheit dazu gehabt hätte.

Stellt sich während der Wartefrist der Ehefrau eine Schwangerschaft heraus, dauert die Wartezeit der Frau die ganze Schwangerschaft über. Der frühere Ehemann muss seiner Frau bis zur Geburt des Kindes Unterhalt bezahlen. Damit endet seine Unterhaltspflicht und besteht nur noch für das Kind weiter. Nur das tunesische Scheidungsrecht sieht vor, dass die nichtschuldig geschiedene Ehefrau, die keine dort mögliche »einvernehmliche Scheidung« beantragt noch eine »Härte« vor Gericht beklagt hat, von ihrem Mann bis zu ihrem Lebensende eine Scheidungsrente erhält.[272]

Da der Islam keine Gütergemeinschaft für die Zeit der Ehe vorsieht, die Frau meist keiner Erwerbsarbeit nachgegangen ist und der Mann ihr gegenüber nur sehr begrenzt unterhaltspflichtig ist, gewinnt die Brautgabe für den Fall einer Scheidung hohe Bedeutung, denn sie ist das einzige Gut, was eine Frau im Fall ihrer Scheidung aus der Ehe mitnehmen kann, vorausgesetzt, sie hat die Brautgabe wirklich unangetastet erhalten können.

In einigen Ländern sind allerdings Bestrebungen im Gang, die die Versorgung der Ehefrau nach einer Scheidung verbessern sollen. Wenn in Ägypten eine Frau von ihrem Mann geschieden wurde, ohne dass ihr Fehlverhalten (vor allem: Ungehorsam) vorgeworfen werden kann, muss der Ehemann eine Abfindung bezahlen, die mindestens dem Wert des Unterhaltes für zwei Jahre entspricht.[273] Im Iran wird der Ehemann – wenn seiner Frau keine Schuld am Scheitern der Ehe zugesprochen wird – dazu verurteilt, eine Summe, die bis zur Hälfte seines Einkommens während der Ehezeit entspricht, an die Frau zu entrichten.[274] In Syrien kann der Mann, der seine Frau willkürlich verstoßen hat, zu einer Zahlung von bis zu drei Jahren Unterhalt verurteilt werden[275], im Jemen bis zu einer Unterhaltssumme eines Jahres[276], jeweils zusätzlich zur Unterhaltspflicht während der Wartefrist der Frau. In Qatar kommt der Staat für den Unterhalt geschiedener Frauen auf.[277]

Wenn die Ehe aufgrund des schuldhaften Verhaltens der Frau geschieden wurde, kann sie andererseits zu einer Entschädigung bis zur Höhe ihrer Morgengabe verpflichtet werden.[278]

Eine geschiedene Frau hat mehr Entscheidungsbefugnis, eine Wiederheirat abzulehnen und größeres Mitspracherecht bei der Auswahl eines künftigen Ehemannes. Wenn sie allerdings keine andere Möglichkeit ihrer finanziellen Absicherung findet, wird sie unter Umständen mit einer »zweitklassigen« Heirat unter ihrem Stand, mit einem wesentlich älteren Mann oder sogar mit einer Heirat als Zweitfrau vorlieb nehmen müssen.

Erbrecht

Das islamische Erbrecht ist überaus kompliziert. Die Summe der Bestimmungen lautet, dass ein weibliches Familienmitglied stets die Hälfte von dem erbt, was ein männliches Familienmitglied an ihrer Stelle erben würde. Als dennoch gerecht und den gesellschaftlichen Erfordernissen entsprechend verteidigt wird diese Regelung von der muslimischen Apologetik mit dem Argument, dass ein männliches Familienmitglied stets für andere Mitglieder seiner Familie aufkommen muss oder zumindest in der Zukunft für sie aufkommen wird, während eine Frau immer unterhaltsberechtigt bleibt – als Ledige ebenso wie als Verheiratete.

Stirbt die Ehefrau, ohne Erbberechtigte hinterlassen zu haben, erbt ihr Ehemann ihren ganzen Besitz. Stirbt der Ehemann und hinterlässt keine erbberechtigten Nachkommen, erbt die Frau nur die Hälfte, die andere Hälfte geht in die öffentliche Hand über.[279]

Im Erbrecht haben sich vielleicht die wenigsten Veränderungen und Abweichungen von den ursprünglichen Bestimmungen der Scharia ergeben. Angesichts eines in seiner Funktion nur sehr eingeschränkten oder aber nur rudimentär vorhandenen Sozialstaates in den meisten islamischen Ländern ist die Familienfürsorge für

Alte und Arbeitslose, dauerhaft Erkrankte und Geschiedene, Verwitwete und Arbeitsunfähige unabdingbar.

Kindschaftssorgerecht

Gemäß den Bestimmungen der Scharia gehören die Kinder aus einer geschiedenen Ehe immer dem Mann bzw. seiner Familie. Die Personensorge *(hadana)* kann für einige Jahre – solange die Kinder noch klein sind – der Mutter übertragen werden, danach gehen die Kinder in die Familie des Vaters über. Das strenge hanafitische Recht begrenzt die mütterliche Personensorge auf sieben Jahre für Jungen und auf neun Jahre für Mädchen (ausgehend von der Annahme der Geschlechtsreife eines Mädchens mit neun Jahren); eine Regel, der im Sudan gefolgt wird.[280]

Mit sieben Jahren beginnt nach Auffassung der Scharia für das Kind die erste Stufe der Verantwortlichkeit vor dem Gesetz: Ab dem siebten Lebensjahr wird es in die Pflichten der Religion eingeführt (vor allem in das fünfmalige rituelle Pflichtgebet und in das Fasten) und gilt als prinzipiell unterscheidungsfähig. Bis etwa zum zehnten Lebensjahr soll das Kind die Grundzüge der Religion kennen und die religiösen Pflichten beherrschen. Es kann dann, wie einige Theologen empfehlen, auch mit Schlägen zum Gebet oder Fasten angehalten werden, da besonders das Einhalten der »Fünf Säulen des Islam« (Bekenntnis, Gebet, Fasten, Almosen, Wallfahrt) nicht in das Ermessen des Einzelnen gestellt, sondern unbedingte Verpflichtung für jeden Gläubigen sind. Mit der Pubertät, spätestens jedoch mit 15 Jahren gilt der Jugendliche als volljährig, der Scharia und ihren Anforderungen voll unterworfen und für sein ganzes Leben verpflichtet, ihnen nachzukommen, da es nach dem islamischen Gesetz keinen Austritt oder Abfall vom Islam gibt.

Andere Länder haben andere Altersgrenzen für das Ende der Personensorge festgelegt:

Das Alter des Jungen, für den die Mutter nicht länger sorgen darf, liegt nach Auffassung einiger Staaten bei sieben Jahren bis zehn Jahren (Ägypten[281], Algerien, Irak, Jemen, Jordanien, Syrien). Für Mädchen wird das Ende der Personensorge in einigen Ländern auf elf bis 15 Jahre festgelegt (Ägypten, Jemen, Jordanien, Marokko) oder auch auf die Volljährigkeit (Algerien) bzw. auf den Zeitpunkt der Eheschließung (Kuwait, Libyen, Vereinigte Arabische Emirate).[282]

Die rechtliche Bedeutung des Vaters

Zwar ist nach den Bestimmungen der Scharia für das Kleinkinderalter der Mutter die Personensorge übertragen, aber die rechtliche Vertretungsgewalt bleibt immer beim Vater. Der leibliche Vater ist für den Unterhalt seiner Kinder bis zu ihrem Erwachsenwerden und einem eigenen Erwerb des Lebensunterhalts bzw. bis zu ihrer Verheiratung verantwortlich[283] (nach malikitischer Auffassung auch die Mutter, wenn sie sehr vermögend ist). Nur nach tunesischem Recht behält die Mutter in der Regel die Personensorge für die Kinder, wenn sie ihr einmal aufgrund ihrer grundsätzlichen Eignung gerichtlich zugesprochen wurde. Einzig im Fall einer Wiederheirat kann sie die Personensorge für ihre Tochter an ihren ehemaligen Mann verlieren[284], da man es für ausgeschlossen hält, dass ein nichtverwandter Mann mit heranwachsenden Töchtern eines anderen Mannes zusammenwohnt bzw. für diese Kinder, die ihm rechtlich nicht unterstehen, Entscheidungen trifft, die allein ihrem leiblichen Vater zukämen.

Die Abstammung jedes Menschen wird über die Linie des Vaters definiert; eine Adoption ist – außer in Tunesien – nach islamischem Recht gesetzlich unmöglich und verboten (nach Sure 33,4–5+37). Der Vater allein nimmt die gesetzliche *(walaya)* und vermögensrechtliche Vertretung des Kindes wahr; er entscheidet über Fragen der Schulbildung und Heirat. Der Vater ist der Vormund der Mädchen, er legt die Religion der Familie fest und dies insbesondere bei gemischtreligiösen Ehen, deren Kinder immer Muslime sind. Weil der Vater die Religion seiner Kinder bestimmt und es zudem nach Auffassung der Scharia nicht zulässig ist, dass die Gemeinschaft der Muslime verkleinert wird und die Kinder eines muslimischen Elternteils als Nichtmuslime erzogen würden, ist es in islamischen Ländern erlaubt, dass eine »Schriftbesitzerin« (eine Jüdin oder Christin) einen muslimischen Mann heiratet. (Eine Ausnahme bildet der Iran, der zur Eheschließung mit einem muslimischen Iraner die Konversion der christlichen oder jüdischen Ehefrau zum Islam verlangt.) Überall ist es jedoch aus den genannten Gründen verboten und rechtlich nicht möglich, dass eine muslimische Frau einen nichtmuslimischen Mann heiratet und die Kinder als Nichtmuslime aufwachsen. Selbst im Ausland sind solche Eheschließungen nicht ohne weiteres durchführbar und werden von den Botschaften der betreffenden Länder zum Teil behindert oder unmöglich gemacht. Zudem haben sie unter dem teilweise erheblichen Druck des muslimischen Umfeldes zu leiden.

Heiratet die geschiedene Mutter erneut, in deren Obhut sich ihre Kinder befinden, so werden sie ihr entzogen, da ein nichtverwandter Mann nicht die Vertretung für nichteigene, nicht mit ihm verwandte Kinder übernehmen kann. Die Ehefrau verwirkt durch eine erneute Eheschließung also ihr Recht auf die Fürsorge ihrer Kinder. Das islamische Recht sieht zunächst die Mutter der Mutter oder eine andere weibliche Verwandte als geeignete Person für die Versorgung, Bildung und Erziehung der Kinder vor, ansonsten auch die Familie des Vaters. Auch ein mit den Grundsätzen des Islam nicht zu vereinbarender unmoralischer Lebensstil oder mangelhafte Fürsorge für die Kinder lässt die Mutter ihr Recht auf die Personensorge einbüßen.

Im Kindschaftssorgerecht setzen sich heute mehr und mehr Regelungen durch, die die starren Anweisungen der Scharia flexibler gestalten, indem sie stärker das Wohl des Kindes berücksichtigen bzw. auch der Mutter nach Ablauf der Personensorge ein Umgangsrecht einräumen. Ebenso werden heute in vielen islamischen Ländern die Altersgrenzen für die Personensorge gesetzlich hinaufgesetzt, was bedeutet, dass Jungen beispielsweise bis zum Alter von 10 Jahren, nach richterlichem Beschluss auch bis zum Alter von 15 oder sogar 18 Jahren bei der Mutter bleiben können und Mädchen mindestens bis 12 oder 15 Jahren (nach richterlicher Verfügung aber auch bis 18 oder bis zur Verheiratung).[285] Auch eine erneute Verheiratung der Mutter bedeutet heute nicht mehr überall das automatische Ende ihrer Berechtigung zur Personensorge. Ja, Tunesien hat de facto die nach islamischem Recht ausgeschlossene Adoption von Minderjährigen rechtlich gestattet; einige andere Länder scheinen sich ebenfalls dieser Position anzunähern.

Zeugenrecht

Auf dem Gebiet des Zeugenrechts muss eine Frau ebenfalls rechtliche Benachteiligungen hinnehmen, denn schon der Koran legt fest, dass ihre Zeugenaussage nur die Hälfte der Aussage eines Mannes gilt. Sure 2,282 gibt für die Abwicklung eines Rechtsgeschäfts folgende Anweisung: »Und ruft zwei eurer Männer zu Zeugen auf, und wenn keine zwei Männer verfügbar sind, dann einen Mann und zwei Frauen, die euch als Zeugen passend erscheinen, sodass, wenn sich eine der beiden irrt, die andere ihrem Gedächtnis zu Hilfe kommen kann.«

Einige Gelehrte legen ausführlich dar, dass eine Frau stets größeren emotionalen Schwankungen unterworfen sei als der Mann: »Frauen stehen unter der Herrschaft ihrer Gefühle, wohingegen Männer ihrem Verstand folgen« .[286] Dies sei in ihrer Natur begründet und von daher eine unveränderliche Größe. Die muslimische Apologetik führt aus, dass eine Frau während ihrer Menstruation, während der Zeit der Schwangerschaft, nach einer Geburt im Wochenbett oder auch nach einem Trauerfall gefühlsmäßig in Aufruhr, ja, außer Kontrolle sei und keine sachlich verlässlichen Angaben machen könne. Sie könne ein Geheimnis schwerer bewahren und dem Mann in schwierigen intellektuellen Fragestellungen nicht gleichziehen.[287]

Kein Wunder, dass dem Mann im nahöstlich-islamischen Bereich größere Verstandeskräfte und mehr Rationalität und Unbestechlichkeit zugesprochen werden. Diese Auffassungen werden in der Literatur wie eindeutig bewiesene naturwissenschaftliche Gesetze referiert, die jedermann einsichtig seien: »Die geistige Überlegenheit des Mannes über die Frau … ist einfach von der Natur so vorgegeben.«[288]

Diese Rationalität und Unbestechlichkeit seien insbesondere für Gerichtsprozesse erforderlich. Daher verlangen nicht wenige Gelehrte, dass Frauen in Strafrechtsprozessen nicht aussagen dürfen; andere Gelehrte verwehren ihr das Aussagerecht bei Kapitalverbrechen (Hadd-Vergehen).

Auch die Frage, ob Frauen dazu geeignet sind, das Richteramt auszuüben, wird von islamischen Theologen und Rechtsschulen unterschiedlich beurteilt. Nach Auffassung der Hanafiten darf eine Frau das Richteramt ausüben, aber nicht über Kapitalverbrechen zu Gericht sitzen. Bei einem Kapitalverbrechen darf auch der Richter als Zeuge aussagen, aber da die Aussage der Richterin als Frau nur die Hälfte der Aussage eines Mannes zählt, könnte sie letztlich keine rechtlich gültige Aussage machen.[289]

Nach Auffassung anderer Theologen sollte eine Frau nicht den Richterberuf ausüben, »weil sie zu freundlich und feinfühlig ist. Da sie sich von den Tränen eines Angeklagten erweichen lassen würde, könnte sie keine harten Urteile fällen.«[290] Andere, liberaler eingestellte Theologen weisen darauf hin, dass Autoritäten der islamischen Geschichte wie Malik oder Tabari sich dafür ausgesprochen hätten, dass eine Frau das Richteramt ausüben könne. Zudem hätten Frauen in der islamischen Geschichte teilweise einflussreiche Positionen innegehabt, in deren Ausübung sie weisungsberechtigt gewesen seien, zum Beispiel als Marktinspektorinnen.[291]

Soziologische Aspekte

Nach den Bestimmungen von Koran und Überlieferung wird bei einem Kapitalverbrechen ein Mann mit demselben Strafmaß belegt wie die beteiligte Frau (Sure 24,3). Der verheiratete Ehebrecher soll ebenso gesteinigt werden wie die verheiratete Ehebrecherin, der unverheiratete »Unzüchtige« gleichermaßen ausgepeitscht werden wie die unverheiratete »Unzüchtige«. In der Praxis sind jedoch gerade Unzucht und Ehebruch Vergehen, die fast ausschließlich Frauen zur Last gelegt werden, auch wenn wegen der als überaus groß empfundenen Schande weder Unzucht noch Ehebruch kaum je öffentlich, vor Gericht, verhandelt werden. In den allermeisten Fällen werden die vermuteten oder tatsächlich nachgewiesenen Vergehen der Frau auf diesem Gebiet von der Familie geahndet.

Die Verantwortlichkeit der Frau

Woran liegt es jedoch, dass die Hauptschuld in erster Linie bei der Frau und nicht beim Mann gesucht wird, der doch als dominant, rational bestimmt und entscheidungsbefugt gilt und in seinem Verhalten der öffentlichen und familiären Kontrolle weitaus weniger unterworfen ist als die Frau?

Wer sich mit muslimischer Literatur zur Ehe und Familie sowie mit Abhandlungen muslimischer Theologen über die Wesensunterschiede von Mann und Frau beschäftigt, wird immer wieder auf ähnlich lautende Argumentationen stoßen:

Die Frau wird als Verführerin des Mannes betrachtet, deren Werbung er fast hilflos ausgeliefert ist. Wenn die Frau durch ihre Anwesenheit und ihre Reize ihre Wirkung auf den Mann ausübt, verliert der rational orientierte und intellektuell überlegene Mann seine Selbstkontrolle und erliegt der intellektuell schwächeren, emotional labileren Frau. Darin liegt ihre Macht. Insbesondere das unbedeckte offen getragene weibliche Haar gilt als unwiderstehlicher sexueller Reiz.

Viele Theologen beurteilen die Frau im Vergleich zum Mann als ein Wesen mit wesentlich größerer sexueller Gier, die kontrolliert werden und in klar definierte Schranken gewiesen werden muss. Je weniger die Frau Gelegenheit erhält, unkontrolliert Zugang zum öffentlichen Bereich zu erhalten, je weniger wird sie ihre – potenziell immer – unmoralischen Absichten verfolgen können. Da die Frau sich weder selbst ausreichend beherrschen kann, noch genügend Willen und Urteilsvermögen besitzt, um sich rational zu kontrollieren, da sie zudem von ihrem Wesen her listig, untreu veranlagt und rebellisch ist, muss der Mann die Frau seinem Schutz und seiner Kontrolle unterstellen, um die gesellschaftliche Ordnung zu wahren.

Die Frau ist in den meisten islamischen Ländern nicht voll rechtsfähig (beispielsweise wenn es darum geht, ihren eigenen Ehevertrag abzuschließen) und steht unter der Vormundschaft eines männlichen Verwandten – zuerst unter der ihres Vaters, dann unter der ihres Mannes, später eventuell unter der ihres Sohnes.

Während in einigen islamischen Ländern die ältere, verwitwete oder auch geschiedene Frau etwas mehr gesellschaftlichen Spielraum erhält, ist sie in anderen Ländern wie Saudi-Arabien ohne männlichen Vertreter kaum in der Lage, einen Vertrag für ein Mobiltelefon abzuschließen, geschweige denn, einen Ausweis zu beantragen. So dürfen selbst ältere Frauen in Saudi-Arabien unter

Umständen in Ermangelung eines anderen männlichen Verwandten als ihres gesetzlichen Vertreters nur mit ihrem kleinen Enkelsohn auf dem Arm öffentliche Ämter betreten, weil nur durch die männliche Begleitung ihr Anstand gewahrt bleibt.

Die Frauenbeschneidung – ein Mittel zur Erziehung der Frau?

Befürwortern der Frauenbeschneidung gilt diese Gier der Frau als vorrangiges Argument zur Begründung der notwendigen Entfernung eines Teils oder der gesamten Klitoris und der kleinen oder sogar großen Schamlippen, denn außer einigen wenigen, sich positiv dazu äußernden Überlieferungen und dem vermeintlich wissenschaftlich bewiesenen medizinischen »Nutzen«[292] ist es ihre »Unfähigkeit, sich bei Erregung zu beherrschen«[293] und das unverhältnismäßige sexuelle Verlangen der Frau, das ›zurückgeschnitten‹ werden muss, um ihr damit zu einer »angemessenen sexuellen Erlebnisfähigkeit«[294] zu verhelfen.

Schwer zu versöhnen mit dieser vermeintlichen sexuellen Unersättlichkeit der Frau ist die beispielsweise zur Begründung der Polygamie vertretene Auffassung, dass es eigentlich der Mann ist, dessen starker sexueller Trieb Befriedigung verlange – und wenn er nicht durch eine Frau befriedigt werden könne, dann durch eine Zweitfrau oder eine zusätzliche Zeitehe, während die Frau unter Umständen in einer Mehrehe abwarten muss, bis der Mann eine seiner Nächte turnusmäßig mit ihr verbringt. Auch in einer monogamen Ehe hat nur der Mann das Recht auf Verkehr, wann immer er es wünscht, während die Frau nur das einklagbare Recht auf Verkehr mindestens einmal in vier Monaten besitzt.

Der Mann allerdings – für den man meist davon ausgeht, dass er auch vor der Ehe seinem Trieb nachgeben muss, um einige Erfahrungen zu sammeln – wird in der nahöstlich-islamischen Gesellschaft als der sexuell aktive Part betrachtet, dessen Wünsche erfüllt werden sollten, sei es durch den sexuellen Gehorsam seiner Frau oder die Mehrehe, um auch in den Zeiten von Schwangerschaft, Geburt und Menstruation zu seinem Recht zu kommen. Die Frau wird dagegen eher als der Part beurteilt, der die sexuellen Wünsche des Mannes zu erfüllen und verfügbar zu sein als eigene Wünsche anzumelden hat.

Die Frau dagegen muss unter allen Umständen auch heute noch in weiten Teilen der islamischen Welt als Jungfrau in die Ehe gehen. Eine eventuelle sexuelle Betätigung vor und außerhalb der Ehe ist strengen Sanktionen unterworfen, und auch innerhalb der Ehe kommen ihre sexuellen Bedürfnisse nur insofern zur Sprache, als es um eine längerwährende sexuelle Vernachlässigung über die Zeit von vier Monaten hinaus geht.

Die Frau – ein gefährliches Wesen?

Obwohl die Frau als »gefährliches« Wesen betrachtet wird, ist sie es, die gleichzeitig für die Aufrechterhaltung der gesellschaftlichen Moral verantwortlich ist. Sie soll so wenig wie möglich den familiären Wohnbereich verlassen, denn auf diese Weise entsteht keine Gelegenheit zu zügellosem Verhalten. Wenn sie doch ausgeht, dann soll sie ihre Besorgungen zügig erledigen, sich nicht parfümieren, mit niemand unnötige Worte oder Blicke tauschen, sich in der Öffentlichkeit – je nach Landessitte und Frömmigkeit der eigenen Familie – vorschriftsmäßig verhüllen, um niemand Anstoß zu geben und nicht durch zu freizügiges Verhalten oder ihre Kleidung zu signalisieren, dass sie Gelegenheit zu Unzucht und Hurerei sucht.

Schon der Koran ermahnt in Sure 24,31 die Frauen, ihre »Augen niederzuschlagen und ihre Scham zu bewahren«. Einige Theologen definieren die wenigen Gelegenheiten, bei denen es erlaubt sei, eine Frau anzuschauen: Um eine Antwort auf einen Heiratsantrag zu erhalten, auch beim Arzt oder für den Fall, dass eine Frau in einem brennenden Haus gefangen ist oder ertrinkt oder ihr Leben oder ihre Ehre in Gefahr sind. Dann darf ein Mann eine Frau ansehen oder sogar berühren.[295]

Es kann passieren, dass ein Schulmädchen, das einmal mit einem Jungen in der Öffentlichkeit gesprochen hat und dessen Ruf daher stark ins Gerede gekommen ist, von heute auf morgen aus der Schule genommen, zu Hause eingeschlossen und ständig überwacht wird, bis sie verheiratet ist, denn auf der Frau – nicht auf dem Mann – ruht die Familienehre. Daher muss die Frau durch ihr Verhalten die Familienehre wahren.

Wurde die Ehre verletzt, muss der Mann sich für die Freiheit verantworten müssen, die er seiner Frau eingeräumt hat. Übertritt sie die ihr gesetzten Grenzen, wird das auf ihn zurückfallen, und er muss vielleicht drastische Maßnahmen ergreifen – vielleicht seine Frau schlagen oder einsperren –, um die Familienehre wiederherzustellen, Stärke zu demonstrieren und seinerseits auf diese Weise wieder ein geachtetes Mitglieder der Gesellschaft zu werden.

Auch innerhalb der Ehe wird die junge Frau sehr stark dem Misstrauen und der Kontrolle durch ihre Umgebung unterworfen sein, die jede moralische Verfehlung betrifft, während der Ehemann über sein Kommen und Gehen und seinen Aufenthalten im öffentlichen Raum (Straße, Café, Moschee) niemand Rechenschaft abgeben muss. Auch eine kurzzeitige Affäre innerhalb der Ehe oder im schiitischen Bereich eine Zeitehe ist aus rechtlicher Perspektive für die Frau kein Argument, eine Scheidung vor Gericht einzuklagen und hat für den Ehemann keine rechtlichen Konsequenzen. Manche Gerichte in Ägypten urteilten, dass Beziehungen zu anderen Frauen keinen »Schaden« für die Frau darstellten, solange der Mann diese Frau nicht nach Hause brächte.[296] Einen auf Dauer angelegten unmoralischen Lebenswandel ihres Mannes (sichtbar durch den Besuch von Bordellen, den Kontakt zu Prostituierten oder häufigen Konsum von Alkohol oder Drogen) kann die Ehefrau jedoch unter Umständen als »Schaden« gegen ihre Ehre vor Gericht beklagen.[297] Dies gilt auch für Pakistan.[298]

Der Islam oder noch mehr die nahöstlich-islamische Gesellschaft dulden also – trotz vermeintlich gleichmäßig strenger Maßstäbe in Koran und Überlieferung – für den Mann durchaus gewisse Abweichungen vom moralischen Standard, während dies für die Frau, sollte sie sich dieselben Rechte herausnehmen, gesellschaftlich das Aus, ja den Tod bedeuten kann.

Gewalt gegen Frauen

Besonders ungerecht und abstoßend wirkt sich die unterschiedliche Wahrnehmung dort aus, wo es um das Thema Vergewaltigung geht. Eine Frau, die sich zu später Stunde unbegleitet an einem einsamen Ort aufhält, befindet sich nach den islamisch-nahöstlichen Gesetzen der Schuldzuweisung bereits im Unrecht, denn ein Mann einer Familie – zu der auch diese Frau als Ehefrau, Tochter, Mutter oder Schwester gehört –, der über die Ehre seiner Familie wacht, würde eine ehrenhafte Frau zu später Stunde nicht alleine unterwegs sein lassen.

So wurde aus dem Jahr 1992 die Vergewaltigung eines jungen Mädchens an einer Kairoer Busstation zu mitternächtlicher Stunde bekannt, wobei die Umstehenden offensichtlich keine Hilfe leisteten. In der unmittelbar folgenden, in den Medien geführten öffentlichen Diskussion wurde dem Mädchen die Schuld an dem Vorfall zugewiesen und ein Gesetz eingebracht, das Eltern von Vergewaltigungsopfern für den Fall haftbar machen wollte, dass sie ihren Töchtern erlauben, das Haus zu verlassen. Zwar wurde dieses Gesetz nicht verabschiedet, aber der Täter ging im Jahr 1994 schließlich »aus Mangel an Beweisen« straffrei aus.[299] Auch wenn sich dieses Ereignis möglicherweise nicht genauso abgespielt hat[300], würde die nahöstlich-muslimische Gesellschaft mit einiger Wahrscheinlichkeit die Hauptschuld an solch einem Ereignis der beteiligten Frau zuweisen, nicht dem Mann.

Auch einer jungen Frau, die einen Arzt aufgesucht hatte und von ihm vergewaltigt wurde, wurde in einer Fatwa [Rechtsgutachten] im Jahr 1993 vorgeworfen, dass es unrecht von ihr gewesen sei, als Frau allein einen männlichen Arzt zu konsultieren.[301] Eine Frau, deren Ehre offensichtlich nicht geschützt und – durch Begleitung oder Vergeltung – verteidigt werden wird, gilt als frei verfügbar, und ein unbeobachteter Übergriff wird für den Mann aller Wahrscheinlichkeit nach ohne Folgen bleiben.

Wenn dann der Aussage einer Frau, die einer Vergewaltigung zum Opfer fiel, vor Gericht gegen die Aussage eines Mannes ohne die Benennung von Augenzeugen kein Glauben geschenkt wird oder sie nicht als vollwertiger Zeuge gilt, ist es kaum möglich, eine Verurteilung des Täters durchzusetzen.

In Pakistan mehren sich Berichte, nach denen insbesondere Frauen unterprivilegierter Minderheiten von niedrigem sozialen Stand – wie Landarbeiter der christlichen Minderheit, die häufig ohne Schulbildung und Besitz am unteren Ende der sozialen Skala rangieren – von Großgrundbesitzern, zu denen meist eine feudale Abhängigkeit oder Schuldknechtschaft besteht, vergewaltigt werden und bei ihrem Versuch, dieses Verbrechen anzuzeigen, damit rechnen müssen, mit einer Anzeige und Bestrafung für die »Verleumdung wegen Unzucht« mit 80 Peitschenhieben bestraft zu werden, wenn sie keine vier männlichen Augenzeugen beibringen oder die Täter zu einem Geständnis veranlassen können – was vielleicht noch niemals in der islamischen Geschichte der Fall gewesen sein dürfte. Zudem kann eine Frau, die eine Vergewaltigung anzeigt, vor Gericht leicht in den Verdacht geraten, dem außerehelichen Verkehr zugestimmt zu haben, da sie sich sonst niemals in eine solche Situation begeben hätte. Außer einer Anklage wegen Verleumdung droht dieser Frau eine weitere Anklage wegen Unzucht oder Ehebruch.[302]

Geschlechtertrennung

Als anerkanntes Mittel zur Vermeidung von Unmoral gilt in der islamischen Welt die Trennung der Geschlechter. Den Bereich von Männern und Frauen völlig zu trennen – in der Moschee, in der Öffentlichkeit und sogar zum Teil innerhalb der Familie – wird als Voraussetzung für die Wahrung von Anstand und Moral aufgefasst. Eine häufig zitierte Überlieferung lautet, dass sich immer der Teufel mit im Bunde befände, wenn sich ein Mann und eine Frau allein in einem geschlossenen Raum aufhielten. Wenn ein Mann und eine nicht mit ihm verwandte Frau sich in einem »wirksamen Zustand der Zurückgezogenheit« *(halwa)* befanden, geht es, rechtlich gesehen, für eine moralische Verurteilung insbesondere der Frau nicht darum, ob eine als unmoralisch betrachtete Handlung stattgefunden hat, sondern darum, ob durch das Alleinsein eine Gelegenheit dazu bestanden hätte. So geht das nigerianische Gesetz davon aus, dass eine Frau und ein Mann, die eine Nacht gemeinsam in einem (Hotel-)Zimmer verbracht haben, des Ehebruchs schuldig sind.[303]

Die Geschlechtertrennung beginnt sehr früh mit einer stark geschlechtsspezifischen Erziehung, die das Mädchen manchmal schon als kleines Kind in häusliche Pflichten einbindet, generell zu Hause hält und auf seine traditionelle Rolle als Hausfrau und Mutter hin prägt, während ein Junge keine Hausarbeiten zu verrichten hat und auf die Berufswelt, die Welt der Männer und der Moschee hin erzogen wird. Die Geschlechtersegregation wird nur durch Verwandtschaft in gewissem Maße aufgehoben, das heißt, ein Mann, der so nah mit einer Frau verwandt ist, dass er sie nicht heiraten dürfte (wie ihr Vater, Bruder oder Schwager), kann sich mit der betreffenden Frau alleine in einem Raum aufhalten, sie unverschleiert sehen oder sie auf einer Reise begleiten, ohne dass es zu Verdächtigungen käme.

Einige islamische Länder haben dem Thema der Geschlechtersegregation große Aufmerksamkeit gewidmet, wie der Iran seit der Iranischen Revolution, aber auch Saudi-Arabien mit seinen Hörsälen nur für Frauen, seinen für Frauen reservierten Bibliotheksbenutzungszeiten, Einkaufszentren, Banken, Fitnessstudios, Krankenhäusern und Behördensprechzeiten.[304] Diese Möglichkeiten mögen in einem Land wie Saudi-Arabien, das einer wohlhabenden Oberschicht diese Wege eröffnet, noch praktikabel sein. In den meisten übrigen islamischen Ländern verwehren allein schon die fehlenden wirtschaftlichen Möglichkeiten solch eine rigide Trennung.

Das Gebot der Geschlechtersegregation schränkt in vielen Fällen selbstverständlich den Zugang von Frauen zu Bildung ein oder verhindert ihn ganz. Insbesondere die Tatsache, dass eine »wirksame Zurückgezogenheit« (ein Alleinsein mit einer Person des anderen Geschlechts in einem geschlossenen Raum) quasi dem Tatbestand des Ehebruchs bzw. der Unzucht entspricht, macht den Bildungssektor für Frauen nur unter Auflagen – die in den meisten Fällen an finanziellen und logistischen Hindernissen scheitern werden – zugänglich oder verbieten ihr den Zugang ganz.

Ehre und Schande

Die nahöstliche Gesellschaft ist nicht nur durch den Islam geprägt, sondern auch durch kulturell-gesellschaftliche Werte und Normen, die allerdings eng mit dem Islam verwoben sind bzw. teilweise mit dem Islam begründet werden.

So war die heute in einigen islamischen Ländern verbreitete Mädchen- und Frauenbeschneidung ursprünglich sicher kein islamisches Phänomen, sondern stammt aus vorislamischer Zeit, ist vor allem in den afrikanischen Kulturen beheimatet und dort mindestens seit der Pharaonenzeit bekannt. Der Islam ist also nicht für die Mädchenbeschneidung verantwortlich, hat sie aber aufgegriffen und in die Religion integriert, sodass sie in einigen afrikanisch-islamischen Ländern zum Maßstab für Keuschheit und Anstand geworden ist.

Werte wie Gastfreundschaft, das Gleichgewicht zwischen Geben und Nehmen, das Gesicht zu wahren und die indirekte Konfliktlösung sowie die Einschaltung von Vermittlern sind ebenfalls tief verwurzelte kulturelle Werte. Einige dieser kulturellen Werte finden sich durchaus auch in anderen, nichtislamischen Kulturen, in dem durch den Islam geprägten Kulturraum sind sie jedoch in charakteristischer Weise mit dem Islam und seinen Werten eine enge Verbindung eingegangen.

Das Verständnis von Ehre und Schande ist in gleicher Weise ein mit der Religion verwobenes kulturelles Phänomen islamischer Gemeinschaften – allerdings nicht ausschließlich islamischer Gruppierungen – die von tief verwurzelten moralischen Größen wie der »Ehre« und »Schande« geprägt werden. Die Ehre der eigenen Familie muss gewahrt, die Schande unbedingt abgewehrt werden, weil eine Familie ohne Ehre im nahöstlichen Kulturkreis nicht überleben kann. Daher wird der Erhalt der Ehre in aller Regel als höheres Gut betrachtet als ein Menschenleben. Die Ehre zu erhalten bzw. wiederzugewinnen ist daher von ausgesprochen großer Bedeutung. Konflikte innerhalb der Schamkultur werden auf indirekte Weise gelöst, damit jeder sein Gesicht wahren kann und Schuld nicht offen zugewiesen wird. Eine Schamkultur achtet darauf, dass das Interesse der Gemeinschaft durch das Verhalten des Einzelnen nicht gefährdet wird.

Die Ehre der Familie, die von ihrer Herkunft und ihrem gesellschaftlichen Stand abhängt, kann leicht angegriffen werden; am nachhaltigsten jedoch dadurch, dass ein nicht zur Familie gehörender Mann die Ehre der Frauen der Familie gefährdet oder eine der Frauen selbst die Ehre der Familie aufs Spiel setzt. Angesichts von hierzulande häufiger werdenden Schlagzeilen in den Medien wie »Opfer hatte Schwester des Täters angesprochen« oder »Mord aus Gründen der Ehre aufgedeckt« wird deutlich, dass das Denken in Kategorien von »Ehre« und »Schande« weder im islamischen Herkunftsland zurückgelassen wurde noch die häufig blutigen Beilegungen der Ehrverletzungen vor den Grenzen Europas Halt machen.

In der islamischen Welt wird ein Mann, der einen Ehrenmord begangen hat, wohl überall mit mildernden Umständen rechnen können, oder das – nach strengen juristischen Maßstäben – erforderliche Verfahren wird entweder im Sand verlaufen oder gar nicht eröffnet werden. Es besteht in solch einem Fall der selbst in die Hand genommenen Gerechtigkeit allgemein kaum ein Unrechtsbewusstsein. Wenn ein Apostat oder eine unter dem Verdacht des Ehebruchs stehende Frau nicht durch ein Gerichtsverfahren verurteilt und nach Maßgabe der Scharia bestraft, sondern von der Familie oder Gesellschaft ohne Verfahren auf offener Straße hingerichtet werden, herrscht die allgemeine Auffassung vor, dass der Täter an sich kein Unrecht begangen, sondern nur der weltlichen Gerichtsbarkeit vorgegriffen hat.

Die Scharia und ihre einzelnen Bestimmungen sind für den Laien nicht zugänglich, denn er bräuchte dafür ein theologisches Studium, umfangreiche Arabischkenntnisse sowie ein vertieftes Verständnis der maßgeblichen Rechtskommentare. Recht ist in einem Fall der »vorgreifenden Gerechtigkeit« das, was in einer Gesellschaft darunter verstanden wird. Unter der Vorgabe, die Gesetze der Scharia zu erfüllen, wird geltendes Recht außer Kraft gesetzt.

Frauen gelten im islamischen Kulturkreis als die Trägerinnen der Familienehre, die Männer als deren Verteidiger. Eine sittsame Frau erhält die Familienehre, wenn sie sich gemäß der islamisch-nahöstlichen Anstandsregeln verhält, mit keinem nichtverwandten Mann Blickkontakt sucht, sich angemessen kleidet, niemand anspricht, sich gemessen bewegt, nicht laut redet, lacht oder rennt, also schamhaftes Verhalten zeigt. Ja, die ehrbare Frau darf nach Auffassung muslimischer Theologen auf der Straße sogar einen männlichen Verwandten nicht begrüßen, da die Leute auf der Straße nicht wissen, dass es sich um ihren Verwandten handelt.[305]

Hat eine Frau durch unstatthaftes Verhalten ihre Ehre verloren bzw. die ihrer Familie aufs Spiel gesetzt, kann sie sie selbst nicht wieder zurückgewinnen. Da ein Unrecht im nahöstlichen Kontext eigentlich erst dann zum Unrecht wird, wenn es öffentlich gemacht bzw. eine Person damit unmittelbar konfrontiert wird, muss ein Mann, der von einem Fehlverhalten einer Frau der Familie unterrichtet wurde, unbedingt handeln. Handelt er nicht für seine Umgebung sichtbar und eindrücklich, sondern lässt die Sache auf sich beruhen, steht er in der Gefahr, als Schwächling beurteilt zu werden, der nicht in der Lage ist, die Ehre seiner Familie zu verteidigen. Er fordert damit seine Umgebung geradezu auf, ihm Unrecht zuzufügen, denn er gilt nun als eine Person, die sich in einer solchen Situation nicht zu wehren weiß.

Ergreift er jedoch drastische Maßnahmen – schlägt er seine Tochter, sperrt sie ins Haus ein oder verheiratet sie über Nacht –, ist die Familienehre wiederhergestellt. Der verantwortliche Mann hat Stärke und Kontrolle über die Frauen seiner Familie und die Situation unter Beweis gestellt. Kein Außenstehender wird es wagen, einen solchen sich als stark erweisenden Vater herauszufordern, indem er zum Beispiel auf der Straße seine Frau belästigt.

Scheint die Ehre der Tochter unwiederbringlich verletzt, muss sie unter Umständen sehr schnell verheiratet werden oder nach den Regeln des Ehrkodexes sogar getötet werden, um die Familienehre wiederherzustellen. Nicht selten wird auch der (vermeintliche) Liebhaber der Frau umgebracht, was den Beginn einer Blutfehde zwischen beiden Familien bedeuten kann.

Sexualität und Familienehre

In besonderem Maß ist die Ehre und die Ehrerhaltung mit dem Bereich der Sexualität verbunden: Der Ruf der Frau in ihrem gesellschaftlichen Umfeld ist von ganz entscheidender Bedeutung, vor allen Dingen in Bezug auf ihre Heiratschancen. Nur eine Frau mit untadeligem Ruf aus einer Familie – und insbesondere einer Mutter – von gutem Ruf wird gute Heiratschancen besitzen. Wenn sie dann noch dem heute in der Stadt häufig geäußerten Wunsch entspricht, eine gebildete Frau zu sein, wird sie in ihrem Ehevertrag hohe Forderungen stellen können.

Da ein Mädchen unbedingt ihre Jungfräulichkeit bis zum Tag ihrer Hochzeit wahren muss, werden Eltern bei einem drohenden Ehrverlust ihre Tochter vielleicht sehr früh verheiraten. Aber auch die verheiratete Frau gefährdet durch Verhaltensabweichungen von der gesellschaftlich akzeptierten Norm ihren Ruf, auch wenn das ehrverletzende Verhalten tatsächlich in gar keine (sexuellen) Handlungen mündet. Der Verstoß gegen die Norm allein reicht für eine gesellschaftliche Verurteilung aus. Wenn beispielsweise eine Frau in einem konservativen Umfeld, in dem eine Verschleierung oder Kopfbedeckung an der Tagesordnung ist, in westlicher oder gar freizügiger Kleidung die Öffentlichkeit betritt, so werden dahinter unehrenhafte Absichten vermutet, ungeachtet dessen, was seine Trägerin damit bezweckt hat.

Dabei besteht über die Frage, was gesellschaftlich gebilligtes, geduldetes oder aber missbilligtes, verbotenes Verhalten bedeutet, innerhalb von Teilen der Gesellschaft recht weitreichender Konsens. Zudem sind die Grenzen des Erlaubten für Frauen – besonders im traditionellen Bereich – eng gefasst. Die ständige Kontrolle der Einhaltung dieser Normen scheint für die Aufrechterhaltung der öffentlichen Moral und Ordnung von großer Bedeutung, ja lebenserhaltend zu sein.

Zum einen ist das Rechtsdenken von dem Gedanken der Einordnung aller Handlungen in rechtliche Kategorien von »erlaubt« *(halal)* und »verboten« *(haram)* geprägt, sowie von den feineren Kategorien missbilligt, neutral, empfohlen, verpflichtend. Die muslimische Gemeinschaft – so sagt der Koran – ist eine Gemeinschaft, die »gebietet, was recht ist und verbietet, was verworfen ist« (Sure 3,110; ähnlich 3,104), die also eine zutreffende Beurteilung aller Handlungen kennt:

> »Auch kommt … hinzu, dass viele arabisch-islamische Länder … in einem schwer nachvollziehbaren Ausmaße vom tradierten Schariatsrecht durchdrungen sind, sodass sich für die ihm unterworfenen Muslime alle Handlungen und Lebensäußerungen in erster Linie als in sich abgestufte Formen der Erlaubt- oder Verworfenheit bei und vor Gott darstellen.«[306]
> »Das moralische Verhalten des Einzelnen ist teilweise eine Voraussetzung für die Gestaltung der Gesellschaft und ihre Fortdauer, aber das moralische Verhalten des Einzelnen wird ebenso im Gegenzug von der *umma* [islamischen Gemeinschaft] sichergestellt …«[307]

Das islamische Recht bestimmt durch zahlreiche Vorschriften die Art und Weise der Glaubensausübung, aber auch die öffentliche und familiäre Moral. Zum anderen stellen insbesondere die Texte der Überlieferung zwischen den Handlungsanweisungen für das tägliche Leben nach den Normen der Scharia und der Erlangung des Jenseits und der dort erhofften Paradiesfreuden bzw. der Androhung der Höllenstrafe eine enge Verbindung her. So wird beispielsweise in der Überlieferung den Anweisungen für korrekte Kleidungsvorschriften häufig Nachdruck verliehen mit Formulierungen wie: »Wer seinen Überwurf über die Knöchel herabhängen lässt, dem ist die Hölle sicher.«[308]

Diese klare Rollendefinition und Platzzuweisung für jedes Mitglied der Gesellschaft – das Kind, den Jugendlichen, den Ehemann, die Ehefrau, die Schwiegertochter, die Großeltern –, verbunden mit lebendigen religiösen Vorstellungen vom Jenseits und seiner Höllenstrafe sowie die Allgegenwart der gelebten Religion führen einerseits zu einer großen Konformität gesellschaftlichen Verhaltens, aber auch zu großer Kontrolle des Verhaltens des Einzelnen sowie zu Sanktionen bei abweichendem Verhalten. Die Familie und ihre Beziehungen bieten einerseits Kontrolle, aber auch Schutz und Ansehen. Die Familie und ihre Verbindungen eröffnen nicht selten die Tür zu Ämtern, beruflichen Positionen oder sogar in die Politik.

Dahinter steht die allgegenwärtige Forderung, in einem nach klaren Regeln strukturierten gesellschaftlichen Gefüge die dem Einzelnen zukommende gesellschaftliche Rolle einzunehmen und auszufüllen – im Vergleich zu einer weitgehend individuell bestimmbaren Zukunft im westlichen Kontext unter gleichzeitigem Verlust der familiären Unterstützung. In islamisch geprägten Gesellschaften ist die Unterstützung durch die Familie im Krankheits- oder Notfall in aller Regel ebenso grenzenlos wie die Kontrolle lückenlos ist. Ein Ausscheren aus den überkommenen Bahnen und Normen wird für den Einzelnen fast unmöglich bzw. fordert von ihm einen sehr hohen Preis.

Insbesondere Frauen unterstehen dieser Kontrolle, und die frühzeitige Lenkung in die von der Familie vorgesehenen Bahnen – meist eine arrangierte Ehe mit einem bestimmten Kandidaten – ist eindeutig vorgezeichnet. Obwohl die Vorstellungen von

Glück und Erfüllung im traditionell islamischen Umfeld sicher andere sind als im der Religion größtenteils entfremdeten Westen, wird wohl die Frau am ehesten vorn persönlich erlebten Glück sprechen, die sich mit der vorgegebenen Rolle identifizieren und vielleicht sogar einen Mann heiraten konnte, der sie respektiert und ein guter Ehemann und Vater ist.

»Die klügste Frau ist weniger wert als der dümmste Mann«

Die Situation von Frauen in islamischen Ländern stellt sich sehr unterschiedlich dar. »Die« muslimische Frau existiert ebenso wenig wie »die« westliche Frau. Aber durch die eng gefassten und bis heute überwiegend traditionell-konservativ ausgelegten Bestimmungen des in Koran und Überlieferung niedergelegten Ehe- und Familienrechts werden dem Entscheidungs-, Handlungs- und Bewegungsspielraum muslimischer Frauen Grenzen gesetzt bleiben, solange sich keine grundlegende Reform der Scharia Bahn bricht. Derzeit jedoch scheint sich in der islamischen Welt eher eine noch stärkere Definition über die Werte des Islam als eine Säkularisierung und Annäherung an den Westen abzuzeichnen.

Letztlich sind die gesetzlichen Vorgaben, die ein so stark westlich orientiertes Land wie Tunesien erlassen hat, aufgrund des altverwurzelten patriarchalischen Denkens der tunesischen Gesellschaft noch nicht bis auf die Ebene der Gerichtsurteile oder sogar der Einstellung der Bevölkerung durchgedrungen. Es ist erst teilweise gelungen, das Denken und Handeln der Gesellschaft zu verändern, auch wenn bestimmte in der Scharia verankerte Gesetze abgeschafft und eine gewisse Besserstellung der Frau erreicht wurde (beispielsweise durch das gesetzliche Verbot der Polgygamie). Traditionelle Rollenmuster sind daher noch immer vorherrschend, und auf dem Gebiet der ehelichen Gewalt ist scheinbar noch kein tief greifender Fortschritt gemacht worden.

Frauen, die nach nahöstlich-muslimischer Auffassung gleichermaßen beschützt wie kontrolliert werden müssen, werden – aus westlicher Perspektive – für unfrei in ihren Entscheidungen erklärt und häufig entmündigt. Meist wird ihnen ein einziges Lebensmodell – die Ehe und Mutterschaft – vorgezeichnet, und besonders im ländlichen Bereich wird es für Frauen sehr schwierig, wenn nicht unmöglich sein, ein selbstbestimmtes Leben aufgrund einer individuellen Entscheidung für oder gegen jenes Konzept zu führen.

Im städtischen Bereich gibt es dazu heute schon größere Möglichkeiten. Gleichzeitig befinden sich auch die Gesellschaften des Nahen Ostens in einem tief greifenden Wandel, vielleicht stehen sie vor ihrem größten Umbruch in der Geschichte. Auch die islamische Welt befindet sich nicht unter einer »Käseglocke«, erstarrt in ihrer Unveränderlichkeit, ewig konform mit den Geboten der Scharia. Insbesondere die Globalisierung, die Abwanderung und Flucht vieler Menschen in den Westen, das Internet und die Medien nehmen tief greifenden Einfluss auf die islamische Welt.

Dieser Einfluss zeichnet sich dort ab, wo etliche Länder Modifikationen der Schariabestimmungen vorgenommen und die Lage der Frau verbessert haben, zumindest von der Gesetzeslage her. Die Mehrheit der Bevölkerung und damit auch der Frauen lebt jedoch im ländlichen Bereich und damit in einem von konservativen Vorstellungen geprägten Umfeld. Es bleibt abzuwarten, wie sich diese Veränderungen auf das Leben dieser Frauen auswirken werden.

Frauen, die wenig Zugang zu Wissen und Bildung haben, zu technischen Errungenschaften und zur Moderne, stehen in der Gefahr, von den Männern ihrer Familie abhängig zu bleiben, von deren Wohlwollen und ihrer Beurteilung, der sie unterworfen sind. Der über sie Entscheidungsgewalt besitzende Mann kann es gut mit den Frauen seiner Familie meinen und ihnen ein Leben in Würde und – gemessen an westlichen Maßstäben – beschränkter Freiheit bieten, aber er hat auch die Möglichkeit, ihr Leben sehr zu erschweren. Solange ihm seinerseits keine schwer wiegende

Schuld nachzuweisen ist, wird es kaum möglich sein, von diesem Mann Rechenschaft für sein Verhalten zu fordern, da die Scheidung für die Ehefrau nur in einigen begrenzten Fällen möglich ist.

Eine mögliche Quelle des Widerstands der Frau liegt in erster Linie im Einfluss ihrer (geachteten) Herkunftsfamilie und in deren wirtschaftlicher Stärke. Den Einfluss ihrer Familie kann sie durch den Tod des Vaters oder Umzug ihres Mannes verlieren, die wirtschaftliche Stärke durch die islamischen Erbgesetze oder Stiftungen (mittels der sie beim Erbe umgangen werden kann), durch Einbehalten ihr zustehender Zahlungen (die Abendgabe, der Unterhalt), die Arbeitslosigkeit ihres Mannes oder ihre Scheidung.

Auch wenn insbesondere die Überlieferung die gute Behandlung der Ehefrau anmahnt, bleiben doch Koranverse wie der »Züchtigungsvers« (Sure 4,34) nach Auffassung der absoluten Mehrheit muslimischer Theologen unhinterfragt als Anweisung für die zeitgenössische Ehe bestehen. Ja, in der Familiengesetzgebung des Libanon beispielsweise wird die »gute Behandlung« der Ehefrau gesetzlich verordnet[1], aber es wird der Ehefrau kaum möglich sein, diese vor Gericht einzuklagen, denn dafür ist der Machtbereich des Mannes einfach zu groß. Davon bleibt unberührt, dass Frauen sich mit den ihnen zur Verfügung stehenden Mitteln gegen allzu viel männliche Willkür zur Wehr setzen und versuchen, durch List und Intrige, durch die Unterstützung ihrer Familie oder durch Magie und Zauberei[2] von ihnen befürchtete Entwicklungen – wie eine vom Ehemann geplante Zweitheirat – abzuwenden, die ihr Leben weiter erschweren würden.

Zwar stehen der Frau nach den Bestimmungen der Scharia einige Rechte zu, und die heutigen Gesetzgebungen muslimischer Länder räumen ihr mehr Rechte ein als in der Vergangenheit. Trotzdem bleiben dem Ehemann aufgrund seiner prinzipiell von der Religion bestätigten und in der Scharia sowie der konkreten Gesetzgebung verankerten Vorrangstellung viele Möglichkeiten offen, diese Rechte seiner Frau zu beschneiden oder außer Kraft zu setzen. Wenn der Ehemann zum Beispiel nicht zulässt, dass seine Frau ihre Familie besucht, wird sie vor Gericht dieses Recht kaum einklagen können, weil diese Unterlassung nicht zu den von der Scharia anerkannten Klagegründen für eine Scheidung gehört. Er kann seiner Frau im Austausch für ein solches von ihr gewünschtes Recht jegliche Bedingung stellen, die er möchte – wie sein freier Zugriff auf die Brautgabe – und setzt sich damit ihr gegenüber weiter in Vorteil. Daher wird sich die Benachteiligung der Frau kaum ändern, solange die Scharia unhinterfragbar als ewig gültiges Gesetz Gottes betrachtet wird.

Zudem wird die Theorie der im Koran verbrieften Rechte der Frau oft nicht in die Praxis umgesetzt. Stephanie Waletzki konstatiert nach der Auswertung von 480 in der Zeit zwischen 1957 und 1998 erlassenen Gerichtsurteilen für Tunesien: »Viele koranische Rechte der Frau wurden nicht nur zu ihren Ungunsten ausgelegt, sondern im täglichen Leben umgangen oder schlicht ignoriert. Die Ursache für die Entrechtung von Frauen war nicht der Islam als Religion, sondern die Bindung an Werte einer patriarchalischen Gesellschaft«[3], in der, wie A. Munir es ausdrückt: »Die klügste Frau … weniger wert [sei] als der dümmste Mann.«[4]

Die unterschiedliche Rollenzuweisung für Mann und Frau in der Zukunft schlägt sich bereits in der geschlechtsspezifischen Kindererziehung nieder. Der Sohn wird früh zur Dominanz, zur Demonstration von Stärke und zum Herrschen erzogen, die Tochter zum Dienen, Gehorchen und Sichfügen, denn: »Das Verständnis für den Mann und die Anpassung an ihn sind die größte Bürde der Frau.« [5] Der Mann muss in der Familie, aber noch mehr in der Gesellschaft, Stärke und Selbstbewusstsein zeigen, Handlungs- und Entschlusskraft, Mut sowie die Fähigkeit, Verantwortung zu übernehmen und anderen – seiner Familie, insbesondere den Frauen – Schutz zu bieten. Frauen werden früh zum Respekt insbesondere gegen ihren Vater erzogen, aber auch gegen ihre Onkel, Großeltern, Cousins und Brüder; sie werden von Kind an dazu angehalten, deren Überlegenheit und bevorzugte Position anzuerkennen.

Der Koran kennt und befürwortet keine Partnerschaft in der Ehe, sondern legt eine eindeutige Befehlshierarchie fest. Die Scharia, die die gegenseitigen Rechte und Pflichten sowie die möglichen Sanktionen im Fall der Nichterfüllung definiert, spricht nirgends von einer Begegnung von Mann und Frau auf ein und derselben Ebene, von einer engen seelischen Verbundenheit – obwohl diese selbstverständlich auch in muslimischen Ehen entstehen kann –, sondern von Gehorsam und Befehlsgewalt. Mit der Zuweisung bestimmter Rechte und Pflichten soll das Kräftegleichgewicht gewahrt bleiben, die Rechte der Frau werden jedoch deutlich eingeschränkt.

Zwar soll zwischen Mann und Frau eine gewisse Gleichheit hinsichtlich Herkunft, Vermögen, Bildung und Religion bestehen, denn durch eine zu große Ungleichheit soll einer Zerrüttung der Ehe vorgebeugt werden. Die Frau soll – vor allem im städtischen Bereich nach Auffassung heutiger konservativer Theologen – zwar einerseits ebenbürtige Partnerin des Mannes sein, gebildet, aufgeklärt, eine fähige Erzieherin ihrer Kinder, sich aber gleichzeitig den Wünschen und Rechten des Mannes unterordnen.

Es ist ein Grundsatz des islamischen Rechts, dass es erlaubt oder sogar geboten ist, Gleiches gleich und Ungleiches ungleich zu behandeln (vgl. die Wiedervergeltungsstrafen). Da Mann und Frau von Gott zwar gleichberechtigt erschaffen seien, aber unterschiedliche Aufgaben zugewiesen erhalten hätten, sei eine natürliche Folge daraus, dass sie auch unterschiedliche Rechte besäßen. Es ist also aus muslimischer Sicht kein Zeichen von »Ungerechtigkeit«, sondern nur von »Geschlechtergerechtigkeit«, wenn eine Frau dem Mann gegenüber verminderte Rechte einfordern kann.

Es wird deutlich, dass dieselben Begriffe in anderem Kontext unterschiedliche Inhalte meinen können. »Gerechtigkeit« oder »Gleichberechtigung« sind im islamischen Kontext mit anderen

Inhalten verbunden als in der westlichen Welt. Es lohnt sich, sich mit den Normen und Werten der islamischen Welt zu beschäftigen, um die eigene und die »andere« Kultur besser kennen und verstehen zu lernen.

Lebenswirklichkeiten zwischen Tradition und Aufbegehren

Ursula Spuler-Stegemann

Die Scharia ist im Westen angekommen

Noch vor wenigen Jahren war es unvorstellbar, dass die Scharia irgendeine Bedeutung für Deutschland haben könnte. So fern war sie, dass hierzulande lediglich ein paar Spezialisten etwas mit diesem Begriff verbanden. Heute gehört »Scharia« zum allgemeinen Wortschatz vieler Europäer, ebenso wie »Fatwa« oder »Imam«.

Geradezu schockartig wurde der alteingesessenen Gesellschaft in Deutschland bewusst, dass die nunmehr rund 3,4 Millionen Muslime eine Religion mitgebracht haben, die die Gemeinschaft so herausfordert, dass sie darüber nachzudenken hat, ob Deutschland überhaupt ein christlicher Staat ist oder ein säkularer Staat mit christlichem Hintergrund – oder ob es künftig ein rein säkularer Staat ohne jegliche religiösen Bezüge sein sollte. Dies ist eine Herausforderung, die man zunächst einmal annehmen muss und die ein Nachdenken über die eigenen Positionen nötig macht. Sie zwingt allerdings auch erstmals dazu, sich mit dieser fremden Religion, mit ihren Eigenheiten und Ansprüchen ernsthaft auseinander zu setzen.

Eingerichtet war man auf den Islam genauso wenig wie die hiesigen Muslime auf die deutsche Gesellschaft. Doch haben sich die Muslime entschieden rascher auf die vorgefundenen Gegebenheiten eingestellt, und sie haben, ehe man sich's versah, die hiesigen Rechtsvorstellungen durcheinander gewirbelt oder gar infrage gestellt; dies mag man an dem Kopftuch-Diskurs erkennen, der das Bundesverfassungsgericht und die Länderparlamente bemüht, die neue gesetzliche Regelungen treffen müssen.

Die unterschiedlichen Rechtsauffassungen haben freilich ihre Gründe. Der Tübinger Professor für Evangelische Theologie Jürgen Moltmann brachte sie auf einen Nenner, als er schrieb, dass eben nicht alle Religionen gleich sind und deshalb auch nicht alle Religionen gleich behandelt werden können. Dies war das lang ersehnte Wort aus kompetentem Munde[1], nachdem vielfach versucht worden war, für die monotheistischen Religionen Judentum, Christentum und Islam mit Hilfe des Abraham-Mythos ein religionswissenschaftlich nicht haltbares Konstrukt an Gemeinsamkeit zu schaffen und durch eine prästabilierte, also vorher festgesetzte Harmonie dem notwendigen Diskurs auszuweichen. Diese Aussage beinhaltet nichts Abqualifizierendes für den Islam, zeigt aber auf, dass jede Religion ihre eigenen Vorteile, aber auch Probleme mit sich bringt, mit denen differenziert umgegangen werden muss. Im Zentrum der Divergenzen steht dabei die Frage, wie fromme Muslime mit dem deutschen Grundgesetz und den sonstigen Gesetzen zurechtkommen, wenn für sie die Scharia die oberste, von Gott selbst gegebene Rechtsinstanz ist, der man im Konflikt mit hiesigen Regelungen unbedingt Folge leisten muss.

Was aber ist die Scharia? Die Scharia besteht aus zwei großen Bereichen: Der eine betrifft die *ibadat*, den Kult, und umfasst die so genannten »Fünf Säulen des Islam«, also das Glaubensbekenntnis, das rituelle Gebet, das Fasten im Monat Ramadan, die Sozialabgabe und die Pilgerfahrt nach Mekka, die man einmal im Leben absolvieren sollte, sofern es die Mittel und die Gesundheit zulassen. Dieser Teil der Scharia stößt in Deutschland auf wenige Probleme, wenn man sich an das Tierschutzgesetz und gegebenenfalls an Bekleidungsvorschriften hält. Der zweite, weitaus größere Teil der Scharia, die *muamalat*, befasst sich mit dem Komplex der rechtlichen Bestimmungen, mit den Bedingungen für das Eingehen von Verträgen, mit den Regelungen für das Sozialverhalten beispielsweise im Umgang mit Andersgläubigen, dem Aufenthaltsrecht usw. Was die Situation der Frauen angeht, so betrifft sie besonders das Familienrecht, also Ehevertrag und Scheidung, aber auch das Verhältnis von Mann und Frau, das dem Mann den grundsätzlich übergeordneten Part mit mehr Rechten und Pflichten zuweist, so wie der Koran dies festschreibt.[2]

Die Scharia kollidiert in entscheidenden Punkten mit den Menschenrechten; sie betreffen:

Die Religionsfreiheit: Sie ist nach Koran und Scharia eine »Einbahnstraße«, das heißt, alle Wege führen zum Islam hin, aber keiner führt je wieder von ihm fort. Die Sünde der Abkehr vom Islam ist mit dem Tod zu bestrafen. Vom Islam abzufallen bedeutet auch, die Umma, die Gemeinschaft der Gläubigen, zu schwächen. Auch dies ist unverzeihlicher Frevel wider Gott. Doch ist die Sühne für Apostasie, den Abfall vom Glauben, nach Auffassung vieler Theologen allein Gott zu überlassen, der beim Gericht am Ende aller Tage selbst sein abschließendes Urteil fällen wird.

Den Umgang mit Angehörigen anderer Religionsgemeinschaften und religiöser Minderheiten: Diese werden in Schriftbesitzer (Juden, Christen, Zoroastrier) und »Heiden« oder »Götzendiener« aufgeteilt.[3] Erstere genießen gewisse Sonderrechte, sind aber niemals als religiös und sozial gleichwertig angesehen worden.

Die Stellung der Frau: Die Frauen werden der Scharia zufolge als religiös gleichwertig, niemals aber als rechtlich gleichberechtigt angesehen.

Diese Geringschätzung der Frau hat Weiterungen angenommen, die zwar auch in anderen Kulturkreisen zu finden sind, die sich aber ganz eindeutig auf islamische Länder konzentrieren.[4] Für die strenggläubigen Muslime ist es allerdings zunächst einmal wichtig, ob sie, und wenn ja unter welchen Bedingungen, dauerhaft in einem nichtmuslimischen Land gemäß der Scharia leben dürfen. Hierbei sind die Mindestbedingungen klar definiert:

- wenn sie Rechtssicherheit erhalten
- wenn sie ihre Religion uneingeschränkt praktizieren können

– wenn sie den Islam – auf welche Weise auch immer – befördern können.[5]

Dieser Position liegt die klassische Aufteilung der Welt in »Haus des Islam«, »Haus des Kriegs« und »Haus des Vertrags« zugrunde.[6] Die Muslime leben hierzulande ihrem eigenen Verständnis nach in einem »Haus des Vertrags«, wobei man allerdings bedenken muss, dass solche »Verträge« üblicherweise auf zehn Jahre befristet sind.

Alle oben genannten Bedingungen sind in Deutschland wie in ganz Europa erfüllt, sodass auch fromme Muslime hierzulande religiös legitim leben können. Unter den Muslimen gibt es auch Ultraorthodoxe, die nur so lange hier bleiben möchten, wie es unbedingt erforderlich ist, beispielsweise für die Dauer eines Studiums oder zum Abschluss eines Geschäftes.

Freilich sagen der schweigenden muslimischen Mehrheit in Deutschland, die über die *ibadat*, die kultischen Pflichten, hinausgehenden Schariabestimmungen herzlich wenig. Sie haben mit der Religion nur noch bei den großen Festen – Hochzeit, Beschneidung der Söhne oder Beerdigung – zu tun, sprechen möglicherweise auch Gebete und fasten im Ramadan, heben sich aber in der Intensität der äußerlichen Glaubensausübung in nichts von den sogenannten »Weihnachtschristen« ab. Von ihnen wird im Folgenden nicht die Rede sein, sondern nur von denjenigen, die die Scharia befürworten.

Welche Verrenkungen nötig sind, damit Deutschland zu einem »Haus des Vertrags« wird, zeigt die *Islamische Charta*, die der Zentralrat der Muslime in Deutschland (ZMD) am 20.02.2002 herausgab und zum Konsenspapier mit der deutschen Mehrheitsgesellschaft hochstilisierte. Darin gilt das Erteilen von Visa beziehungsweise der dauerhaften Aufenthaltserlaubnis und Einbürgerung als »Vertrag«.[7] Der Zentralrat folgt damit auch im 21. Jahrhundert noch dem klassischen Modell.

Darüber hinaus wird deutlich, wie selektiv die *Islamische Charta* mit den Menschenrechten umgeht. So heißt es darin: »Zwischen den im Koran verankerten, von Gott gewährten Individualrechten und dem Kernbestand der westlichen Menschenrechtserklärung besteht kein Widerspruch.«[8] Allein mit dem Ausdruck »Kernbestand der Menschenrechte« drängt sich die Frage auf, was für diesen Verband demnach die »Marginalien der Menschenrechte« darstellen. Auf welche könnte man denn aus Sicht des Zentralrats verzichten, möglicherweise auch auf jene der Gleichberechtigung der Frau?

Auch wenn der Zentralrat nur einen sehr kleinen Teil der Muslime vertritt, ist er doch von maßgeblichen Stellen dieser Gesellschaft als Vertretung der Muslime akzeptiert. Insofern ist es von Bedeutung, was zur Stellung der Frau gesagt wird, betrifft es doch die Musliminnen in Deutschland wie auch die Einstellung zu unserer Verfassung und zu den universalen Menschenrechten. Hatte man zunächst positiv registriert, dass den Frauen das aktive und das passive Wahlrecht zugestanden wird, so erkennt man im letzten angeführten Punkt auch den Grund dafür: Diejenigen politischen Parteien, welche die islamischen Interessen besonders fördern, die zuvor einzeln aufgelistet wurden, sollten unterstützt werden. Dazu braucht man die Stimmen und den Einsatz der Frauen. Doch von dem erwarteten und notwendigen Bekenntnis zur Gleichberechtigung der Frau ist nirgends die Rede. Dies würde schließlich auch der Scharia widersprechen, die selbstverständlich auch hierzulande die einzig gültige Norm ist.[9]

Die Scharia steht nicht mehr vor der Tür, fast unbemerkt ist sie bereits ein fester Bestandteil unserer Gesellschaft geworden. Deutsche und Schweizer Geldinstitute haben sich auf diese Denkweise eingelassen und »islamische Anteile« herausgegeben, die dem Zinsverbot entsprechen.[10] Ebenso ist die Scharia in unseren Gerichtssälen heimisch geworden.

Aufmerksam zu beachten sind die Beiträge, die der Erlanger Islamwissenschaftler, Lehrstuhlinhaber für Bürgerliches Recht, Internationales Privatrecht und Rechtsvergleichung sowie Richter am Oberlandesgericht, Mathias Rohe, den Muslimen zur Bildung einer Europäischen Scharia nahe legt).[11] Deutsche Richter sehen sich fast unlösbaren Problemen gegenüber, wenn sie über scharia- und kulturbedingte Taten von Muslimen und Musliminnen zu urteilen haben.[12]

Darf die Zweitfrau ihrem Ehemann nach Deutschland folgen, wenn schon die Erstfrau hierher gekommen ist? Ist der Mord an der afghanischen geschiedenen Frau, die in ein deutsches Frauenhaus geflohen ist, mit milderer Strafe zu belegen als sonst geschehen? Durfte, ja musste der enttäuschte Ehemann außer seiner Frau auch die Freunde, die sie aufgenommen hatten, erschießen, um seine Ehre zu retten? Sind Ehen, die hierzulande nur religiös geschlossen worden sind, überhaupt gültig und die daraus hervorgegangenen Kinder erbberechtigt? Wem werden im Falle von religiösen Mischehen in Deutschland die Kinder zugesprochen? Darf ein muslimischer Metzger Tiere ohne Betäubung schlachten?

Im Unterschied zu Deutschland hat Spanien in dem Personalrechtsstatut von 1992 die Option verankert, Ehen auf islamische Weise zu schließen, wobei deren Registrierung obligatorisch ist. Die Italiener sind auf dem gleichen Weg.[13] Beide Länder versuchen damit, den Anforderungen der Scharia entgegenzukommen.

Die Macht der Fatwa

Welche Möglichkeiten und Mittel gibt es, streng frommen Muslimen dazu zu verhelfen, mit den Erfordernissen der Gegenwart fertig zu werden? Die muslimischen Gläubigen stehen in einer sich verändernden Welt und unter sich wandelnden Lebensbedingungen neuen Problemen gegenüber, die schariakonforme Antworten erfordern, damit sie sicher sein können, religiös richtig zu handeln. Zahlreiche traditionell-islamische Regeln lassen sich unter den heutigen Bedingungen kaum noch befolgen. Außerdem bringen Fortschritte der Medizin, neue Techniken oder das Leben in der nichtmuslimischen Diaspora ungewohnte Probleme mit sich. Darf eine Frau ein Passfoto anfertigen lassen, wenn sie dafür das Kopftuch abnehmen muss? Darf eine Frau ihre Stirnfalten liften lassen? Ist Geburtenkontrolle erlaubt? Darf eine Frau das Kind ihrer tödlich verunglückten Freunde adoptieren?

Weder der Koran noch die Sunna, also das Vorbild des Propheten Muhammad in Wort und Tat, noch die traditionellen Rechtsschulen, die bei den Sunniten im 10. Jahrhundert die Grundlagen bildeten, können Antworten auf derartige Fragen bieten. Die Schiiten sind zwar an ihre dschafaritische Rechtsschule gebunden, haben jedoch einen größeren Ermessensspielraum für eigenständige Antworten. Gibt es Zweifel, wie man sich islam-, also schariagemäß zu verhalten hat, dann kann man als Privatperson, als Institution gleich welcher Art oder auch als Regierung eine so genannte *fatwa* (türk.: *fetva)*, ein religiöses Gutachten, einholen. Als Privatperson wendet man sich zunächst an den Imam oder *hodscha* (türk.: *hoca)* seiner Moschee. Wenn dieser ratlos ist, wird er die Frage an die für ihn zuständige Instanz weiterleiten.

Im Islam gibt es zwar keine zentrale Lehrautorität, die ex cathedra und noch dazu für alle Muslime sprechen könnte. Wohl aber gibt es theologische Hochburgen, deren Beurteilungen von besonderem Gewicht sind, für die Sunniten vor allem die Al-Azhar-Universität in Kairo, das Präsidium für Religionsangelegenheiten in Ankara oder das saudi-arabische Amt des Großmufti in Dschiddah, die Darul Uloom in Deoband in Indien, die Zaituna in Tunesien oder für die Schiiten die Theologische Hochschule im iranischen Ghom. Diejenigen, die solche Fatwas erstellen, nennt man Muftis. Dies sind hochgelehrte Persönlichkeiten, die Jahre, meist Jahrzehnte lang Theologie, Rechtswissenschaft und die Methodik der Rechtsfindung studiert haben müssen. Das System beruht auf Einzelfall-Gutachten und –Entscheidungen, sodass auch etwaige Präzedenzfälle in die Urteilsfindung einzubeziehen sind.

Mufti-Ämter gibt es auf nationaler Ebene sowie in den Provinzen einzelner islamischer Länder. Diese Ämter sind staatlich. Oppositionelle Gruppierungen wie die Muslimbrüder und viele Sondergruppen wie die Derwisch-Orden *(tariqat)* haben allerdings eigene Gremien für die Rechtsfindung *(fiqh)*. Außerdem gibt es unabhängige, weithin anerkannte Gelehrte von überregionaler Bedeutung wie Yusuf al-Qaradawi in Doha in Qatar, die ebenfalls eigene Fatwas erstellen.

Die verschiedenen Muftis können bei ihren Entscheidungen allerdings zu recht unterschiedlichen Ergebnissen kommen, zumal sie oftmals auch einen gewissen Ermessensspielraum bei ihren Schlussfolgerungen haben. Die Freiheit einer bahnbrechenden eigenen Meinungsbildung *(ijtihad)*, die sich selbstverständlich auch auf die rechtlichen Grundlagen der Scharia stützen muss, ist im sunnitischen Islam jedoch nur ganz wenigen Muftis oder renommierten Gelehrten vorbehalten. Die Schiiten haben dafür eine größere Zahl von Anlaufstellen. In zahlreichen islamischen Ländern gibt es darüber hinaus Scharia-Gerichtshöfe mit Qadis als Richtern, die allerdings fast ausschließlich für das Familienrecht zuständig sind.

Möglicherweise holt sich der gläubige Muslim die Antwort auf seine Fragen aber auch aus dem Internet, saudi-arabische Fatwas beispielsweise, die er in englischer Sprache unter www.fatwa-online.com abrufen kann. Ebenso geben die zahlreichen, zum Teil deutschsprachigen Listen von »Frequently Asked Questions« im Internet, die z.B. unter einem Link der Internet-Adresse des Zentralrats der Muslime, www.islam.de, abrufbar sind, zumindest Informationen über ein angemessenes religiöses Verhalten. Selbstverständlich muss man auch hier mit unterschiedlichen Standpunkten rechnen.

Eine Fatwa wird stets als Frage und Antwort formuliert, die beide anonymisiert sind. Ein Beispiel: »Darf man mit einem nichtmuslimischen Kollegen auf dessen Beförderung anstoßen?« Die Antwort ist immer einmütig: »Nein; denn das Trinken von Alkohol ist verboten.« Dann folgt häufig – früher war dies zwingend – die Begründung für diese Entscheidung mit Koranzitaten oder Prophetenworten, gelegentlich auch unter Bezugnahme auf vergleichbare, bereits ausgefertigte Gutachten. Eine Fatwa von großer Tragweite war die Anfrage: »Ist wegen des amerikanischen Angriffs auf den Irak der Dschihad auszurufen?« Hierzu fielen die Antworten recht unterschiedlich, ja konträr aus. Die Welt erschüttert hat die Fatwa des ehemaligen iranischen Staatspräsidenten Ayatollah Khomeini, die den britischen Staatsbürger Salman Rushdie wegen der Verunglimpfung des Propheten Muhammad und seiner Frauen in seinem Buch *Die Satanischen Verse* für todeswürdig erklärte. Im Übrigen war dies das extrem seltene Beispiel einer Fatwa, die direkt und unmissverständlich auf eine einzelne Person abgestellt war. Auch wenn diese von Khomeinis Nachfolger Khamenei erneuerte Fatwa Salman Rushdie faktisch für »vogelfrei« erklärte, so ist eine solche Fatwa dennoch kein richterliches Urteil, sondern lediglich ein religiöses Gutachten, das juristisch nicht verbindlich ist.

Im Islam ist jede noch so geringfügige Handlung und Verhaltensweise in ihrer Wertigkeit genau festgelegt. Es gibt dafür eigene Kategorien, die sich in der Bezeichnung ein wenig unterscheiden können, aber dasselbe meinen. Diese Kategorien sind untergliedert in »pflichtgemäß«, »empfehlenswert«, »erlaubt«, »verpönt« und »verboten« und werden auch in Fatwas als Bewertungen angegeben.

Fatwas kommen nicht nur oft zu unterschiedlichen Schlussfolgerungen, sie können einander sogar vollkommen widersprechen. Zwar gehört jeder Muslim in der Regel einer bestimmten Rechtsschule an, doch kann sich jemand, dem die Antwort auf seine Frage nicht zusagt, durchaus eine neue Fatwa bei einem anderen Mufti einholen in der Hoffnung auf eine ihm genehmere Lösung. Dieser Weg ist allerdings umständlich und wird deshalb nicht allzu oft beschritten. Wer eine Fatwa erhalten hat, wird sie in der Regel auch befolgen. Hierbei gilt für die Laien das Prinzip der »blinden Nachahmung« *(taqlid)*, das heißt, man fügt sich uneingeschränkt dem zustande gekommenen Urteil.

Um dies an einem Beispiel zu demonstrieren: Der Fiqh-Rat der Islamischen Religionsgemeinschaft Hessen (IRH) erteilte auf »Anfrage muslimischer Schülerinnen aus Frankfurt/M., ob die Teilnahme von erwachsenen muslimischen Mädchen an mehrtägigen Klassen- bzw. Studienfahrten ohne Mahram gegen islamische Regeln verstößt«, folgende

Fatwa

Eine mehrtägige Reise mit Übernachtung außerhalb der elterlichen/ehelichen Wohnung ist für muslimische Frauen ohne die Begleitung eines Mahram nicht erlaubt und verstößt gegen islamische Regeln.

Nach der Definition aller Mazhab (Rechtsschulen) zählen als Mahram: Ehemann, Vater, Bruder und deren erwachsene männliche Nachkommen, beide Großväter und deren erwachsene Söhne.

Der Gesandte Muhammad [Segensformel] sagte im Hadith:

[der arabischsprachige Text]

Eine Frau, die den Iman [Glauben] an Allah und an den Jüngsten Tag verinnerlicht hat, darf nicht die Entfernung einer Tages- und Nachtreise ohne Mahram zurücklegen.

Diese Entfernung schätzen die islamischen Gelehrten heutzutage auf ca. 81 Kilometer.

Gemäß der im Grundgesetz und in der Verfassung des Landes Hessen verankerten Religionsfreiheit ist es deshalb u.E. angebracht, muslimische Schülerinnen von der Teilnahme an derartigen schulischen Veranstaltungen freizustellen.

Frankfurt, den 07.01.1998

Stempel des Fiqh-Rats und Logo der IRH
... Amir Zaidan
(Islamologe)

Die Entfernung von 81 Kilometern errechnet sich aus der Tagesleistung eines Kamels; eine andere Quelle ist etwas großzügiger bei der Umrechnung und gibt 90 Kilometer für Reisende an.[14] Dies ist der unter der Bezeichnung »Kamel-Fatwa«[15] bekannt gewordene Integrationsbeitrag des damaligen IRH-Vorsitzenden und langjährigen Lehrbeauftragten für Islam im Fachgebiet Religionswissenschaft des Fachbereichs Evangelische Theologie an der Johann Wolfgang von Goethe-Universität in Frankfurt am Main, Amir Zaidan. Die IRH, die sich nach heftigen Reaktionen in der Öffentlichkeit von ihrer eigenen Fatwa distanzierte, bemüht sich intensiv darum, in Hessen den schulischen islamischen Religionsunterricht durchzuführen.

Einige wichtige Aspekte der Scharia

Die Ehe gilt im Islam als Pflicht. Die Hochzeit – so ein Prophetenwort – ist »der halbe Eintritt in das Paradies«. Auch muslimische Frauenrechtlerinnen lehnen es nur in seltenen Ausnahmefällen ab, zu heiraten und Kinder zu bekommen.

Kinderlosigkeit gilt im Islam als Makel. Der Leidensdruck, keine Kinder haben zu können, lastet dabei allein auf den Ehefrauen: Ein mögliches Versagen der Männer wird im Allgemeinen nicht in Betracht gezogen. Dass die Schulmedizin auch der islamischen Länder hier klar differenziert, steht auf einem anderen Blatt. Allerdings können das Drängen von Verwandtschaft und Freunden wie auch der eigene Kinderwunsch der Frau so übermächtig werden, dass alle religiösen Vorbehalte gegen Eingriffe in das natürliche Geschehen beiseite geschoben werden und der Gang zum Arzt als unausweichlich erkannt wird.

In der Volksfrömmigkeit greift man allerdings gern zu anderen Mitteln. Während man früher beispielsweise im Fruchtbarkeit verheißenden Froschteich badete, sucht man heute nach wie vor »heilige Frauen und Männer« auf, die im Sufi-Islam der meisten islamischen Länder eine große Rolle spielen – und hofft so auf den ersehnten Nachwuchs. In Deutschland stehen »Heiler-Hodschas« (türk.: *cinci hoca)* bereit, die mit Amuletten, Tinkturen und Beschwörungen Abhilfe versprechen.[16]

Adoption

Ganz allgemein ist festzustellen, dass traditionell islamische Wertvorstellungen in einem Land mit mehrheitlich muslimischer Bevölkerung nicht unbedingt mit den Gesetzen dieses Landes übereinstimmen. Sie können sogar gegensätzlich sein.

Im Islam ist die »reine Abstammung« ein sehr hoher Wert und die Adoption verboten. Der Koran geht ausführlich darauf ein: »Gott hat keinem Menschen zwei Herzen in seiner Brust gegeben, noch hat er die Frauen, von denen ihr euch mit der Rücken-Formel[17] trennt, zu euren Müttern gemacht, noch eure Adoptivsöhne zu euren leiblichen Söhnen … Nennt sie (die Adoptivkinder) nach ihren Vätern; dies ist gerechter vor Gott. Wenn ihr jedoch ihre Väter nicht kennt, dann gelten sie als eure Brüder in der Religion und eure Schützlinge.« (Sure 33,4–5).

Weil die Muslime durchaus Waisenkinder als Schützlinge aufnehmen sollen, gilt in solchen Fällen das Sorgerecht *(kafala)* bzw. die Pflegschaft[18], die man allerdings durch das Vormundschaftsgericht relativ einfach wieder rückgängig machen kann. Eine regelrechte Adoption wird nicht zuletzt wegen ihrer Konsequenzen im Erbrecht als unzulässig betrachtet.

An das religiöse Adoptionsverbot halten sich einige islamische Länder jedoch nicht. Dies gilt zum Beispiel für die Türkei[19], wo tatsächlich Kinder adoptiert werden, wenn auch nur wenige. Das türkische Adoptionsrecht ist in den Artikeln 305ff. des türkischen Zivilgesetzbuches geregelt. Neu ist seit dem 1. Januar 2002, dass eine einjährige Pflege- oder Erziehungszeit der Adoption vorauszugehen hat. Das Mindestalter für Adoptionswillige beträgt 30 Jahre. Diese Einschränkung gilt für Ehepaare allerdings nicht, wenn ihre Ehe schon mindestens fünf Jahre besteht.

In der Praxis kommt es durchaus vor, dass eine Familie ein Kind aus einer geburtenreichen verwandten Familie als eigenes ausgibt und aufzieht. Diese Variante bevorzugt man vor der Alternativmöglichkeit, ein fremdes Kind regelrecht zu adoptieren. Umgekehrt verfährt man mit unehelichen Kindern, die man der Mutter möglichst bald nach der Geburt wegnimmt und stillschweigend anderweitig unterbringt. Der Trennungsschmerz der unehelichen Mutter findet hier keinerlei Berücksichtigung; denn ungleich wichtiger ist es, die Ehre der Familie zu retten und die Heiratschancen der Tochter nicht zu gefährden.

Geburtenkontrolle

Wenn der Kindersegen aber allzu reich ausfällt, wird eine Geburtenkontrolle notwendig. Empfängnisverhütung ist im Islam gestattet, wenn beide Ehepartner damit einverstanden sind. Ovulationshemmer sind dann genauso erlaubt wie andere Praktiken der

Verhütung. Bei deren Anwendung kommt es allerdings darauf an zu verhindern, dass aus der Behandlung, beispielsweise bei der Verwendung von Pille oder Spirale, ein langfristiger Schaden wie dauerhafte Unfruchtbarkeit resultiert.

Der schiitische iranische »Führer der Islamischen Revolution« nach Khomeini, Großayatollah al-Uzma al-Sayyid Ali al-Husayni al-Khamenei[20], hat eine Serie von Fatwas zu medizinischen Fragestellungen erlassen, wobei er zwar in der Regel streng darauf achtete, dass Gottes Schöpfung unangetastet blieb. Gleichzeitig jedoch gestattete er die Durchtrennung der Samenleiter beim Mann, ohne dass die Ehefrau dem zustimmen müsste.[21]

Kommt es dennoch ungewollt zu einer Schwangerschaft, so kann sich die Frage stellen, ob die Abtreibung religiös erlaubt ist oder nicht.[22] Ein Schwangerschaftsabbruch ist in jedem Fall gestattet, wenn das Leben der Mutter gefährdet ist. Im Gegensatz etwa zum Katholizismus ist im Islam immer das Leben der Mutter zu erhalten, wenn eine Entscheidung zwischen ihrer Rettung oder der des Kindes ansteht.

Die Frist, in der ein Schwangerschaftsabbruch noch »wertfrei« erfolgen kann, wird im Islam unterschiedlich bestimmt. Das entscheidende Kriterium ist der Zeitpunkt, ab dem der Fötus als »beseelt« gilt, denn nach dessen »Menschwerdung« darf nicht mehr abgetrieben werden. Die verschiedenen Rechtsschulen setzen Fristen von 40, 80 oder 120 Tagen. Der Zeitpunkt der Beseelung hat auch juristische Konsequenzen, denn sobald das Kind im Mutterleib nach außen sichtbar in Erscheinung tritt, gilt es nach Meinung etlicher Gelehrter bereits als erbberechtigt.

Während die Abtreibung im Mittelalter großzügig gehandhabt wurde, ist man in diesem Punkt heutzutage wesentlich rigider. Immer mehr setzt sich die Meinung durch, dass ganzheitliches Leben direkt bei der Befruchtung entsteht. Hierbei spielt sicher auch der Gedanke eine wichtige Rolle, nach dem sich der Islam auch demographisch beziehungsweise bevölkerungspolitisch möglichst rasch verbreiten solle. So wird propagiert, dass man die Abtreibung grundsätzlich für verwerflich halte, unter Hinweis darauf, dass auf dieser Welt doch Platz für jedes Kind sei.[23]

Die Theologen argumentieren damit, dass der Schutz des Lebens bereits im Koran, Sure 17,31 verankert ist: »Und tötet nicht eure Kinder aus Furcht vor Verarmung. Ihnen und euch bescheren wir doch den Lebensunterhalt. Sie töten ist eine große Sünde.« Auf diesen Koranvers berufen sich die Theologen, wenn sie den Schwangerschaftsabbruch aus Gründen der sozialen Indikation ablehnen. Die meisten heutigen muslimischen Theologen betrachten jedoch Abtreibung generell als Mord und gehen in diesem Punkt konform mit der römisch-katholischen Kirche. In der Lebenspraxis erfolgen – meist ohne Wissen des Ehemannes – viele selbst herbeigeführte Schwangerschaftsabbrüche, bei denen die Frauen oft schlimme Verletzungen davontragen. Dass Schwangerschaftsabbrüche überhaupt zustande kommen, wird mancherorts als rein westliches Problem und als Folge eines zügellosen Lebenswandels dargestellt.

Ein Fötus, der später als vier Monate nach der Fertilisation abstirbt, muss rituell gewaschen und beerdigt werden. Er darf keinesfalls eingeäschert werden. Aber auch hier sind sich nicht alle Theologen einig. Viele betrachten eine frühe Totgeburt immer noch als eine Art Wegwerfprodukt, das man – weil unbeseelt – nicht einmal auf einem Friedhof beerdigen dürfe. Zum Vergleich sei die Entscheidung des Europäischen Gerichtshofs für Menschenrechte vom Juli 2004 herangezogen, die sich auf den in der Europäischen Menschenrechtskonvention verankerten Schutz auf Personen beruft, Föten und Embryonen das Recht auf Leben abspricht und sie der wissenschaftlichen Forschung schutzlos ausliefert.

Über die Frage von Behinderung wird im Islam kaum gesprochen, höchstens wird erwähnt, dass im Fall einer Behinderung bestimmte religiöse Pflichten nicht praktiziert werden müssten. Behinderte Kinder werden nicht abgeschoben. Einmal erwachsen, werden sie in einer dörflichen Gemeinschaft mitgetragen. Insbesondere in den Städten müssen sie sich als Erwachsene allerdings oft mit Betteln oder niedrigsten Arbeiten aufs Kläglichste durchschlagen.

Die türkischsprachige Monatsschrift *Diyanet Aylik Dergisi* des Präsidiums für Religionsangelegenheiten in Ankara bietet in dieser Hinsicht nur Ermunterung und Zuspruch ohne konkrete Hilfsangebote: Eine vorgeburtlich diagnostizierte Behinderung des Kindes dürfe jedenfalls nicht zum Schwangerschaftsabbruch führen, denn »Behinderung ist kein Makel« und »Gott schaut in die Herzen«. Jeder Mensch sei anders, und kein Mensch solle darüber richten oder sich gegen ein behindertes Kind entscheiden.[24]

Der türkische Staat hat im Jahr 1987 Beschäftigungsverordnungen – 1996 nochmals modifiziert – für Behinderte beispielsweise in Betrieben mit über 50 Mitarbeitern erlassen. In Ankara existiert das einzige staatliche Heim für Behinderte. Es gibt aber private Initiativen und Stiftungen für körperlich und geistig behinderte Kinder.[25] Allerdings gibt es auch muslimische Theologen, die einen pränatalen Eingriff befürworten, wenn Gesundheitsschäden zu erwarten sind.

Das Kind hat einen hohen Stellenwert im Islam, weil seine Zeugung Hauptzweck der Gründung einer Familie ist und den Fortbestand der islamischen Gemeinschaft, der Umma, sichert. Die Geburt eines behinderten Kindes ist deshalb für eine Familie ein besonderes Problem. Fromme Muslime nehmen dies zwar als Gottes Wille hin; aber die Frage, was aus einem solchen Kind einmal werden soll, belastet die Ehen dennoch stark. In islamischen Ländern steht es um die Integration behinderter Kinder sehr viel schlechter als in Deutschland.

Künstliche Befruchtung, Genforschung und Klonen

Wie die Adoption ist die so genannte künstliche Befruchtung einer Frau verboten, wenn es sich bei dem Samen nicht um den ihres Ehemannes handelt. Der bekannte Gelehrte Schaich Schaltut bezeichnete die Befruchtung mit »fremdem« Sperma »um ein scheußliches Verbrechen und eine große Sünde, die wie Ehebruch einzustufen sind«. Beide – Ehebruch und künstliche Befruchtung mit fremdem Samen – sind dem Wesen und der Wirkung nach gleich. In beiden Fällen wird der »Acker«, zu dem allein der Ehemann Zugang haben soll[26], absichtlich von einem Fremden befruchtet. Wären die Umstände dieses Verbrechens nicht von niedrigerem Rang, dann wäre eine solche künstliche Befruchtung mit der gleichen Hadd-Strafe zu belegen, wie sie die von Gott geoffenbarte Scharia für Ehebruch vorschreibt. Es gibt aber keinen Zweifel, dass die künstliche Befruchtung durch einen anderen Samenspender als den Ehemann ein schwerer wiegendes Verbrechen und eine verabscheuungswürdigere Übertretung als die Adoption darstellt.«[27]

Zur künstlichen Befruchtung, also der In-vitro-Fertilisation[28], gibt es allerdings eine theologische Erklärung, die diese unter bestimmten Umständen erlaubt. Das Abtöten eines nicht genutzten, wenn möglicherweise auch befruchteten Eies sei problemlos, da es nicht implantiert worden sei. Von der Implantation an gilt der »Normalverlauf«, wenn das Sperma vom Ehemann stammt. Doch dies sind zwar wichtige, aber dennoch einzelne Stimmen. Eine der extremen und außerordentlich strengen islamischen Gruppierungen hat die In-vitro-Befruchtung erlaubt, wenn dies der einzig mögliche Weg für ein Paar darstellt, zu Kindern zu kommen, und wenn die Befruchtung nur unter ebendiesen Eheleuten zustande kommt.[29] Denn »so wird die Fortpflanzung und Vermehrung gesichert, zu der der Islam die Muslime wiederholt angehalten hat.« Das Gemeinwohl hat hier Priorität. Leihmutterschaft, bei der eine andere Frau als die Ehefrau das Kind austrägt, wird stets entschieden abgelehnt.

Die Diskussion über Genforschung und Präimplantationsdiagnostik (PID) ist auch in der islamischen Welt in Gang gekommen. Einer der bedeutendsten sunnitischen Theologen, Yusuf Qaradawi, fordert wissenschaftlichen Fortschritt, allerdings unter der Aufsicht der Theologen, wenn es um so gefährliche Dinge wie die Gentechnik gehe, um jegliche Genmanipulation zu verhindern. Der Eingriff in das Erbgut ist aber nach Meinung einiger Theologen gestattet, wenn es um die Gesundheit des Menschen geht, die als »höherer Wert« zu gelten habe.[30]

Die Frage, welches Geschlecht ein Kind haben wird, ist ebenfalls von großer Bedeutung. Ob in dieser Frage – sollte man es bestimmen können – ein Auswahlverfahren durch den Arzt stattfindet, wie z.B. in Indien oder China, ist zu vermuten, dies wird aber lediglich hinter vorgehaltener Hand zugegeben. Bei der Selektion wird ein Junge vorgezogen. Es ist bemerkenswert, dass in der innerislamischen Diskussion die Frage der Menschenwürde in diesem Zusammenhang eine untergeordnete Rolle spielt.[31]

Die Meinungen der Theologen zum Klonen sind ambivalent. Das Klonen von Pflanzen und Tieren ist nach Ansicht einiger Gelehrter gestattet. Das Klonen eines ganzen Menschen wird jedoch prinzipiell als Eingriff in Gottes Schöpfung, ja als eine Übernahme der Schöpfungskraft Gottes und zudem noch als Zeugung ohne Geschlechtsakt abgelehnt. Der Wahhabismus, die strengste Richtung im Islam, die in Saudi-Arabien vorherrscht, schließt sich dieser Einschätzung an. Seine Vertreter erklären die Produktion von Herzen und anderen Körperteilen durch Klonen allerdings für in Ordnung.[32] Ausgerechnet das ultraorthodoxe Saudi-Arabien überrascht einmal wieder durch wissenschaftliche Progressivität, denn sowohl in Riad als auch in Dschiddah entstehen große biotechnologische Zentren mit modernster Ausstattung. Ausschlaggebend für die positive Einstellung vieler Theologen ist letztlich die Frage, ob Genmanipulationen dem Gemeinwohl *(maslaha)* dienen, indem sie beispielsweise Krankheiten überwinden helfen. Die Türkei hat das Zusatzprotokoll der Konvention über Menschenrechte und Biomedizin zum Verbot des Klonens von Menschen unterzeichnet. Es ist das erste und einzig bindende internationale Abkommen in diesem Bereich.

Schönheitsoperationen

Die gesellschaftlichen Schönheitsideale variieren von Region zu Region sehr stark. Nicht wenige Frauen wollen den jeweiligen Vorstellungen gern nahe kommen.

Die muslimischen Theologen stimmen in ihrer Einschätzung überein, dass Gott seine Gaben zwar unterschiedlich, aber sinnvoll verteilt habe, auch wenn dies für die Betroffenen nicht immer einsichtig und nachvollziehbar sei. Deshalb habe man Gottes Willen auch hinzunehmen, ja zu akzeptieren.[33] Verboten sind deshalb Eingriffe, die irreversibel sind, die man also nicht mehr rückgängig machen kann, es sei denn, sie dienten der Erhaltung oder Wiederherstellung der Gesundheit. Denn Erstere gelten als Korrekturen der von Gott gewollten Schöpfung, ja als Auflehnung gegen dessen Willen. Doch wieder ist es der schiitische ultraorthodoxe Khamenei, der eine Fatwa ausstellte, die es gestattet, dann Korrekturen vorzunehmen, wenn beispielsweise das Gesicht durch Verletzungen oder Verbrennungen entstellt ist.

Was aber tun, wenn Gelegenheit und Geld die Chance bieten, die Natur ein wenig zu überlisten? Denn natürlich gibt es auch in den islamischen Ländern Schönheitschirurgen, und wenn der

Geldbeutel es gestattet, hat man im nichtislamischen Westen eine große Auswahl an Kliniken und Praxen von Spezialisten. In der Diaspora findet man sie sogar in unmittelbarer Nähe.

Vier türkische Männer nutzten diesen Umstand in beachtenswerter Weise. Mit einem sechzehnjährigen Mädchen kamen sie in die Abteilung für Hals-Nasen-Ohren-Erkrankungen einer Berliner Klinik. Das Mädchen im Schlepptau, bedrängten sie den Chirurgen vom Dienst, er solle die Nase, die in der Tat etwas groß geraten war, verkleinern. Unterschiedliche im Katalog abgebildete Nasen wurden kritisch gesichtet, und der Vater des Mädchens wie die drei jungen Begleiter entschieden sich für eine zierliche Nasenform, von der der Operateur im Übrigen abriet. Während der ganzen Verhandlung sprach das Mädchen kein einziges Wort, warum auch, ihm wurden zunächst nicht einmal die Bilder gezeigt. Sie bekam sie vermutlich später auch nur zu Gesicht, weil der Arzt darauf bestand.[34]

Die Mädchenbeschneidung

Die Welt hätte schon seit vielen Jahren aufschreien müssen. Es war schon lange bekannt, was im Sudan, in Teilen Ägyptens oder auch in Nigeria den Mädchen und Frauen angetan wird – im Namen der Ehre oder weil es die Tradition verlangt. Ein deutscher Film brachte auf der Weltbevölkerungskonferenz 1994 das Tabu-Thema Mädchenbeschneidung den Teilnehmern so eindringlich vor Augen, dass die dort Anwesenden nicht mehr wegschauen konnten. Allein in 28 der 54 afrikanischen Staaten werden Mädchen beschnitten. Die Islamwissenschaftler sahen weg und wollten dieses Phänomen nicht wahrhaben.[35]

Die Formen der Beschneidung reichen in der schwächsten Variante vom Einritzen der Klitoris bis zur Totalverstümmelung mit Vernähen der Vulva. Die Gründerin der »Arab Women Solidarity

Association« (AWSA) und Autorin zahlreicher Bücher, Nawal El Saadawi, beschrieb in ihrem Buch *Tschador*[36] ihr kindlich hoffnungsfrohes Erwarten des »besonderen Tages« und dann das blutige Geschehen im Badezimmer, wo sie gepackt und mit gespreizten Beinen ohne Betäubung die brutalste Form der Beschneidung über sich ergehen lassen musste. Die promovierte Psychiaterin und UN-Beraterin verlor wegen ihrer Haltung ihre Stelle im ägyptischen Gesundheitsministerium und kam später unter Sadat ins Gefängnis.

Die pharaonische oder sudanesische Beschneidung ist die schlimmste Variante, bei der sowohl die Klitoris als auch die Schamlippen entfernt werden. Die psychischen und physischen Qualen begleiten viele jener Mädchen, die diese Prozedur überlebt haben, ihr ganzes Leben lang. Weitere Frauen gingen mit ihren erschütternden Berichten an die Öffentlichkeit[37], Filme berichteten über diese Vorgänge.[38] Doch letztendlich war es Waris Dirie vorbehalten, mehr als alles zuvor Dagewesene die Welt mit ihrem Buch *Wüstenblume* aufzurütteln.[39] Waris Dirie ist nicht nur eine wunderschöne Frau aus Somalia, die auf abenteuerliche Weise geflohen ist und später in den USA als Top-Model in der Modebranche Karriere gemacht hat, sie ist auch sehr klug und sensibel. Als UN-Botschafterin kämpft sie gegen das grausame Ritual.

Ihr mutiges Buch schildert ihre Kindheit, die Beschneidung, den Vater, der die Dreizehnjährige für den stolzen Preis von fünf Kamelen an einen alten Mann verschachern will, und ihre Flucht ins Ungewisse. Unterwegs wird sie vergewaltigt, doch die Suche nach Verwandten in weit entfernten Städten gelingt. Sie wird ausgenutzt und missbraucht. Schließlich lässt sie sich von einem Onkel als Dienstmädchen nach London mitnehmen.Trotzig, rebellisch und mutig ist dieses energische junge Mädchen, das einen ungewöhnlichen Weg vor sich hat. In Großbritannien wird sie im Alter von 18 Jahren als Model entdeckt. Sie ist eine große, elegante Erscheinung mit einem ausdrucksstarken, schönen Gesicht. Einem vermeintlichen Fachmann und Anwalt gibt sie ihr ganzes Geld, um eingebürgert zu werden, doch er betrügt sie. Daraufhin geht sie eine Scheinehe ein, um an einen Reisepass zu kommen, und reist schließlich nach New York. In den USA setzt sich ihre atemberaubende Karriere fort: Sie findet einen liebenswerten Partner und bekommt wohl versorgt in einem Krankenhaus einen Jungen.

Man wartet nun auf die Darstellung der Schwierigkeiten bei der Geburt, die die meisten beschnittenen Frauen haben. Denn ihre Scheide wird nach der Beschneidung so zugenäht, dass sie kaum noch ihre Blase entleeren können, wenn das eingeführte Stückchen Holz nicht groß genug war, um eine Öffnung zu erhalten, oder die Vernarbung jegliche Muskelkontraktion verhinderte. Auch das Menstruationsblut kann dann nicht richtig abfließen. Diese Frauen werden vor der Geburt eines Kindes wieder aufgeschnitten und danach – je nach Penisgröße ihres Ehemannes – wieder zugenäht, Geburt für Geburt. Wenn sie überhaupt Kinder bekommen können – denn 20 bis 25 Prozent dieser Frauen werden unfruchtbar, eine absolut ungewünschte Spätfolge des Eingriffs im Kindesalter.

Jedoch erfährt man nur, dass Waris Dirie sich einige Operationen hatte leisten können, die ihr ein wenigstens teilweise normales Leben ermöglichten und die Geburt erleichterten. Das Kind in den Armen, denkt sie an ihre Geschlechtsgenossinnen in ihrer Qual und Verlassenheit, die sich oft in die Wüste zurückziehen, um ihr Kind zu gebären, und die dort oft jämmerlich im wahrsten Sinn des Wortes krepieren, weil eine komplikationslose Geburt gar nicht möglich ist. Die Folgen der Beschneidung sind katastrophal. Dirie hat nicht nur das Tabu gebrochen. Sie bekennt sich zu ihrem Schicksal als beschnittene Frau, setzt sich für restaurierende Operationen ein und kämpft als UN-Botschafterin gegen diese himmelschreiende Verletzung der Menschenwürde und Verstümmelung der Frauen, die oft Inkontinenz, meist Frigidität und psychische Dauerschäden hinterlässt.

Wie blanker Hohn wirkt dagegen das Buch *Wie Frauen Frauen sehen* der Ethnologin M. Baumgart, in dem die Autorin die Meinung vertritt, man beurteile die Folgen der Beschneidung vorschnell, denn man wisse nichts über ersatzweise stimulierbare Zonen.[40]

Die Mädchenbeschneidung ist kein typisch islamisches Phänomen, denn auch einige christliche koptische Stämme in Oberägypten und Stammesreligionen vor allem in Mittelafrika praktizieren sie. Doch in vom Islam dominierten Ländern im einst altägyptischen Herrschaftsbereich üben die Beschneiderinnen ihr blutiges Handwerk nach wie vor aus. Nach Schätzungen der UNICEF werden trotz Aufklärungskampagnen weltweit jährlich zwei Millionen Mädchen zwischen vier und 12 Jahren beschnitten.[41] Über Mädchenbeschneidungen in Europa gibt es nur Dunkelziffern. Jährlich sollen 2000 bis 3000 Mädchen in englische Privatkliniken geschickt werden. Auch Migrantenfamilien halten oft genug an diesen Bräuchen fest, die nach ihren Vorstellungen ihre Töchter erst heiratsfähig machen. Schätzungen zufolge leben 10 000 bis 20 000 beschnittene Mädchen in England und Frankreich. Doch diese Angaben sind wahrscheinlich viel zu niedrig angesetzt.[42]

Deshalb ist es legitim und sogar notwendig nachzusehen, was die Rechtsschulen und die Theologen zur Beschneidung zu sagen haben. Der Koran kennt weder die Beschneidung von Mädchen noch die von Jungen, und ein »schwaches«, weil möglicherweise nicht authentisches Hadith besagt, der Prophet Muhammad habe der Beschneiderin angeraten: »Wenn du beschneidest, dann nimm nur einen [kleinen] Teil [der Klitoris] und entferne sie nicht ganz. Die Frau wird dann fröhlich und glücklich aussehen, und auch den Gatten wird es erfreuen, wenn ihre Lust ungemindert ist.«

Die Rechtsschulen haben sich unterschiedlich zur Mädchenbeschneidung geäußert. In der Türkei und in Afghanistan zum Beispiel ist die hanafitische Rechtsschule führend. Dort ist die Mädchenbeschneidung praktisch unbekannt, auch wenn neuerdings

Empfehlungen als »Gott wohlgefälliger Akt« von Frauen vorgebracht werden.[43] Die Malikiten und Hanbaliten nennen sie meist »Gott wohlgefällig«, »ehrenhaft« oder »empfohlen«. Die Schafiiten halten – wenn auch nicht alle – die Genitalverstümmelung für eine religiöse »Pflicht«. Deshalb kann man auch in Palästina beschnittene Mädchen und Frauen antreffen. Der Großmufti des Sudan hat schon am 26. Juli 1939, als die Diskussion über dieses Ritual aufkam, eine Fatwa gegen die Genitalverstümmelung erlassen.[44]

Gerade im muslimischen Norden des Sudan verschlechtert sich heute die Situation der Frauen. Der sudanesische Gesundheitsminister sprach auf einer Pressekonferenz von einem beunruhigenden Zunehmen der Mädchenbeschneidungen.[45] Die höchste Autorität des Islam in Ägypten, Sayyid Muhammad al-Tantawi, verwarf ebenfalls die Mädchenbeschneidung[46], die Regierung verbot die Beschneidung. Einfachere Muftis haben jedoch mit eigenen Fatwas die Infibulation, die den Geschlechtsverkehr verhindert, als beste Sicherung der Keuschheit der Frau befürwortet.[47] Birgit Krawietz stellt fest, dass namhafte ägyptische Theologen, bar jeglicher anatomischen Kenntnis, die Entfernung der Klitoris in ihren Fatwas genauso behandelt haben wie das »Schneiden der Fingernägel« oder das »Stutzen des Bartes«. Die Klitoris ist für sie eine »körperliche Wucherung«, die man besser entfernt.[48]

Ist die Mädchenbeschneidung nicht genuin islamisch, so ist sie doch in den Strudel der theologischen Diskussionen geraten, eben weil sie in islamischen Ländern praktiziert wird. Im deutschsprachigen Internet wird sie oft als »unislamisch« abgelehnt, doch darf man die innerislamische Diskussion nicht übergehen. Im Internet kann man sich ständig über aktuelle Fälle informieren. Grundsätzlich verhelfen Institutionen wie Terre des Femmes, die Internationale Gesellschaft für Menschenrechte (IGFM) oder (I)NTACT[49] auch zu weiterführenden Informationen und Links.

Es wäre ungerecht, Ehrenmorde als ein typisch islamisches Phänomen zu betrachten. Auch die Yezidi und andere Religionsgemeinschaften verhalten sich gnadenlos, wenn das Verhalten der Töchter oder jungen Ehefrauen nicht dem strengen Sittenkodex entspricht, den die Religion oder das lokale Brauchtum setzen. Dem UN-Bericht von 1999 zufolge werden in mindestens 13 Ländern Ehrenmorde verübt. Außer Brasilien, Ecuador, Italien und Indien, einem Land, in dem jährlich 5000 Bräute deswegen umgebracht werden, weil ihre Mitgift zu niedrig ist, hebt er besonders hervor: Pakistan, Bangladesch, Jordanien, Israel/Palästina, Libanon sowie die Türkei und generalisiert: »im Grunde alle Länder des Mittleren Ostens«. Fälle von Ehrenmorden an Mädchen und Frauen kommen auch in allen weiteren islamischen Ländern vor, nach wie vor auch noch in Afghanistan, das immer noch nicht zur Ruhe gekommen ist.

Herbert L. Müller verweist zu Recht darauf, dass »Ehrenmorde« besonders häufig in islamischen Ländern vorkommen. Er erläutert, dass kulturelle Gegebenheiten durchaus durch den Islam bedingt sind und mit dem Islam begründet werden.[50] Er vertritt die These, dass »›expressive Ethnizität‹ auch mit dem kulturellen Einfluss der Religion zu tun hat« und tritt mit einer Auflistung zahlreicher Fälle von Ehrenmorden an muslimischen Frauen in Deutschland und darüber hinaus in Europa und deren Begründung den Beweis dafür an, dass die »Orientierung der Täter« durch das Rollenverständnis von Mann und Frau bedingt ist. Vorsichtig beschreibt er dieses Phänomen: »... unter Berücksichtigung der mir vorliegenden Literatur ist anzunehmen, dass diese Orientierung durch orthodoxe und islamistische Theorien über das Verhältnis von Mann und Frau bestärkt« wird.[51]

Bereits das kleinste Fehlverhalten der Frau kann tödlich sein:

Der Widerstand gegen die von den Eltern geplante Heirat kann sich zur Tragödie auswachsen. Schon ein verliebter Blick oder ein heimliches Treffen mit einem Freund kann lebenslängliche Gefangenschaft im Elternhaus bedeuten, die entdeckte Flucht mit dem Geliebten den gemeinsamen Tod. Die Schwangerschaft einer nicht verheirateten Frau bringt solche Schande über deren Familie, dass die Überlebenschancen der werdenden Mutter insbesondere in ländlichen Gebieten gering sind, wenn sie keine schützende Zuflucht findet. Die Frauen sind selbst nicht imstande, durch ihr eigenes Verhalten oder gar durch den Beweis ihrer Unschuld die Familienehre wiederherzustellen. Die Ehre des Mannes wird – wenn man es auf den Punkt bringen will – über das Jungfernhäutchen der Töchter definiert. Oft genügen schon Verdächtigungen, um erbarmungslose Reaktionen hervorzurufen. Eine Familie, die ihre Ehre verloren hat, wird sozial ausgegrenzt und geächtet.

Üblicherweise sind es die männlichen Familienangehörigen, die die Ehre der Familie retten müssen, nicht selten auch Minderjährige, weil deren Bestrafung milder ausfällt als die von Erwachsenen. »Ehrenmorde« an Mädchen und jungen Frauen wurden auch in der Türkei selten hart bestraft. Oft wurde den Mördern zwei Drittel der Strafe erlassen, handelten sie doch aus für die Richter nachvollziehbaren und religiös ehrenwerten Motiven. Der Justizausschuss des türkischen Parlaments hat Ende Juli 2003 beschlossen, dass Ehrenmorde künftig wie vorsätzlicher Mord bestraft werden sollen.[52] Ein Anfang ist gemacht, man wird sehen, ob dieses Gesetz ratifiziert und dann auch in die Praxis umgesetzt werden kann.

Auf staatliche Hilfe ist kaum zu hoffen. Das einzige staatlich subventionierte Frauenhaus, das 1998 eingerichtet wurde, schloss bereits drei Jahre später seine Tore, weil die finanzielle Unterstützung nicht ausreichte. Der Bedarf liegt nach Schätzungen von Menschenrechtsorganisationen bei 3000 Frauenhäusern. Private Initiativen, die von den verschiedenen Frauenorganisationen in der Türkei ausgehen, sind oft die einzigen Hilfsmaßnahmen.

Eine Untersuchung von knapp 200 Selbstmorden junger Frauen, die an der Universität in Diyarbakir in der Südost-Türkei durchgeführt wurde, förderte zutage, dass darunter eine beachtliche Anzahl von als Suizid getarnten Ehrenmorden zu finden waren. Die Selbstmordrate der Frauen ist doppelt so hoch wie die der Männer; üblicherweise ist das Verhältnis genau umgekehrt. Die Männer, die Suizid begehen, sind oft alt, die Frauen, die ihr Leben nicht mehr für ertragenswert halten, sind hingegen meist zwischen 15 und 25 Jahre jung.[53]

Nebahat Akkoc, die in Diyarbakir, Kiziltepe, Batman und Bingöl Frauenzentren (KAMER)[54] gegründet hat, interviewte in den Jahren 1997 bis 2003 insgesamt 5100 Frauen. Sie bemüht sich um den Ausbau von Frauenhäusern in den Kurden-Regionen. Nach Auffassung von Akkoc steht hinter vielen Selbstmorden die Familienehre. Frauen, die diese Ehre »beschmutzt« hätten, werde gesagt, dass sie sich besser selbst umbringen sollten, als von der Familie getötet zu werden. Etliche der Selbstmorde seien durch Sprünge vom Balkon oder das Trinken von Gift erfolgt. Es könne aber auch sein, dass diese Frauen vom Balkon gestoßen wurden oder sie Gift eingeflößt bekamen. Als Schande werde in den Familien schon der Besuch eines Kinos oder ein Hörerwunsch beim Radio bewertet. An statistischen Zahlen in dem Bericht wurden genannt: 99 Prozent der Frauen sind psychischer Gewalt ausgesetzt, 57 Prozent physischer Gewalt. 8 Prozent der befragten Frauen wurden vergewaltigt, 74 Prozent wurden verbal und 46,9 Prozent physisch belästigt. 19 Prozent der Frauen berichteten von Inzest, der an ihnen begangen wurde.[55]

Ehrenmorde werden oft dort verübt, wo Stammestraditionen lebendig sind; denn Verstöße gegen die Ehre richten sich nicht nur gegen die Familie sondern gegen jeden einzelnen Stammesangehörigen. Martin van Bruinessen schreibt über kurdische Stämme: »Der Begriff der Ehre steht in der Stammesmoral zentral. Ehre ist ein moralisches Kapital, das mit Mut, Großzügigkeit und Beherrschung der weiblichen Sexualität aufgebaut wird und immer gefährdet ist. Ehrenmorde und Blutfehden gehören zum Komplex tribaler Werte, und in ihnen zeigt sich die tribale Struktur am deutlichsten.«[56] Diese enge Bindung an Stammesgepflogenheiten darf allerdings nicht darüber hinwegtäuschen, dass Ehrenmorde in allen Schichten verübt werden, wenn auch häufiger in konservativen und sozial schwachen Kreisen.

Auch die Blutrache ist nach wie vor üblich und wird beispielsweise in Saudi-Arabien praktiziert. Im Koran steht in Sure 2,179: »Die Wiedervergeltung sichert euch das Leben« und in Sure 17,33: »Und tötet nicht den Menschen, den Gott für unantastbar erklärt hat, es sei denn bei vorliegender Berechtigung. Wird jemand ungerechterweise getötet, so geben wir seinem nächsten Verwandten Vollmacht (ihn zu rächen). Nur soll er nicht maßlos im Töten sein; siehe, er wird Beistand finden.« Dann darf nur eine dem Opfer »gleichwertige« Person getötet werden, also kein Sklave für einen freien Mann usw. Die Blutrache spielt im Fall von widerrechtlicher und vorsätzlicher Tötung, also Mord, eine wichtige Rolle und ist bis heute ein Top-Thema. Sie ist allerdings keine frauenspezifische Erscheinung, wenngleich sie auch für Frauen gilt. Die *diya*, das Blutgeld oder Wergeld bei nicht vorsätzlicher Tötung, dient der Entschädigung für das Opfer und kann, wenn die betroffene Seite zustimmt, auch an die Stelle der Blutrache treten. Hier gibt es genaue Regelungen: Der Blutpreis für die Frau, den ein Richter festzusetzen hat, beträgt die Hälfte, der für Christen und Juden nur ein Drittel dessen, was für einen muslimischen Mann gezahlt werden muss. Die Blutrache ist ein privatrechtlicher Akt.

Das Schlagen von Frauen

Wenn man im 7. Jahrhundert verfasste Suren verabsolutierend und ohne historische Reflexion auch in der heutigen Zeit gelten lässt, dann sind und bleiben einige Anweisungen des Koran höchst problematisch. Von dem Vormarsch des islamischen Fundamentalismus ist auch Europa betroffen. Seine Ideologie schlägt sich auch im Verhältnis zu den Frauen nieder. Auffällig ist, dass namhafte muslimische Imame in den letzten Jahren insbesondere durch die Befürwortung der Prügelstrafe für aufmüpfige Frauen sogar in Europa einer derartigen Einstellung Vorschub leisten. »Gebrauchsanweisungen«, wie man seine Frau behandeln soll, wenn sie nicht pariert, finden sich in Sure 4, 34: »Und diejenigen, deren Widersetzlichkeit ihr befürchtet, – ermahnt sie, meidet sie im Ehebett und schlagt sie. Wenn sie euch aber gehorchen, dann sucht kein Mittel gegen sie. Allah ist Erhaben und Groß.«

Auf diese Stelle rekurrieren auch wichtige Hardliner: So hat Mohammed Kamal Mustafa, Imam des spanischen Badeortes Fuengirola, in seinem Buch *La mujer en el islam* (Die Frau im Islam) detaillierte Angaben darüber gemacht, wie man Frauen mit »nicht zu dicken Ruten« auf die Hände oder die Füße zu schlagen hat, damit keine Blutergüsse und Narben zurückbleiben. Dieser Imam wurde zu einem Jahr und drei Monaten Gefängnis auf Bewährung und zu einer Geldstrafe von 2160 Euro verurteilt.[57]

Abdelkader Bouziane, Imam in Venissieux bei Lyon, wurde zwar wegen vergleichbarer Äußerungen des Landes verwiesen, konnte jedoch wegen eines juristischen Formfehlers aus Algerien zumindest vorläufig wieder nach Frankreich zurückkehren. Dieser Imam, der selbst zwei Frauen und 16 Kinder hat, bekannte sich auch öffentlich zur Polygamie und empfahl, untreue Frauen zu schlagen, allerdings empfahl er im Unterschied zu seinem Amtskollegen in Spanien, das Gesicht oder die Hände auszusparen, damit man die Folgen nicht sehe.[58] Auch der Rektor der islamischen Universität in Rotterdam, Ahmet Akgündüz, findet es richtig, aufmüpfige Frauen zu schlagen,[59] so wie Sure 4,34 es beschreibt.[60]

Der in der sunnitischen Welt hochangesehene Muslimbruder Yusuf al-Qaradawi diskutiert in seinem Werk *Erlaubtes und Verbotenes im Islam*, unter welchen Umständen man Frauen schlagen sollte.[61] Selbst das türkische Präsidium für Religionsangelegenheiten in Ankara, eine staatliche Institution, hat in einem Handbuch dargelegt, dass Männer ihre Frauen schlagen dürfen.[62] Der »Hochzeitsführer« des Bürgermeisters von Konya aus dem Jahr 1997 gab den Ehemännern auf ihren weiteren Lebensweg die Gewissheit mit, richtig zu handeln, wenn sie ihre ungehorsamen Ehefrauen schlagen.

Dass Frauen geschlagen werden dürfen, leicht oder stark, steht auch für den deutschen Konvertiten und ehemaligen Botschafter Murad W. Hofmann fest. In den Fußnoten seiner Koranausgabe verteidigt er das »symbolische Schlagen«, wie immer dies aussehen mag, »im Interesse der Aufrechterhaltung einer stark gefährdeten Ehe«. Der Zentralrat der Muslime in Deutschland (ZMD) hat in seiner von Nadeem Elyas angefertigten, oben zitierten Übersetzung des besagten Koranverses lediglich die Ausdrücke »Widersetzlichkeit« und »Mittel« in einer Fußnote kommentiert, nicht aber den Begriff »schlagen«.

Ein solcher Umgang mit Frauen zeugt von einer unmenschlichen Einstellung. Der vormalige Vorsitzende des Zentralrats der Muslime in Deutschland, Nadeem Elyas, Gynäkologe und Islamwissenschaftler, gebürtig in Mekka, mit deutscher Staatsbürgerschaft, allzeit hofiert von den höchsten Repräsentanten unserer Gesellschaft und anerkannt als bevorzugter Ansprechpartner der hiesigen Muslime, geht aber noch weiter und »scheut nicht davor zurück, die drakonische Strafe der Scharia, des islamischen Rechts, zu verteidigen; so rechtfertigt er grundsätzlich auch die Steinigung der Frau bei Ehebruch.«[63]

Diese Unmenschlichkeit und Unbarmherzigkeit Frauen gegenüber offenbart eine menschenverachtende Geisteshaltung, die ihn grundsätzlich disqualifiziert, einen anderen Muslim, geschweige denn eine Muslimin offiziell vertreten zu können. Elyas ist in Deutschland mit dieser Einschätzung nicht allein und teilt seine Meinung mit dem Leiter der Deutschen Muslimliga Hamburg, Abdulkarim Grimm: »Die Schwere und weitreichende Konsequenz eines Ehebruchs rechtfertigt die drakonische Strafe auf jeden Fall. Eines der islamischen Rechtsprinzipien, welche man sehr leicht erfahren kann an den Selbstbezichtigungen ist, dass eine Strafe, die hier auf Erden am Delinquenten hier auf Erden *(sic)* vollzogen wird, im Jenseits aufgehoben wird, das heißt, sie gilt als abgegolten. Sehr interessant die Ausführungen, die wir bei Buchari unter der Überschrift »Ehebruch« finden. Es werden nur verheiratete Ehebrecher mit dieser Höchststrafe belegt. Der Prophet gibt laut Hadith auch Argumente gegen den Ehebruch. Der zweite Kalif Omar sagt [Segensspruch]: Ich fürchte, dass eine lange Zeit über die Menschen dahingeht und jemand sagt dann: ›Wir finden nichts über die Steinigung im Buche Allahs. Dann gehen sie mit der Unterlassung einer Bestimmung, die Allah herabgesandt hat, in die Irre. Wahrlich, die Steinigung ist eine gerechte Strafe für denjenigen, der Unzucht begeht und verheiratet ist, solange der Beweis, die Schwangerschaft oder das Geständnis vorliegen. Wahrlich, der Gesandte Allahs, Friede sei mit ihm, bestrafte mit der Steinigung und nach ihm haben wir auch die Steinigung als Strafe angewandt.‹«[64]

Die Umsetzung der Scharia in der Welt – einige Beispiele

Pakistan

Die Menschenrechtsorganisation »Terre des Femmes« gibt an, dass es in keinem anderen Land der Erde so viele Ehrenmorde gibt wie in Pakistan.[1] Die Lage der dortigen Frauen könnte schlimmer nicht sein. Mit der blutigen Machtübernahme durch Ziya ul-Haqq im Jahr 1977 verschlechterte sie sich dramatisch. Bald danach zeichnete sich ab, dass die Scharia zum höchsten Recht des Landes werden sollte, und dies gereichte immer mehr Frauen zum Nachteil, deren minimale und mit großen Schwierigkeiten durchgesetzten Rechte nun vollends geschmälert wurden.

So wurden 1979 Ehebruch und Unzucht unter Todesstrafe gestellt; die Beweislast einer Vergewaltigung wurde dem Opfer auferlegt, was dazu geführt hat, dass fast keine Vergewaltigung zur Anklage kommt, geschweige denn zur Verurteilung führt. Das Beweisgesetz fordert in Artikel 17 Paragraph 8 für eine eventuelle Verurteilung entweder ein Geständnis des Täters oder die Mindestzahl von vier erwachsenen männlichen Augenzeugen. Vergewaltiger können deshalb damit rechnen, dass ihre Chancen vor Gericht gut stehen, sie kommen meist ungeschoren davon.

Dass Pakistan die »Allgemeine Menschenrechtserklärung« der UN unterzeichnet hat, hatte keinerlei Auswirkungen auf die Lage der Frauen. Hoffnung kam auf, als die pakistanische Regierung Mitte März 1996 auch die Konvention der Vereinten Nationen über die Diskriminierung von Frauen unterschrieb. Konsequenterweise hätten nun in der Legislative wie auch in der Exekutive grundsätzlich alle der Konvention entgegenstehenden Vorschriften, Gesetze und deren Durchführung abgeschafft werden müssen. Nichts dergleichen ist geschehen. Diejenigen, die solche durchgreifenden Veränderungen wollten und wollen, müssen nach wie vor mit harten Strafen wegen »Hetze« und »Aufwiegelung« rechnen. Islamistische Kreise verhindern eine rechtliche Besserstellung der Frau, erklärt die pakistanische Rechtsanwältin Hian Jilani.[2]

Ein Artikel in *Le Monde diplomatique* vorn Juni 2001 bezieht sich unter anderem auf Informationen von Shanaz Bokharis, der mutigen Begründerin und Vorsitzenden von »The Pakistan Progressive Women Association«, die in Islamabad und Rawalpindi in der Zeit zwischen 1994 und Mitte Juni 2004 in drei großen Krankenhäusern 4000 so genannte »Küchenunfälle« registriert hat, bei denen Frauen zu »lebenden Fackeln« wurden. »Die Fotos von den Körpern verbrannter pakistanischer Frauen, die sie uns zeigt, sind genauso grauenvoll wie die Bilder der jungen Inderinnen im Krankenhaus von Bangalore. Aber in Pakistan geht es weder um Mitgiftforderungen noch um Geld. Die brutalen Übergriffe sind vielmehr ›normaler‹ Bestandteil einer weit verbreiteten, alltäglichen Gewalt gegen Frauen. Wie die Menschenrechtskommission in Pakistan schätzt, haben mindestens 80 Prozent der Frauen darunter zu leiden.«[3]

Le Monde diplomatique schildert als Fallbeispiel den Blutrausch eines Büroangestellten, der auf die bloße Verdächtigung hin, seine Frau unterhalte »unerlaubte Beziehungen«, diese und fünf der gemeinsamen Kinder tötete sowie zwei weitere schwer verletzte.[4] Zwei junge Männer, die dabei erwischt wurden, als sie nackt badeten, wurden nach eingehender Beratung der Dorfältesten auf dem Dorfplatz hingerichtet. Allein die Vorstellung, diese Frau oder jener Mann könnte der Ehre der Familie oder auch eines Stammes schaden und Schande über sie bringen, reicht als Motiv für einen

Ehrenmord aus. Alles, was der »normalen Welt« in einer Familie, aber auch in einem der vielen Stämme in Pakistan entgegenwirken könnte, wird radikal und gnadenlos ausgemerzt. Ausgestreute Gerüchte kann eine beschuldigte Frau meist nicht entkräften, könnte sie es doch, ihr würde ohnedies niemand zuhören. Einen vergleichbaren Fall schildert Amnesty International und kommt nach der Urteilsverkündung zu dem Schluss: »Hier ist die Tat selbst der Entlastungsgrund für die Tat! Das Opfer muss schuld sein, weil es das Opfer ist.«[5]

In manchen Gegenden Pakistans werden diese Ehrenmorde *karo-kari* genannt, wörtlich übersetzt »Mann mit schwarzem Gesicht – Frau mit schwarzem Gesicht«, was so viel bedeutet wie »jemand, der sein Gesicht verloren hat«. Doch sind es gewöhnlich die Frauen, die umgebracht werden, sehr viel seltener die Männer, selbst wenn sie als Vergewaltiger bekannt sind. Die Schuld an der eigenen Vergewaltigung wird ohnehin den Frauen angelastet, oft mit der Begründung, sie hätten sich aufreizend und provokant verhalten.

»Verbrechen ›aus Ehre‹ werden häufig von Verwandten begangen, die Täter werden nur selten bestraft«, teilte die nichtstaatliche Menschenrechtskommission mit, die besseren Schutz für Frauen fordert.[6] Polizei und Justiz schauen häufig weg, wenn Morde an Frauen begangen werden. Im Falle der »Ehrenmorde« lassen sie lieber der Selbstjustiz beziehungsweise der Lynchjustiz freien Lauf.

Man darf sich bei aller Kritik zumindest der Tatsache nicht verschließen, dass auch für Richter einiges auf dem Spiel steht, wenn das Urteil missfällt. Dann wird die Rechtsprechung zur Mutprobe. Denn immer wieder werden Richter niedergeschossen, nur weil sie beispielsweise in einem Scheidungsprozess ein Urteil zugunsten der Frau fällten.

Selbst ernst zu nehmende Untersuchungen des pakistanischen Innenministeriums erfassen nur einen Bruchteil der Realität. Für das Jahr 1999 beispielsweise nennt das »Nationale Polizeibüro« des

Innenministeriums für ganz Pakistan 641 Fälle von Ehrenmorden, davon 357 Fälle allein im Punjab.[7] Die Vorsitzende der »Nationalen Kommission zum Status der Frau«, Shaheen Sadar Ali, erklärt hingegen, rund 1000 Ehrenmorde seien ebendort in demselben Zeitraum von einem Jahr registriert worden. Sie geht davon aus, dass man diese Zahl mit zehn multiplizieren müsse, um einen Annäherungswert für ganz Pakistan zu erhalten. Die vielen unerkannten, oft als Unfälle oder Suizide getarnten Morde sind in diesen Zahlenangaben selbstverständlich nicht enthalten. Die Rechtsanwältin Hian Jilani stellte *Le Monde diplomatique* zufolge nüchtern fest: »Eine Frau hat nur dann ein Recht auf Leben, wenn sie sich strikt an die gesellschaftlichen Normen und Traditionen hält«, sie meint, »die religiösen Kräfte seien zu mächtig, als dass es zu durchgreifenden Verbesserungen kommen könne.«[8] Berichte von Bekannten und Freunden bestätigen dieses Bild: »Jeder noch so billige Gegenstand wie ein Topf, eine Kanne oder eine Gabel ist mehr wert als eine Frau«, berichtete mir eine Frau, die neun Jahre an der Seite ihres deutschen Mannes in Pakistan gelebt hatte. Und eine andere Bekannte ergänzt: »Diese Frauen sind beliebig austauschbar und ersetzbar. Sie sind Besitz des Mannes wie die Ziegen im Stall.«

Durch Filmaufnahmen ist folgende Geschichte dokumentiert: Zwei junge Männer haben ihre Schwägerin beim Wasserholen erschlagen, weil die Schwiegermutter darauf beharrte, dass sie die junge Frau noch nach deren Heirat allein mit einem anderen Mann gesehen habe. Nun sitzen sie im Gefängnis. Ihre Tat begründeten sie in einem Interview wörtlich: »Wir sind Muslime. Die Scharia sagt: ›Wenn du sie siehst, töte sie‹; das sagen Scharia und Koran. Sogar die Mullahs sagen es. Und wir sind Muslime.«[9]

Die Berichte über Massenvergewaltigungen in Polizeistationen auch in anderen islamischen Ländern klingen oft unglaubwürdig. Deshalb ist umso mehr zu würdigen, dass Ehsan Sadiq, ein hochrangiger pakistanischer Polizeioffizier, über solche Taten berichtet. Sadiq, der in England studiert hat und über internationale Berufserfahrungen verfügt, hat es auf sich genommen, Informationslücken zu füllen und über die Hintergründe, über Geschlechterrollen, die Art der Vergehen, die Täter und Opfer aufzuklären. Das Handbuch von Sadiq soll und wird die Polizei für das Thema Gewalt gegen Frauen sensibilisieren, die Aufmerksamkeit und Wahrnehmungsfähigkeit schärfen und Reaktions- und Verhaltensmöglichkeiten anbieten. Das Handbuch hat den Titel *Violence Against Women. Manual of Guidelines for Improving Police Awareness and Responses*.

Die Lektüre der 117-seitigen Broschüre verschlägt dem Leser den Atem. Übersichtlich werden Fakten dargestellt, Statistiken dargeboten, aber auch Verhaltensweisen kategorisiert, und zwar nicht nur der Täter und der Opfer, sondern auch der Polizei. Die Gesetzeslage und die mit den Frauen in Pakistan befassten Menschenrechts- und Frauenorganisationen werden erörtert. Fragen werden analysiert, beispielsweise: Warum bleiben Frauen bei ihren gewalttätigen Männern? Die Gründe werden mit sehr knappen Kommentaren angeführt, wie auch zum Thema »Häusliche Gewalt« einzelne Gesichtspunkte kurz angesprochen werden, die es zu berücksichtigen gilt, nämlich: »wirtschaftliche Abhängigkeit«, »männlicher Schutz«, »Sicherheit«, »Loyalität«, »Verleugnung der wirklichen Probleme oder »Liebe«, die mächtiger sei als das Ressentiment gegenüber dem brutalen Ehemann, »Schuldgefühle« in dem Glauben, die Gewalttat selbst provoziert zu haben, »Verantwortung gegenüber dem Mann«, das Gefühl der »Scham und Erniedrigung«, »Hilflosigkeit«, »Optimismus«, dass sich doch alles wieder zum Guten wenden werde oder der »Zusammenbruch des Widerstands« durch das ständige Terrorisiertwerden. Zuletzt folgen Hinweise, wie man psychologisch-einfühlsam mit dem traumatisierten Opfer umgehen sollte.

Auch den »Ehrenmorden« ist ein eigenes Kapitel gewidmet, wie auch den »Untersuchungen darüber, woher Verletzungen stammen«, der »Vergewaltigung« oder der »Entführung«. Ein eigenes Kapitel behandelt die Gewalt an Frauen im Polizeigewahrsam. Bei alledem werden die ermittlungstechnisch relevanten Aspekte nicht aus den Augen gelassen. Dieses Handbuch ist eine wichtige Informationsquelle für alle, die sich mit dem Thema Gewalt gegen Frauen auseinander setzen (wollen). Vor allem ist es aber ein Lichtblick für die Frauen in Pakistan, die nun auf mehr Verständnis und eine bessere Behandlung durch die Polizei hoffen dürfen. Denn diese mutige Schrift ist durchdrungen von dem Impetus, die Segnungen der universalen Menschenrechte auch den Ärmsten der pakistanischen Gesellschaft, den Frauen, zukommen zu lassen.

Im Oktober 2004 wurde in Pakistan die Todesstrafe für Ehrenmorde eingeführt. Welche praktischen Auswirkungen dies hat, bleibt abzuwarten.

Bangladesch

Bangladesch hat traurige Berühmtheit erlangt, nicht nur wegen der gewaltigen Überschwemmungen, die Ernten vernichten und Menschen, Vieh und Behausungen mit sich reißen. Auch für den dort üblichen Umgang mit Frauen, die ungehorsam waren, einfach lästig geworden sind oder zudringlich gewordene Männer abgewiesen haben, die ihre Niederlage nicht verkrafteten, ist Bangladesch inzwischen international bekannt. Diese Frauen fallen nicht selten Ehrenmorden zum Opfer, bei denen sie mit Säure überschüttet werden.[10] Nur wenige überleben, bis zur Unkenntlichkeit entstellt, die Attacken.[11] Kerosin und Säure sind die Mittel der Wahl.[12]

Die deutschsprachige islamische Frauenzeitschrift *Huda* (Die Rechtleitung) druckte einen *taz-Artikel* vom 6. März 2001 ab, in dem von etwa 200 Säureattentaten im Jahr die Rede ist und der den Mangel an Unrechtsbewusstsein der Polizei anprangert, die diese Akte als private Angelegenheiten betrachtet: »Die vermehrten, von Amnesty International dokumentierten Säureangriffe sind auch Ausdruck wachsender Frustration und Verunsicherung der Männer. In Bangladesch etwa, wo die islamische Staatsreligion noch eine zusätzliche Schraube der Unterdrückung der Frau – und der Gewaltlegitimation des Mannes – darstellt, sind verunstaltete Frauengesichter Ausdruck eines schmerzhaften Emanzipationsprozesses. Dank der zahlreichen Nichtregierungsorganisationen, die Frauen fördern, gibt es immer mehr Frauen, die die neuen Möglichkeiten erkennen und sich beruflich verwirklichen. Die Reaktion auf diese Herausforderung eines religiös legitimierten Patriarchats ist umso gewalttätiger, als die Armut viele Männer zwingt, dem Geldverdienen ihrer Frau zähneknirschend zuzustimmen. Ein verunstaltetes Gesicht, so empörend es als Ausdruck von Gewalt und der Stigmatisierung des Opfers ist, ist auch ein Ausdruck dafür, dass Frauen zunehmend bereit sind, statt das Gesicht zu wahren, sich ihr eigenes zu erkämpfen.«[13]

Weil die Frauen in Bangladesch fast keine Chance sehen, ihr trostlos armes Leben zu verbessern, kam der Bangladescher Professor für Betriebswirtschaft, Muhammad Yunus, auf die Idee, fast ausschließlich an Frauen Kleinkredite zu vergeben, sodass sie sich eine Nähmaschine oder ein Stückchen Land kaufen konnten, das sie allein bewirtschafteten. Das Ergebnis konnte sich sehen lassen, denn weit mehr als von der Männerwelt gewohnt kamen die Kredite in Form von Sachgaben zurück oder wurden in Neuinvestitionen angelegt. Die Kraft, die diese geschundenen Frauen entwickeln, ist enorm. Yunus schreibt dazu: »Wir arbeiten mit den Ärmsten der Armen in einem der ärmsten Länder der Erde zusammen: mit landlosen Bäuerinnen, die nie in ihrem Leben Geld in Händen gehalten haben, mit Frauen, die weder lesen noch schreiben können und sich nicht trauen, vor einem Mann stehen zu bleiben, und in Anwesenheit von Fremden das Gesicht verhüllen. Doch wir erreichen bei ihnen eine Rückzahlungsquote von mehr als 98 Prozent.«[14]

Banken in Bangladesch geben Frauen grundsätzlich keine Kredite. Muhammad Yunus hat alle Vorurteile, die diese Geldinstitute haben, über Bord geworfen und den ärmsten Frauen im Land Selbstvertrauen und Zuversicht entgegengebracht. Er hat noch viel mehr getan, als die beiden Frauen an der Spitze des Staates zustande brachten: Er gab ihnen ihre Menschenwürde wieder, die sie schon mit der Geburt als Mädchen verloren hatten. Diese Erfahrung ist nicht singulär, denn Beispiele für Kleinkredite, die aus anderen Quellen an Frauen in Bangladesch kommen, zeitigen ebenfalls positive Ergebnisse.[15]

Iran

Die Hoffnung trog, dass der Iran unter Staatspräsident Seyyid Mohammad Khatami einen neuen islamischen Weg einschlagen würde, der Reformen durchsetzen und die Frauen der Gleichberechtigung einen entscheidenden Schritt näher bringen könnte. Immerhin hatte er seine Wahl nicht zuletzt den Frauen zu verdanken.

Das Land ist – wie die meisten anderen islamischen Länder auch – voller Widersprüche und Gegensätze. Unbestreitbar ist, dass der Iran sich nicht von allen westlichen Einflüssen abschirmen kann. Die jungen Menschen sind nicht ständig unter Aufsicht zu halten; schon längst ließen sie heimlich in den Bazaren westliche Musik von ihren Kassetten abspielen, in der Gewissheit, von anderen vor der möglichen Ankunft eines Religionswächters gewarnt zu werden, oder richteten in Privatwohnungen Diskotheken ein, in denen Männer und Frauen nach westlichen Rhythmen miteinander tanzen. Als Fortschritt sehen die Frauen bereits an, dass sie wieder eine Haarsträhne unter dem Kopftuch hervorlugen lassen dürfen, ohne deswegen gleich in Polizeigewahrsam genommen und schlimmstenfalls ausgepeitscht zu werden. In einigen Mädchenschulen können die Kinder während des Unterrichts den Schleier ablegen, falls die Klassenzimmer nicht von außen einzusehen sind.

Den Frauen in den Großstädten, insbesondere in der Hauptstadt Teheran, haben sich neue Berufsfelder aufgetan. Eine Frau führt Regie in einem zeitkritischen Teheraner Theater, andere Frauen leiten Krankenhäuser oder geben Zeitungen heraus. Sie sind auch in die Domäne anderer Männerberufe eingebrochen und haben beispielsweise den Ingenieurberuf ergriffen. Aber Chancen, politische Verantwortung zu übernehmen und etwa Einfluss auf die Gesetzgebung zu nehmen, sind für Frauen sehr gering. Bei den Wahlen vom 20. Februar 2004 waren unter den 287 Abgeordneten nur 13 Frauen. Dabei sind 63 Prozent, also knapp zwei Drittel der Studierenden, weiblich. Erst wenn diese Frauen ihr Hochschulstudium auch beruflich nutzen und darüber hinaus politisch aktiv werden, werden die Männer sie nicht mehr übergehen können. Doch der Weg dahin ist weit.

Das neu gewonnene Selbstbewusstsein der Frauen führt zu einem Scheidungsboom, weil sie immer öfter selbst die Scheidung einreichen. Der Iran gehört zu den Staaten mit der höchsten Scheidungsquote. Weil es an den beiden Familiengerichten in Teheran keine einzige Richterin gibt, fallen die Urteile allerdings meist zu Gunsten der Männer aus – auch gegen das Gesetz –, insbesondere wenn es um Unterhaltszahlungen geht.

Die Menschenrechtsverletzungen nehmen nicht ab. Heimlich aufgenommene Bilder gingen um die Welt, die Steinigungen von gerichtlich verurteilten Ehebrecherinnen und Ehebrechern zeigten. Die Körper der Männer waren bis zur Hüfte in Sand eingegraben, während die weißen, über Kopf und Rumpf gezogenen Leintücher sich langsam unter dem Steinhagel der Umstehenden rot färbten; Frauen gräbt man bis zum Hals ein, wobei Frauen diese Strafe sehr viel häufiger trifft.[16] Die Hinrichtung von Homosexuellen und Prostituierten, Gewalt in Gefängnissen,[17] Gewalt gegen Frauen, die Schließung liberaler Zeitungen und Haftstrafen für

Oppositionelle sowie ständig neu aufflackernde Attacken gegen die »vom Islam abgefallenen« Baha'is machen die Hoffnung auf durchgreifende Reformen immer wieder zunichte. Ein Verbot der schiitischen Institution der »Ehe auf Zeit«, bei der man nach dem Ablauf einer vertraglich festgesetzten Frist einfach wieder auseinander geht, ist nicht in Sicht. Die typischen Merkmale eines theokratischen Herrschaftssystems, das sich im Besitz der alleinigen Wahrheit und göttlicher Legitimation wähnt, treten hier mit der Durchsetzung des eigenen Wertekanons und der Unterdrückung jedweder anderer Meinung und Lebensführung zutage.

Auf dem Land hat sich im Gegensatz zu den Großstädten wenig verändert. Die patriarchalischen Strukturen sind geblieben; die Macht der Mullahs ist unverändert groß, und neuere gesetzliche Regelungen, die im Iran ja immer schariakonform sind, dringen bis dorthin oft nicht durch. Die Auslandskorrespondentin der ARD, Karin Leukefeld, berichtete am 27. Februar 2004, wie die Frauenbeauftragte der Regionalverwaltung von Khozestan die Lage der Frauen in Südiran beschrieben hat: »›Alte Stammesriten und männlich-chauvinistisches Verhalten‹ setze [sic!] vor allem junge Frauen großem psychologischem Stress aus. Viele Frauen begingen Selbstmord. Mädchen und junge Frauen würden wegen Verletzungen der Familienehre getötet, in einigen Fällen seien sogar die Ausweispapiere verbrannt worden. Es gäbe [sic!] innerfamiliäre Gewalt und Vergewaltigung; Frauen würden in die Golfstaaten verkauft.« Verkaufen kann man nur Waren und Gegenstände.

Vieles von der miserablen Einstellung gegenüber Frauen muss man den mächtigen Religionsführern anlasten. Aber auch dies ist nur ein Teil der Wahrheit. Denn nur wer über den passiven Widerstand von Teilen der Bevölkerung hinaus auch denjenigen religiöser Kräfte wahrnimmt, wird den Gegebenheiten im Iran gerecht. Längst nicht alle schiitischen Theologen sind mit der Entwicklung Irans und der Starrheit und Sturheit des religiösen erzkonservativen Lagers um Khamenei einverstanden. Es gärt auch unter den

Studierenden und Intellektuellen; aber an blutige Auseinandersetzungen oder gar an Umsturz mag nach vielen negativen Erfahrungen so schnell niemand denken, zumindest nicht, solange man noch geringe Hoffnung auf Veränderungen auf legalem Wege hat. Sicher kann man sich indes nicht sein, dass ein Kessel, der unter Hochdruck steht, nicht explodiert.

Unter den Iranerinnen ist keine klare Richtung auszumachen. Die einen sind gleichgültig und an dem Schicksal anderer Frauen nicht interessiert. Sie leben lethargisch vor sich hin oder kämpfen ihren kleinen tapferen Privatkampf, der keine weiteren Kräfte freilässt. Ganz anders verhalten sich einige herausragende Frauenaktivistinnen, als Prominenteste unter ihnen Schirin Ebadi. Zu Zeiten des Schah war sie eine der ersten Richterinnen ihres Landes, musste aber nach der islamischen Revolution von 1979 ihr Amt aufgeben. Im Oktober 2003 erhielt sie als erste iranische Persönlichkeit den Friedensnobelpreis.[18] Die iranische Regierung erstarrte; Staatspräsident Khatami ignorierte tagelang diese Meldung und spielte schließlich die Ehrung der Gründerin von Menschenrechtsorganisationen als »unbedeutend« herunter. Die Konservativen beschimpften sie als »Kapitalistin« und als »Handlangerin des Westens«. Es ist nicht von der Hand zu weisen, dass diese Preisverleihung die Gefährdung der von Islamisten bedrohten Anwältin und Dozentin an der Teheraner Universität enorm verstärkt hat. Sie selbst hofft, dass ihr diese Anerkennung ein wenig von der Angst nehmen wird, die ihr ständiger Begleiter ist.[19] Um so mehr ist ihr Mut zu bewundern, trotz ständiger Bedrohungen für mehr Demokratie sowie für die Rechte der Frauen, der Kinder sowie aller Verfolgten einzutreten. Für die Frauen im Iran ist Schirin Ebadi längst zur Hoffnungsträgerin geworden.

Als praktizierende Muslimin ist Schirin Ebadi der Überzeugung, dass sich die angestrebten Reformen und der von ihr geforderte Schutz der Schwachen und Verfolgten mit dem schiitischen Islam dschafaritischer Rechtsschule vereinbaren lassen. Sie tritt allerdings für die von der Regierung verpönte Trennung von Religion und staatlicher Macht ein. Tatsächlich hätten die schiitischen Rechtsgelehrten größere Freiheiten als die Sunniten, durch ihre Fatwas den Islam und damit die Lebenspraxis den Erfordernissen der Moderne anzupassen. Bis jetzt sind sie allerdings den Nachweis der Befähigung zu grundlegender Erneuerung schuldig geblieben.

Türkei

Die Diskussion, ob die Türkei ein islamisches Land ist oder nicht, treibt angesichts der Debatte um die Gespräche über ihre Aufnahme in die Europäische Union in Deutschland seltsame Blüten. Denn nach wie vor gilt einerseits die von diversen europäischen Ländern übernommene, oft modifizierte Gesetzgebung, und in der Verfassung sind die gegen die Scharia gerichteten Reformen Kemal Atatürks verankert: Die Frauen haben seit 1934 das Wahlrecht, und sie sind dem Gesetz nach gleichberechtigt; die Scharia konnte von den religiösen Kräften nicht durchgesetzt werden. Andererseits sind 98 bis 99 Prozent der türkischen Bevölkerung Muslime. Der Islam ist demnach eine mächtige Größe. Die religiösen Parteien, die einst verboten waren, sind ebenso wie zahlreiche konservative und islamische Gruppierungen hartnäckig bestrebt, der Scharia wieder Geltung zu verschaffen. Symbolhaft steht für diesen Widerstreit zwischen konservativen und religiösen Befürwortern der Scharia und den Vertretern des Laizismus mit säkularer Gesetzgebung der permanente Kampf um das Kopftuchverbot im öffentlichen Raum wie an den Universitäten und im Parlament.

Auch wenn sich die Situation der Frauen in dem islamischen Ausnahmestaat gebessert hat, wirken doch weiterhin religiöse und traditionelle Normen. So zum Beispiel bei Zwangsverheiratungen, die islamisch nicht zu begründen sind. Jede zehnte Ehe wird als so genannte Imam-Ehe ohne Standesamt und damit ohne zivilrechtlichen Schutz geschlossen; der Staat legalisiert sie per Amnestiegesetz in unregelmäßigen Abständen, wenn mindestens ein Kind aus dieser Ehe hervorgegangen ist und das Paar sich registrieren lässt. Dass das Heiratsalter für Frauen wie Männer auf 18 Jahre heraufgesetzt wurde, wird wie andere Neuregelungen auch insbesondere auf dem Lande kaum wahrgenommen.

In der Türkei gehen immer noch 650 000 schulpflichtige Mädchen nicht in die Schule. In den besonders armen und traditionellen Provinzen im Südosten der Türkei erachtet man Schulbildung für Mädchen als völlig überflüssig. Dürfen Mädchen dennoch die Schule besuchen, so nimmt man sie häufig zum Zeitpunkt beginnender Pubertät wieder heraus, weil koedukativer Unterricht dann als direkte Vorstufe zur unvermeidlichen Vergewaltigung erscheint, und verheiratet sie, auch wenn sie das offizielle Heiratsalter noch nicht erreicht haben. Damit diese Mädchen dennoch die Schule besuchen können, werden privat Gelder gesammelt, um sie auf Internate zu schicken.[20]

Doch niemand scheint nach den Trägern derartiger Einrichtungen zu fragen. Immerhin weiß man, dass islamistische Verbände bereits tausende derartiger bislang illegaler Einrichtungen in der Türkei geschaffen haben und sicher gerne noch einige hinzufügen würden. Gegen die von der Regierung Erdogan gewünschte Privatisierung von Schulen, die de facto jedoch den Religiösen Tür und Tor öffnet, wehren sich die türkischen Frauenorganisationen, die seit Anfang der achtziger Jahre als »neue Frauenbewegung« aktiv wurden. 1987 wurde die erste Massendemonstration in Istanbul gegen Gewalt an Frauen durchgeführt, an der 3000 Frauen teilnahmen. 1990 setzten sich 25 000 Frauen für die Einrichtung von Frauenhäusern ein.[21] Nach dem Wahlsieg der religiösen »Refah Partisi« (»Wohlfahrtspartei«) von Necmettin Erbakan bei den Kommunalwahlen im Jahr 1994 schlossen sich Frauen auf den so genannten Frauenplattformen zusammen, um ihre Rechte zu verteidigen. Doch so schnell, wie sie zusammenfanden, trennten sich ihre Wege auch wieder.

Die Situation der Frauenrechtlerinnen in der Türkei ist sehr komplex und stellt sich in den gehobenen Schichten Istanbuls ganz anders dar als in den Istanbuler *Gecekondus* (übersetzt: »über Nacht hingesetzt«), jenen illegal errichteten Wellblech- oder Papphütten auf meist staatlichem Boden, die später legalisiert wurden. In den Gecekondu-Vierteln ohne jegliche Infrastruktur, wo gegenseitige soziale Hilfe durch die Mitwirkung der Islamisten und Islamistinnen Lebensgrundlage geworden ist, entwickelte sich eine sehr lebendige Subkultur. Deshalb sind in Istanbul auch Aktivistinnen aus den Gecekondus wie auch aus der gebildeten Mittelschicht auf die Straße gegangen, um für die Scharia und für das Tragen des Kopftuchs im öffentlichen Raum zu demonstrieren.[22]

Die »Refah Partisi«, die mit diesen Frauenstimmen an die Macht gekommen war, dankte es ihnen freilich nicht. Keine einzige Frau wurde in die Kandidatenlisten für die Parlamentswahlen 1995 aufgenommen, und keine von ihnen bekam später Führungsaufgaben übertragen, und zwar mit dem geradezu scheinheiligen Argument, sie dürften in der Türkei schließlich kein Kopftuch tragen und könnten deshalb keine öffentliche Funktion ausüben. Dass Tansu Ciller Außenministerin und Ministerpräsidentin wurde, verdankte sie auch den kemalistisch orientierten Frauen, für die sie, einmal im Amt, dann selbst wenig tat.

Frauenorganisationen nahmen sich der verschiedensten Probleme an und brachten selbst Tabuthemen aufs Tapet. Es kam allerdings nie zu einer Bündelung der Kräfte, sondern zu der Gründung verschiedener und zum Teil gegeneinander arbeitender Frauenorganisationen. Sie warnten die Regierung Erbakan davor, ohne Beteiligung der Frauenverbände Änderungen von Strafrechtsbestimmungen zum Nachteil der Frauen vorzubereiten, die mühsam erreichte Verbesserungen zum Schutz von Frauen vor Gewalt und sexuellem Missbrauch rückgängig machten. Der Protest der Frauen richtete sich auch sehr konkret gegen Bestimmungen wie die »Jungfräulichkeitsklausel« im Türkischen Strafgesetzbuch. In einem Aufsehen erregenden Vergewaltigungsprozess war dem Täter Strafermäßigung gewährt worden, weil die betroffene junge Frau »ihre Jungfräulichkeit nicht nachweisen konnte«.[23]

Im Jahr 1999 war der Jungfräulichkeitstest verboten worden, nachdem sich fünf Schulmädchen eines Waisenhauses umbringen wollten. Sie waren einmal spät am Abend ins Heim zurückgekehrt und hatten deshalb auf ihre Jungfräulichkeit hin untersucht werden sollen. Im Krankenhaus war der zunächst umgangene Test dann nachgeholt worden.[24]

Nicht immer war die Solidarität unter Frauen gewährleistet. Die Staatsministerin Isilay Saygin, die sich im Alter von 52 Jahren in der Öffentlichkeit zu ihrem Jungfrauen-Stand bekannte, äußerte gemäß der Frauenorganisation »Kader« die Meinung, dass diejenigen Mädchen, die sich durch Selbstmordversuche einem solchen Jungfräulichkeitstest entzögen, ohnedies zu einem späteren Zeitpunkt Selbstmord begehen würden. Dieser Zynismus wird allerdings durch die Realität der enorm hohen Suizidrate von Mädchen und jungen Frauen geradezu bestätigt.

In der Türkei, die offiziell der Scharia abgeschworen hat, kommen auf mancherlei Umwegen schariaträchtige Bestimmungen zum Tragen. Inzwischen gibt es etwa 150 Fraueninitiativen unterschiedlichster, teils auch islamistischer Ausrichtung. Die anderen halten jedoch darüber Wacht, dass ihnen ihre Rechte nicht wieder auf dem Schleichweg beschnitten werden, so wie es im schiitischen Nachbarstaat Iran nach der Islamischen Revolution geschehen ist.

Frauen im öffentlichen Leben

Der Schwerpunkt des vorliegenden Buches liegt auf der Beschreibung der schariabedingten Situation der Musliminnen. Daher besteht die Gefahr der Schieflage in der Darstellung. Denn in diesem Rahmen werden nolens volens fast ausschließlich die Schattenseiten einer männerdominierten Religion in ohnedies patriarchalischen Systemen, die oft dazu noch in Stammesstrukturen eingebettet sind, in den Blick genommen. Positive Entwicklungen werden dadurch nur allzu leicht ausgeblendet. Die Wahrnehmung ist selektiv, und sie muss es auch bleiben, weil die im Grunde erforderliche Wiedergabe aller Richtungen und Strömungen innerhalb des Islam mit ihrem Einwirken auf die lokalen und sozialen Gegebenheiten den Rahmen jeder Darstellung sprengen würde. Es ist also legitim, einzelne relevante Aspekte nur kurz anzuschneiden und aufs Ganze gesehen paradigmatisch vorzugehen.

Das Frauenbild der Islamistinnen

Das Bild, das Islamistinnen gern von sich vermitteln, zeigt einen neuen Frauentyp, der selbstbewusst, oft fordernd und scheinbar emanzipiert seine Sinngebung in der Beförderung eines fundamentalistisch-aktionistischen Islam findet.[1] Kämpferisch sind diese Frauen; sie wagen es sogar, an fremde Türen ihrer Landsleute zu klopfen und für eine Partei oder ihre Ideologie zu kämpfen. Sie sitzen in Gremien und verlangen stürmisch nach Rechten, die den

Scharia-Islam befördern sollen. Selbst indoktriniert, empfinden sie ihre Rolle als durch und durch positiv, denn sie haben eine Nische für sich entdeckt, die sie als ihre persönliche »Freiheit« ansehen und nach außen auch so zu vertreten versuchen. Ihre Kinder erziehen sie ebenfalls in diesem ideologischen Geist und sind also auch auf diese existenzielle Weise Multiplikatorinnen der von ihnen vertretenen, sehr strengen Islamsicht. Innerhalb ihres Systems spielen sie einen besonderen Part, der ihnen allerdings nicht ihre politische und soziale Gleichberechtigung bringt. Vielmehr werden ihnen führende Positionen versagt. Dieser Weg führt unweigerlich in die schariabedingte Unterwerfung der Frau unter die Ideologie und damit konsequenterweise unter den letztlich allein bestimmenden Mann.

Für Außenstehende ist diese Form der letztendlichen Selbstkasteiung kaum zu verstehen. Für diejenigen unter den Frauen, die diesen Weg einschlagen, bietet sich jedoch die einmalige Möglichkeit, auch nach außen zu wirken, eine Chance der Selbstdarstellung sowie des Einsatzes für eine nach ihrem Verständnis »außerordentlich gute, wichtige und segensreiche Sache«, die den anderen Frauen aus strenggläubigen Kreisen ansonsten versagt bleibt.

Shazia Mirza – eine muslimische Kabarettistin

Shazia Mirza war früher Biologie- und Chemielehrerin, sie ist bekennende Muslimin und hat einmal die große Pilgerfahrt *(haj)* nach Mekka und zwei kleine Pilgerreisen *(umra)* gemacht. Als erste muslimische Kabarettistin überhaupt hat sie die Bühne im Sturm erobert.[2] Das Kopftuch trug sie lange nur als Requisite, und so konnte sie sich lachend und todernst zugleich mit islamischen Sonderheiten auseinander setzen oder über falsche Moralvorstellungen gelegentlich durchaus auch einmal derb witzeln. Die Britin pakistanischer Herkunft füllt die Royal Albert Hall mit ihren 6000

Sitzen und bringt sie vor Gelächter zum Beben. Sie erfreut ihr Publikum mit in Witz gepackter Kritik: »Gut, dass Afghaninnen nicht Auto fahren dürfen. Die können ja gar nichts sehen!« Verletzende Spitzen gegen die Religion meidet sie und nimmt nur aufs Korn, was sie als Auswüchse ansieht. In ihr Repertoire gehören auch witzige Bemerkungen über die westliche moralische Freizügigkeit.

Die 24-jährige Shazia Mirza vollführt einen Spagat zwischen dem Westen und dem Islam in einer für Muslime vollkommen neuen Rolle. Dies brachte sie auch in Bedrängnis, als muslimische Fundamentalisten sie, die sich ihrer Meinung nach schamlos vor Fremden – wenn auch islamisch gedresst – »prostituiert«, von der Bühne zerrten. Unter diesem Unverständnis leidet die mutige junge Grenzgängerin sehr.[3]

Emanzipierte Frauen aus der Oberschicht

In den islamischen Ländern stehen wir vor einem Paradoxon: Die Frauen der Oberschicht sind oft so emanzipiert, dass die nichtmuslimischen Frauen in der westlichen Hemisphäre kaum mitkommen. Die begüterten Frauen des Orients können sich billige Arbeitskräfte leisten und ihrer meist akademischen Tätigkeit nachgehen. Auch wenn Frauen in Führungspositionen in öffentlichen Ämtern selten sind, so haben sie doch relativ gute Aufstiegschancen, wenn sie ihre Ausbildung abschließen und dann auch einen Beruf ausüben. Etwa die Hälfte der Studierenden an jordanischen Universitäten sind Frauen, und in den meisten islamischen Ländern können sie Berufe wie Lehrerin, Krankenschwester oder Ärztin problemlos ausüben. Denn in Ländern mit rigider Geschlechtertrennung wie in Iran oder Saudi-Arabien herrscht die »Doppelberufsstrategie«: In manchen Berufszweigen, wie im Gesundheitssektor oder im Schulsystem, muss jede Sparte doppelt besetzt werden, zum einen mit Männern – für die männlichen Kranken bzw. Schüler, zum anderen mit Frauen – für die weiblichen Kranken bzw. Schülerinnen. Prüfsteine dafür, wie es um die beruflichen Möglichkeiten bestellt ist, bilden die Verteilung der Parlamentssitze nach Geschlecht und auch die Möglichkeit, Richterin werden zu können. In der Türkei gab es lange Zeit eine regelrechte Quotenregelung für Frauen, aber auch in Tunesien, das ohnehin in Frauenfragen progressiv ist, und in Algerien. Die Arbeitsbedingungen in anderen islamischen Ländern sind deutlich schlechter. Hingegen gibt es wesentlich weniger Einschränkungen bei Anwältinnen, bei Universitätsprofessorinnen – sogar in der islamischen Theologie – und bei hohen Beamtinnen, die es bis ins Ministeramt und noch höher bringen können.

Es scheint ein Widerspruch zu sein, dass Frauen in islamischen Ländern zu den höchsten Regierungsämtern gelangen, während in der westlichen Welt lediglich England und Skandinavien gelegentlich Regierungschefinnen vorzuweisen haben. So gab es Tansu Ciller in der Türkei oder Benazir Bhutto in Pakistan, die Tochter des hingerichteten Zulfikar Ali Bhutto, dem für kurze Zeit zunächst seine Ehefrau im Amt gefolgt war. Die Mutter wollte sie als Platzhalterin für den als eigentlichen Nachfolger gedachten Sohn an der Regierung haben und halten. In Bangladesch ist die Begum Khaleda Zia der wegen Korruption angeklagten, aber nicht verurteilten Expremierministerin Scheicha Hasina Wajed gefolgt, beides Erzrivalinnen. Schließlich stand Megawati Sukarnoputri an der Spitze von Indonesien, dem Staat mit den meisten Muslimen weltweit überhaupt. Diese Frauen verdankten ihre Position besonderen politischen Konstellationen oder oligarchischen Strukturen der herrschenden Familie.

Allerdings bedarf es stets der Männer, ohne deren Zustimmung und Förderung keine positive Entwicklung möglich ist. Deshalb waren in vielen islamischen Ländern die ersten Frauenrechtler Männer: Sie mussten Veränderungen für die Frauen zunächst in der Theorie vorbereiten und dann gesetzlich gegen die Tradition verankern.

Paradoxe Entwicklungen mit ihren schroffen Gegensätzen zu der armen, ungebildeten Bevölkerung, insbesondere zu den Frauen, sind überall zu beobachten. Die Kluft zwischen Reich und Arm, Gebildet und Ungebildet trifft die Frauen besonders hart. Geradezu unerträglich war die Haltung einer Frau wie Benazir Bhutto, die am Ende ihrer politischen Laufbahn zugab, sich viel zu wenig um die Frauenfrage gekümmert zu haben. Solidarität fanden die Frauen hier jedenfalls nicht. Doch hätten es die komplexen Hintergründe für diese Divergenz der Machtfülle einzelner Frauen auf der einen und der gleichzeitigen Unterdrückung von Frauen auf der anderen Seite verdient, in einer eigenen Studie dargestellt zu werden.

Bildung als Ausweg – Schlussbemerkung

Es bedarf vieler grundlegender Veränderungen, um Frauen aus ihrer traditionsbedingten Misere herauszuhelfen. Die Anhebung ihres Lebensstandards im Zuge der Globalisierung ist genauso erforderlich wie die durchgreifende Veränderung von Gesetzen. Die wichtigsten betreffen die Gleichberechtigung von Mann und Frau sowie die Abschaffung der Polygamie, das Recht der Frau auf Scheidung und Unterhalt, auch für die Kinder, aktives und passives Wahlrecht sowie Gewährung der freien Berufswahl und der Reisefreiheit. Jedes islamische Land hat mehr oder weniger erhebliche Defizite, die vor allem auf die Einbindung der Scharia in die Gesetzgebung zurückzuführen sind.

Ohne Hilfe zur Selbsthilfe geht es freilich nicht. Die Frauen müssen selbst lernen, welche Rechte sie bereits haben, welche ihnen darüber hinaus gewährt werden sollten und wie diese politisch durchzusetzen sind. Der allerwichtigste erste Schritt auf diesem langen Weg ist die Alphabetisierung, denn die einzige Möglichkeit für die Frauen, ihren Status selbst zu verbessern, ist ihre Bildung. Erst sie ermöglicht es den Frauen, sich gegen Vorschriften zu wehren, wenn sie etwa den Ehevertrag selbst lesen können, oder sie verhilft ihnen dazu, qualifizierte Berufe zu erlernen. Deshalb werden von vielen islamischen und nichtislamischen Fraueninitiativen und auch von großen internationalen Organisationen wie der UNICEF Alphabetisierungskampagnen durchgeführt. In diesem Bereich bewegt sich viel, doch es bleibt noch unendlich viel zu tun, um den allgemeinen Bildungsstandard, auch für die Männer, zu heben. Tatsächlich lässt sich der Fortschritt für die Frauen meist nur mit Unterstützung durch die Männer erreichen, und da ist noch viel Überzeugungsarbeit zu leisten. Sie ist um so eher von Erfolg gekrönt, je höher das Bildungsniveau beider ist.

Um diese Bildungsarbeit zu bewerkstelligen, können sich säkular eingestellte Frauen sogar mit jenen religiösen Geschlechtsgenossinnen verständigen, die sich für die Scharia einsetzen, gilt doch gerade auch für sie die Aufforderung ihres Propheten Muhammad: »Sucht das Wissen, selbst wenn es in China wäre.«

Abschließend bleibt festzustellen, dass die Situation von Frauen in islamischen Ländern viel zu komplex ist, als dass sie in meinem knappen Beitrag auch nur annähernd angemessen hätte beschrieben werden können; dessen bin ich mir wohl bewusst. Jedes islamische Land hat seine eigene Geschichte und seinen ganz spezifischen kulturellen und traditionellen Hintergrund, verbunden mit landestypischen Ausformungen des Islam, und hätte deshalb einen gesonderten Beitrag verdient. Dieser Vielfalt konnte und wollte ich an dieser Stelle nicht zureichend Rechnung tragen.

Statt dessen habe ich exemplarisch einige Länder wie Pakistan, Bangladesch, Iran und die Türkei etwas genauer betrachtet. Die Auswahl mag auf den ersten Blick ungewöhnlich erscheinen, böten sich doch eher Indonesien als Land mit den meisten Muslimen oder auch Ägypten an, das den Frauen gegenüber ambivalente Positionen einnimmt. Bewegt haben mich dabei ganz unterschiedliche Aspekte: wie in der Türkei als islamischem Land mit westlicher Gesetzgebung die Scharia wieder durch die Hintertüre in die Lebenswirklichkeit schlüpft; wie im schiitischen Iran nach der Islamischen Revolution die Frauen in den Städten sich kleine Freiheiten erkämpfen; wie in Pakistan, dem Land mit den meisten Ehrenmorden, ein Polizeioffizier sich auf die Seite der Frauen stellt und für Gerechtigkeit kämpft; oder wie in Bangladesch als dem am dichtesten besiedelten Flächenstaat und einem der schlimmsten

Armenhäuser der Welt ein Projekt Frauen die Chance zum Überleben bietet. Trotz aller Unterschiedlichkeiten sind aber auch länderübergreifende Parallelen nicht zu übersehen, die in der bloßen Diskrepanz zwischen von der Scharia geforderten Verhaltensweisen und realen Lebensbedingungen liegen.

Mein Anspruch ist bescheiden: ich will nicht mehr als die Aufmerksamkeit auf verschiedene Aspekte lenken, Neugierde erwecken und dazu anregen, sich selbst anhand konkreter Beispiele vertiefend mit der Thematik dieses Frauen-Buches zu befassen.

Anmerkungen

Frauen unter der Scharia

Einleitung

1 Hassan: *Interpretationen*, S. 219
2 Newton, Rafiqul Haqq: *Women*, S. 2
3 Ibn Kathir, zitiert nach Newton, Rafiqul Haqq: *Women*, S. 2
4 Razi, zitiert nach Newton, Rafiqul Haqq: *Women*, S. 3
5 Engineer: *Rights*, S. 45
6 Ebd., S. 53, 63–64
7 Ebd., S. 98
8 Einige Texte werden von El Alami: *Marriage Contract*, S. 114 zitiert.
9 Aus einer Rede Bourgibas zur Einführung des CSP am 3. August 1956, zitiert nach Waletzki: *Ehe*, S. 77

Die Scharia – Gesetz des Mittelalters oder der Moderne?

1 Engineer: *Rights*, S. 8–17
2 Motzki: *Ursprünge*, S. 263
3 Diese Beispiele zählt Hasan: *Principles*, S. 84–85 auf.
4 Hasan: *Principles*, S. 85
5 Ebert: *Schließung*, S. 366
6 Hallaq: *History*, S. 3
7 Beispiele bei Ebert: *Schließung*, S. 379f.
8 Spies: *Recht*, S. 223
9 Hallaq: *History*, S. 13

10 Ebd., S. 7–8
11 Griffel: *Apostasie*, S. 67
12 Watt, Welch: *Islam*, S. 240
13 Löschner: *Grundlagen*, S. 86–87
14 Nagel: *Koran*, S. 324
15 Vgl. Watt, Welch: *Islam*, S. 243
16 Das altarabische Gewohnheitsrecht wurde zum Beispiel von den Begründern zweier Rechtsschulen, Abu Hanifa und Malik als Rechtsquelle weiterhin anerkannt. Salem: *Islam*, S. 38–40
17 Zur Entwicklung des zwölferschiitischen Rechts vgl. Löschner: *Grundlagen*.
18 So Hallaq: *Gate*, S. 11
19 Ebert: *Schließung*, S. 368
20 Ebd., S. 368
21 Einen Überblick über die Ehe- und Familiengesetzgebung einiger arabischer Länder Nordafrikas und des Mittleren Ostens vermittelt El Alami: *Marriage Contract*.
22 Hallaq: *History*, S. 3. Waletzki: *Ehe*, S. 122 geht mit Bezug auf Noel Coulson sogar nur von 80 Versen mit rechtlichen Regelungen aus.
23 Dilger: *Tendenzen*, S. 186

Das islamische Strafrecht und die Rechte der Frau

1 So auch Gräf, Krüger: *Recht*, S. 266.
2 Carra de Vaux; Schacht: *hadd*, S. 20
3 Sanad: *Theory*, S. 50
4 Gräf *Todesstrafen*, S. 10
5 Tellenbach: *Strafgesetze*, S. 46
6 El Baradie: *Gottes-Recht*, S. 115
7 Tellenbach: *Strafgesetze. S.* 73
8 Zitiert nach Sanad: *Theory*, S. 55
9 So Sanad: Ebd. S. 55
10 Gräf: *Todesstrafen*, S. 12
11 Bei Strafrechtsverfahren kann ein männlicher Zeuge vor Gericht nicht – wie sonst bei Zeugenaussagen – durch zwei weibliche Zeugen ersetzt werden. Gräf: *Todesstrafen*, S. 13 bis 14.

12 Tellenbach: *Strafgesetze*, S. 47
13 Sanad: *Theory*, S. 101
14 El-Awa: *Punishment*, S. 129
15 Ebd. S. 127
16 Sanad: *Theory*, S. 103
17 So Gräf *Todesstrafen*, S. 13
18 Ebd.
19 Tellenbach: *Strafgesetze*, S. 53
20 So Gräf: *Todesstrafen*, S. 14
21 Sanad: *Theory*, S. 72
22 Zitiert nach Sanad, ebd.
23 Ebd. S. 80
24 Weiss: *Implications*, S. 100
25 Jag Jivan: *Ehre*, S. 144
26 Tellenbach: *Strafgesetze*, S. 14
27 Baroody: *Crime*, S. 57
28 Sanad: *Theory*, S. 105
29 Dilger: *Tendenzen*, S. 192
30 Peters: *Reintroduction*, S. 20
31 Ebd. S. 53
32 Tellenbach: *Strafgesetze*, S. 59
33 So auch das nigerianische Eherecht. Aguda: *Marriage*, S. 77
34 Nasir: *Status*, S. 109
35 Nwogugu: *Law*, S. 137
36 Ebert: *Anwendung*, S. 366
37 So Dilger: *Tendenzen*, S. 208
38 So Peters: *Reintroduction*, S. 5
39 Ebd. S. 14
40 Sanad: *Theory*, S. 100
41 Ebd. S. 101
42 Dilger: *Tendenzen*, S. 206
43 Schacht: *Kisas*, S. 179
44 Peters: *Reintroduction*, S. 26
45 Tellenbach: *Strafgesetze*, S. 91
46 Dilger: *Tendenzen*, S. 189
47 So Peters: *Reintroduction*, S. 9 für Nigeria

48 Tellenbach: *Strafgesetze*, S. 96–97
49 Peters: *Reintroduction*, S. 26
50 Vgl. dazu die juristische Dissertation von Bercher: *Délits*
51 Sanad: *Theory*, S. 61
52 El-Awa: *Punishment*, S. 107
53 Ebd. 103–104
54 Ebd. S. 102–103
55 Diese Möglichkeiten zählt Dilger: *Entwicklung*, S. 98 auf.
56 El-Awa: *Punishment*, S. 115
57 So argumentiert etwa auch der ehemalige Professor für Islamisches Recht der Universität Riad, zugleich Rechtsberater des »Arabischen Amtes für Erziehung der Golfstaaten«, Mohamed S. El-Awa: *Punishment*, S. 115
58 Sanad: *Theory*, S. 65
59 Ebd.
60 So referiert Sanad. Ebd. S. 56–57
61 Peters: *Reintroduction*, S. 39
62 Abd-Elrahim: *Concept*, S. 104
63 Ebd. S. 115–123
64 Malekian: *Concept*, S. 2
65 Sanad: *Theory*, S. 49
66 Nagel: *Recht*, S. 3
67 Ebd.
68 Dilger: *Tendenzen*, S. 211
69 So zum Beispiel Libyen: Ebert: *Anwendung*, S. 365
70 Beispiele für die einzelnen Länder s. bei Dilger: *Tendenzen*, S. 187–188
71 Pearl: *Divorce*, S. 58
72 So auch Hassan: *Interpretationen*, S. 230–232

Frauen im islamischen Ehe- und Familienrecht

1 So auch apologetisch El-Bahnassawi: *Stellung*, S. 35
2 Aguda: *Marriage*, S. 41
3 Dies betont auch Abd-Elrahim: *Concept*, S. 200

4 Zitiert nach Newton; Rafiqul Haqq: *Women*, S. 16
5 Nasir: *Status*, S. 41
6 Sahih: *The Book of Menses*, Bd. 1, S. 179–180
7 Zitiert nach Newton; Rafiqul Haqq: *Women*, S. 10
8 Zitiert nach ebd. S. 7
9 Zitiert nach ebd. S. 15
10 Zitiert nach Hassan: *Interpretationen*, S. 223
11 Newton; Rafiqul Haqq: *Women*, S. 13
12 Zitiert nach ebd.
13 Stowasser: *Women*, S. 32
14 El-Bahnassawi: *Stellung*, S. 165
15 Waletzki: *Ehe*, S. 137

Islamische Ehe- und Familiengesetze im Einzelnen

1 Zitiert nach Haeri: *Law*, S. 33
2 Aguda: *Marriage*, S. 63
3 Rauscher: *Shari'a*, S. 31
4 Kamali: *Law*, S. 142
5 So Fluehr-Lobban: *Law*, S. 146 für den Sudan
6 So Layish: *Women*, S. 130 für den israelischen Kontext
7 Darauf weist besonders Rauscher: *Shari'a*, S. 83 hin
8 Ebert: *Personalstatut*, S. 92
9 Waletzki: *Ehe*, S. 151
10 Rauscher: *Shari'a*, S. 38
11 Ebd. S. 19
12 So El Alami: *Marriage*, S. 219 für Syrien
13 Murata: *Marriage*, S. 13
14 Rauscher: *Shari'a*, S. 34; Murata: *Marriage*, S. 13
15 Reuter: *Religion*, S. 214
16 So Reuter. Ebd. S. 211 für Kairo
17 Waletzki: *Ehe*, S. 152
18 Ebert: *Personalstatut*, S. 97
19 Waletzki: *Ehe*, S. 152
20 Ebd. S. 159

21 Haeri: *Divorce*, S. 57
22 Qureshi: *Law*, S. 58
23 El Alam : *Marriage*, S. 198
24 Kamali: *Law*, S. 101ff.
25 So Mir-Hosseini: *Marriage*, S. 73ff. für den Iran
26 El Alami: *Marriage Contract*, S. 110
27 Esposito: *Women*, S. 87
28 Pearl: *Textbook*, S. 67
29 Waletzki: *Ehe*, S. 186
30 Mir-Hosseini: *Marriage*, S. 73
31 Ebd. S. 97
32 El Alami: *Marriage*. S. 93+201
33 Fluehr-Lobban: *Law. S.* 145
34 Hodkinson: *Family. S.* 137
35 Ebert: *Personalstatut*, S. 93
36 So Kamali für Afghanistan: Kamali: *Law*, S. 12+84
37 Ebd. S. 83
38 Zum Beispiel ist dies in der Stammesgesellschaft Afghanistans nicht der Fall. Ebd. S. 84ff.
39 Tucker: *House*, S. 69
40 Kamali: *Law*, S. 84–85
41 El Mami: *Marriage*, S. 107
42 Murata: *Marriage*, S. 16
43 Welchman: *Code*, S. 233
44 El Mami: *Marriage Contract*, S. 113
45 Murata: *Marriage*, S. 15
46 Zitiert nach Mir-Hosseini: *Marriage*, S. 32
47 Ebd.
48 Murata: *Marriage*, S. 14
49 El Mami: *Marriage*, S. 204
50 Hodkinson: *Family*, S. 131
51 Nasir: *Status*, S. 41
52 El Alami: *Marriage*, S. 46
53 Ebd. S. 101
54 Ebd. S. 104
55 Nasir: *Status*, S. 64

56 Layish: *Women*, S. 99 für Israel.
57 Waletzki: *Ehe*, S. 355–356
58 So Layish: *Women*, S. 100 für Israel
59 Murata: *Marriage*, S. 11
60 El Alami: *Marriage Contract*, S. 117
61 Mir-Hosseini: *Marriage*, S. 46
62 Nasir: *Status*, S. 60–61
63 Der abgeschlossene Innenhof wird insbesondere im Westjordanland eingefordert. Welchman: *Code*, S. 239
64 Das marokkanische Familiengesetz definiert als Recht der Frau, ihre Familie zu besuchen und ihren Besuch zu empfangen. Nasi: *Status*, S. 41
65 Welchman: *Code*, S. 223
66 Shaham: *Family*, S. 92
67 So Layish: *Women*, S. 91
68 So Aguda: *Marriage*, S. 43
69 Pearl; Menski: *Family*, S. 183
70 El Alami: *Marriage Contract*, S. 118
71 Ebd. S. 118–119
72 Ebert: Personalstatut, S. 106
73 Mir-Hosseini: *Marriage*, S. 120–121
74 So argumentiert eine 1980 in Saudi-Arabien publizierte Schrift *Die Reise der saudischen Frau*, Vagt: *Frau*, S. 12
75 Shaham: *Family*, S. 94
76 Nasir: *Status*, S. 63
77 Doi: Woman, S. 107
78 Waletzki: *Ehe*, S. 336
79 *Die Reise der saudischen Frau*, zitiert nach Vagt: *Frau*, S. 108
80 Doumato: *Women*, S. 167
81 Vagt: *Frau*, S. 45
82 Welchman: *Code*, 228–229
83 So El Alami: *Marriage Contract*, S. 122
84 Doumato: *Women*, S. 168
85 So Sheich Abu Abdullah ibn Uthaimin al-Tamimi, Mitglied im Rat der Obersten Religionsgelehrten Saudi-Arabiens. Doumato: *Women*, S. 170

86 Reuter: *Religion*, S. 257
87 Esposito: *Women*, S. 93
88 Mir-Hosseini: *Marriage*, S. 127
89 Zitiert nach Newton; Rafiqul Haqq: *Women*, S. 13
90 Mir-Hosseini: *Marriage*, S. 49
91 Welchman: *Code*, berichtet, dass im Jahr 1985 nur 20 Prozent aller Gerichtsverfahren wegen des Gehorsamsparagraphen im Westjordanland erfolgreich für den Ehemann verliefen. S. 231–232
92 Layish: *Women*, S. 101
93 El Alami: *Marriage Contract*, S. 103
94 Welchman: *Code*, S. 242–245
95 Nasir: *Status*, S. 63–64
96 Aguda: *Marriage*, S. 40
97 Zitiert nach Haeri: *Law*, S. 47
98 Zitiert nach Ibn Rassoul: *Handbuch*, S. 283
99 Zitiert nach Haeri: *Law*, S. 47
100 Ibn Rassoul: *Handbuch*, S. 284
101 Waletzki: *Ehe*, S. 195
102 El Alami: *Marriage Contract*, S. 116
103 Reuter: *Religion*, S. 129 aus Interviews mit ägyptischen Frauen aus den 1990er Jahren
104 Waletzki: *Ehe*, S. 17
105 Ebd. S. 229
106 Zitiert nach El-Bahnassawi: *Stellung*, S. 171
107 Zitiert nach Ibn Rassoul: Handbuch, S. 302
108 Engineer: Rights, S. 47ff.
109 Zitiert nach Khoury: *Prophet*, S. 268
110 Zitiert nach El-Bahnassawi: *Stellung*, S. 175
111 Ebert: *Personalstatut*, S. 114
112 El-Bahnassawi: *Stellung*, S. 170
113 Layish: *Women*, S. 109
114 Waletzki: *Ehe*, S. 194
115 Zitiert nach Ebd. S. 222
116 Ibn Rassoul: *Handbuch*, S. 302
117 Ebd. S. 57
118 Leider ohne Quellenangabe aus der Überlieferung bei Aguda: *Marriage*, S. 42

119 El Alami: *Marriage Contract*, S. 129
120 El Alami: *Marriage*, S. 58
121 El Alami: *Marriage Contract*, S. 135
122 Esposito: *Warnen*, S. 80
123 El Alami: *Marriage*, S. 45
124 Ebd. S. 66
125 Dies sind etwa die Erfordernisse für eine Zweitehe in Somalia und im früheren Südjemen. Dilger: *Tendenzen*, S. 192
126 Waletzki: *Ehe*, S. 169
127 So geht zum Beispiel Engineer: *Rights*, S. 110 von einem Alter von 16–17 Jahren für Aischa aus, was jedoch eine kaum anerkannte Außenseiterposition ist.
128 So der Bericht von Haeri: *Law*, S. 120
129 Ebert: *Personalstatut*, S. 94–95
130 So El Saadawi: *Woman*, S. 204
131 Waletzki: *Ehe*, S. 158
132 Ebert: *Personalstatut*, S. 98 gibt für Saudi-Arabien als höchste Zahl 12 Prozent an.
133 Fluehr-Lobban: *Law*, mit Verweis auf weitere Literatur. S. 143–145
134 El Alami: *Marriage*, S. 226
135 Kamali berichtet von Afghanistan, dass es dort in polygamen Ehen häufig keine eigenen Wohnbereiche gibt. Kamali. *Law*, S. 141
136 Ebert: *Personalstatut*, S. 100
137 Ebd. S. 101
138 Darauf weist Pearl: *Textbook*, S. 73 hin.
139 Pearl: *Decades*, S. 322
140 Ebert: *Personalstatut*, S. 100
141 Pearl: *Decades*, S. 323
142 Ebd.
143 Ebert: *Personalstatut*, S. 100
144 Ebert: *Schließung*, S. 372
145 Shaham: *Divorce*, S. 245
146 Hodkinson: *Family*, S. 146
147 Layish: *Warnen*, S. 72ff.
148 Lenm; Heeren: *Wornan*, S. 46
149 Ibn Rassoul: *Handbuch*, S. 54

150 Haeri: *Law*, S. 47/48
151 El-Bahnassawi: *Stellung*, S. 183
152 Ebd. S. 183–184
153 Murata: *Marriage*, S. 36
154 El Alami: *Marriage*, S. 155+184
155 Rauscher: *Shari'a*, S. 62
156 So Haeri: *Law*, S. 51/52 für den Iran
157 Unter »Schriftbesitzern« versteht der Koran die genannten Gruppierungen, an die bereits vor der Herabsendung des Korans eine Offenbarung ergangen ist.
158 Murata: *Marriage*, S. 44
159 Haeri: *Divorce*, S. 60
160 Haeri: *Law*, S. 69
161 So referiert Gribetz: *Bedfellows*, die unterschiedlichen Auffassungen. S. 14+16–17
162 So Gribetz. ebd. S. 56 mit Quellenangaben
163 So Gribetz. ebd. S. 80 mit Quellenangaben
164 Zitiert nach Murata: *Marriage*, S. 72
165 Haeri: *Law*,
166 Ebd. 10–11
167 So Haeri: ebd. S. 8–9 aufgrund ihrer Feldstudien im prä- und postrevolutionären Iran.
168 Murata: *Marriage*, S. 30
169 Fallbeispiele bei Haeri: *Law*, S. 140ff.
170 Haeri. ebd. S. 149/150 macht auf der Seite der Frauen die Suche nach ehelicher Zuwendung als Hauptmotiv der iranischen Zeitehen aus.
171 Ebd. S. 83
172 Ebd. S. 89ff.
173 Ebd. S. 94–95
174 Engineer: *Rights*, S. 120
175 Pearl/Menski: *Family*, S. 94
176 Pearl: *Textbook*, S. 95
177 Dilger: *Tendenzen*, S. 193
178 Ebert: *Personalstatut*, S. 112
179 Esposito: *Women*, S. 30

180 Rauscher: *Shari'a*, S. 105
181 Mir-Hosseini: *Marriage*, S. 85
182 Shaham: *Family*, S. 106
183 Murata: *Marriage*, S. 19
184 Ebert: *Personalstatut*, S. 109
185 So die Begründung von Aguda: *Marriage*, S. 76
186 Fluehr-Lobban: *Law*, S. 139
187 Pearl: *Textbook*, S. 98
188 Fluehr-Lobban: *Law*, S. 141
189 Doi: *Woman*, S. 110
190 So Fluehr-Lobban: *Law*, S. 142–143 für den Sudan
191 Ebd. S. 169
192 Ebd. S. 154–155
193 Mahmood: *Scharia*, S. 119
194 Shaham: *Family*, S. 83
195 So Ebert: *Schließung*, S. 370
196 Esposito: *Women*, S. 79
197 So für den Sudan Fluehr-Lobban: *Law*, S. 162
198 El Alami: *Marriage Contract*, S. 121
199 Fluehr-Lobban: *Law*, S. 162–163
200 El Alami: *Marriage*, S. 166
201 Shaham: *Divorce*, S. 241
202 Shaham: *Family*, S. 119
203 Shaham: *Divorce*, S. 239
204 El Alami: *Marriage*, S. 59
205 Ebd S. 139
206 Nasir: *Status*, S. 93–94
207 Ebd. S. 94
208 Shaham: *Family*, S. 131
209 Layish: *Women*, S. 167–168
210 Nasir: *Status*, S. 94
211 Ebd. S. 62
212 Kamali: *Law*, S. 187
213 Ebert: *Personalstatut*, S. 115
214 Shaham: *Divorce*, S. 235
215 Pearl: *Textbook*, S. 108

216 Waletzki: *Ehe*, S. 227
217 Fluehr-Lobban: *Law*, S. 166
218 Shaham: *Family*, S. 117
219 Shaham: *Divorce*, S. 243ff.
220 Kamali: *Law*, S. 185
221 Waletzki: *Ehe*, S. 223
222 Shaham: *Divorce*, S. 230
223 Ebert: *Personalstatut*, S. 108
224 Qureshi: *Law*, S. 180
225 El Azhary Sonbol: *Law*, S. 281
226 So Waletzki: *Ehe*, S. 339
227 Zitiert nach ebd. S. 343
228 Ebd. S. 344 mit Quellenangabe
229 Shaham: *Family*, S. 129
230 Shaham: *Divorce*, S. 243
231 Nasir: *Status*, S. 82–83
232 Layish: *Women*, S. 169
233 Ebd. S. 170
234 Shaham: *Family*, S. 136
235 So Nwogugu: *Law*, S. 103
236 Pearl: *Textbook*, S. 109
237 Ebd. S. 101
238 Waletzki: *Ehe*, S. 234
239 Ebd. S. 196
240 Esposito: *Women*, S. 84
241 Ebd.
242 Ebd. S. 81
243 Nasir: *Status*, S. 83
244 Nwogugu: *Law*, S. 133ff.
245 Pearl: *Textbook*, S. 111–112
246 So Ebert: *Personalstatut*, S. 118
247 So die Studie von Shaham: *Family*, S. 120–121 für ägyptische Gerichtsurteile aus der Zeit von 1900 bis 1955
248 Layish: *Women*, S. 131–132
249 Ebd. S. 152
250 Ebd. S. 140

251 Ebd. S. 144–145
252 Ebd. S. 150
253 Waletzki: *Ehe*, S. 210–211
254 Shaham: *Divorce*, S. 225
255 Kamali: *Law*, S. 186
256 Pearl: *Textbook*, S. 110
257 So zusammenfassend Esposito: *Women*, S. 53–54
258 Ebert: *Schließung*, S. 378
259 Pearl: *Divorce*, S. 325
260 Mahmood: *Scharia*, S. 114 in Darstellung eines 1985 in Kaduna verhandelten Falles
261 Aguda: *Marriage*, S. 74
262 Murata: *Marriage*, S. 22
263 Ebert: *Personalstatut*, S. 111
264 Nasir: *Status*, S. 81
265 Ebd, S. 81
266 Eine solche Übereinkunft erwähnt Joseph: *Introduction*, S. 4
267 Fluehr-Lobban: *Law*, S. 170–171
268 So Fluehr-Lobban. ebd. S. 152 für den Sudan
269 Fluehr-Lobban: *Law*, S. 158–160
270 So Pearl; Menski: *Family*, S. 184
271 Rauscher: *Shari'a*, S. 76
272 Waletzki: *Ehe*, S. 248
273 Dilger: *Tendenzen*, S. 193
274 Haeri: *Divorce*, S. 66
275 El Alami: *Marriage*, S. 235
276 Ebd. S. 262
277 Ebert: *Personalstatut*, S. 111
278 So Dilger für den Südjemen: *Tendenzen*, S. 194
279 Murata: *Marriage*, S. 26
280 Fluehr-Lobban: *Law*, S. 171
281 In Ägypten kann der Richter auch entscheiden, dass eine Tochter bis zur Verheiratung und ein Sohn bis zum Alter von 15 Jahren bei der Mutter bleibt, wenn ihm das für das Wohl des Kindes das Beste zu sein scheint. Esposito: *Women*, S. 62
282 Ebert: *Personalstatut*, S. 125–126

283 S. bei Ebert, ebd. S. 122–123, die Regelungen für die einzelnen islamischen Länder
284 Waletzki: *Ehe*, S. 261–262
285 Dilger: *Tendenzen*, S. 194 für Ägypten, Somalia und Südjemen
286 Mutahhari: *Rights*, S. 182 mit Bezug auf eine nichtmuslimische Psychologin
287 Ebd. S. 174
288 Ebd. S. 182 mit Bezug auf eine nichtmuslimische Psychologin
289 So Nagel: *Recht*, S. 117
290 So die Stellungnahme einer saudi-arabischen Autorin. Vagt: *Frau*, S. 125
291 Engineer: *Rights*, S. 80–81 nennt einige konkrete Beispiele.
292 Vgl. die Quellentexte und Stellungnahmen muslimischer Theologen bei Krawietz: *Hurma*, S. 224ff.
293 Krawietz: *Hurma*, S. 233
294 Ebd. S. 235
295 Diese Beispiele benennt Doi: *Woman*, S. 16
296 Shaham: *Family*, S. 134
297 Vgl. die bei Shaham, ebd. S. 124, genannten Fälle
298 Esposito: *Women*, S. 80
299 El Azhary Sonbol: *Law*, S. 280
300 Es wurden allerdings auch Zweifel laut, ob dieses Ereignis so überhaupt stattgefunden hatte. Reuter: *Religion*, S. 184
301 El Azhary Sonbol: *Law*, S. 289
302 Diese beiden Gefahren nennt Peters: *Reintroduction*, S. 20 auch für eine Anzeige wegen Vergewaltigung in Nigeria.
303 Nwogugu: *Law*, S. 137
304 Vagt: *Frau*, S. 43. Doumato: *Women*, S. 173
305 Reuter: *Religion*, S. 192–193
306 Krawietz: *Hurma*, S. 77
307 Stowasser: *Women*, S. 26
308 Zitiert nach Krawietz: *Hurma*, S. 260

1 El Alami: *Marriage*, S. 157
2 Darauf weist Mernissi: *Virginity*, S. 188 hin
3 Waletzki: *Ehe*, S. 27
4 Zitiert nach Waletzki, ebd. S. 31
5 Reuter: *Religion*, S. 78 aus einer Schrift eines konservativen Theologen

Lebenswirklichkeiten zwischen Tradition und Aufbegehren

Die Scharia ist im Westen angekommen

1 So in *Die Zeit* vom 26. Februar 2004.
2 Dazu mehr bei Christine Schirrmacher, S. 63ff.
3 Dazu Adel Khoury: *Toleranz im Islam*, München/Mainz 1980, S. 43 bis 52.
4 Eine scharfe Analyse der Situation der Frauen im Islam, der man vielleicht nicht in allen Punkten folgen mag, die aber dennoch sehr bedenkenswert ist, liefert Hans-Peter Raddatz: *Allahs Schleier. Die Frau im Kampf der Kulturen*. München 2004.
5 Siehe dazu L. Hagemann / A.Th. Khoury: *Dürfen Muslime auf Dauer in einem nicht-islamischen Land leben?* Würzburg-Altenberge 1997. Siehe ferner die Diskussion von Tariq Ramadan: *Muslimsein in Europa*, Marburg 2001, S. 183–186.
6 Siehe Adel Khoury: *Toleranz im Islam*, München/Mainz 1980, S. 104 bis 108.
7 So in Punkt 10 der »Islamischen Charta« nachzulesen; dies ist aber erst zu verstehen, wenn man den Zusammenhang berücksichtigt.
8 13. Punkt.
9 Näheres bei Ursula Spuler-Stegemann: »Die Islamische Charta und Probleme der Migration«, in: R. Meier-Walser/Rainer Glagow (Hg.): *Die islamische Herausforderung. Illusionen und Realitäten*. Hanns-Seidel-Stiftung, München 2002, S. 158–168.

10 Für Ostdeutschland siehe die *taz* vom 21.1.2004 und M. Rohe: »The Formation of a European Shari'a«, in: Jamal Malik (Hg.): *Muslims in Europe. From the Margin to the Centre*, Religionswissenschaft. Forschung und Wissenschaft, Bd. 1, Münster u.a. 2004, S. 161–184.

11 M. Rohe: »The Formation of a European Shari'a«, in: Jamal Malik (Hg.): *Muslims in Europe. From the Margin to the Centre*, Religionswissenschaft. Forschung und Wissenschaft, Bd. 1, Münster u.a. 2004, S. 161–184; ders.: *Der Islam. Alltagskonflikte und Lösungen. Rechtliche Perspektiven*. Freiburg, 2001.

12 Dazu J. Oebbecke: »Das deutsche Recht und der Islam«, in: A. Th. Khoury/P Heine/J. Oebbecke: *Handbuch Recht und Kultur des Islams*, Gütersloh 2000, S. 287–327.

13 Mathias Rohe: *The Formation*, S. 165.

14 Hasan Arikan: *Der kurzgefasste Ilmihal. Illustriertes Gebetslehrbuch*, hg. vom Verband der Islamischen Kulturzentren Köln 1998, S. 149.

15 Ahmet Senyurt: »Bei Kilometer 82 endet die Freiheit« in: *taz* vom 13. Juli 2000.

16 Dazu U. Spuler-Stegemann: *Muslime in Deutschland. Informationen und Klärungen*. ^{3}2002, S. 181–183.

17 Die Scheidungsformel lautet: »Du sollst mir sein wie der Rücken meiner Mutter«.

18 Dazu Christine Schirrmacher, S. 159ff.

19 Auch in Tunesien ist z.B. die Adoption gestattet.

20 Zur Person siehe http//www.islam-pure.de/imam_d/0043htm, abgerufen am 29. Juli 2004.

21 10. Dezember 2002, http://islam-pure.de/risala2/medizinische_angelegenheiten.htm

22 Siehe dazu Adel Theodor Khoury: Abtreibung, in: A. Th. Khoury/P. Heine/J. Oebbecke: *Handbuch Recht und Kultur des Islams*, Gütersloh 2000, Kap. XXXI Abtreibung, S. 242–256.

23 Die Weltbevölkerungskonferenz in Kairo von 1995 offenbarte die gleiche Position der muslimischen religiösen Vertreter, die auch die römisch-katholische Kirche vertritt.

24 »Diyanet Aylik Dergisi« des Diyanet Isleri Baskanligi vom Dezember 2002, S. 36–40.

25 Zu finden unter www.tsd.org.tr und dessen weiterführenden Links, zuletzt abgerufen am 16. Mai 2004.

26 Diese Stelle bezieht sich auf Sure 2, 223 »*Eure Frauen sind euch ein Acker. Geht zu eurem Acker, wo immer ihr wollt.*«

27 http://www.islamauskunft.de/ehe/eh0004.htm bezieht sich auf eine Fatwa von Shaltut, auf die sich Qaradawi in seinem Buch *Erlaubtes und Verbotenes* stützt.

28 Dazu Krawietz, Birgit: *Die Hurma. Schariarechtlicher Schutz vor Eingriffen in die körperliche Unversehrtheit nach arabischen Fatwas des 20. Jahrhunderts*, Schriften der Rechtstheorie, Heft 145, Berlin 1991, S. 210–221.

29 Siehe www.enfal.de/retorte.htm, einer islamistischen Richtung, abgerufen am 24. Februar 2004.

30 Siehe dazu den Artikel von Holger Tillmann: »Embryonenschutz im Islam«, in: *Frankfurter Allgemeine Zeitung* vom 20. Dezember 2001

31 http://www.mpil.de/de/Taet2003/tat03_10.cfm zur Tagung des Max-Planck-Instituts für ausländisches öffentliches Recht und Völkerrecht Heidelberg – Tätigkeitsbericht für das Jahr 2003, abgerufen am 2. Mai 2004.

32 http://www.islamonline.net/fatwa/english/FatwaDisplay.asp?hFatwaID=46058, abgerufen am 2. Mai 2004, und die »*Verlautbarung der Islamic Fiqh Academy (Jedda) zum Klonen*«, abgerufen am 20. Mai 2004 unter der auch für PID und andere Fragen sehr wichtigen Internet-Adresse http://www.ruhr-uni-bochum.de/kbe/islaml.pdf.

33 Für viele andere der damalige Mufti von Ägypten, Sayyid Muhammad al-Tantawi, in »Mufti hält Schönheitsoperationen für unvereinbar mit Islam«, in: *Frankfurter Allgemeine Zeitung* vom 29. Januar 1996.

34 Dies wurde mir von einem der anwesenden Ärzte berichtet.

35 Siehe dazu U. Spuler-Stegemann: »Mädchenbeschneidung«, in: G. M. Klinkhammer/St. Rink/T. Frick: *Kritik an Religionen*, Marburg 1997, S. 213f.

36 Nawal El Saadawi: *Tschador. Frauen im Islam*, Bremen 1991, S. 9f.; siehe auch: *Fundamentalismus gegen Frauen. Die »Löwin vom Nil« und ihr Kampf für die Menschenrechte der Frau*, Hugendubel/Diederichs 2002.

37 Z.B. E. Ismail/M. Makki: *Women of the Sudan*, Bendesdorf 1990; H. Lightfoot-Klein: *Das grausame Ritual. Sexuelle Verstümmelung afri-*

kanischer Frauen, Frankfurt a.M. 1992; Christine Beck-Karrer: *»Löwinnen sind sie« – Gespräche mit somalischen Frauen und Männern über Frauenbeschneidung*, Bern 1996.; P. Schnüll: *Weibliche Genitalverstümmelung*, Terre des Femmes-Selbstverlag, Göttingen 1999; R. M. Lang: *Die rechtlichen Probleme im Zusammenhang mit der weiblichen Genitalverstümmelung*. Bern/Frankfurt u.a. 2000

38 Z.B. »Bolokoli. Mädchenbeschneidung in Mali«, Regie Rita Erben, aufgenommen im Jahr 2000 (29 Min.). In Mali werden immer noch 95 Prozent der Mädchen beschnitten. Doch der Kampf dagegen ist aufgenommen.

39 Waris Dirie: *Wüstenblume*, München 1998.

40 M. Baumgart: *Wie Frauen Frauen sehen. Westliche Forscherinnen bei arabischen Frauen*, Frankfurt a.M. 1989, S. 51.

41 Siehe die Website von UNICEF http://www.unicefch/update/d/pdf/spenden/maedchenbeschneidung.pdf, abgerufen am 1. Juli 2004.

42 Siehe http://www.zeit.de/buecher/buchmesse/leseproben/sommer.html, abgerufen am 28. Juni 2004.

43 Sevim Asimgil: *Benim Müslümân Yavrum* (Mein muslimisches Kleinkind), Istanbul 1991, S. 36 mit Anm. 72 und 73.

44 Siehe S. Trimingham: *Islam in the Sudan*, London 1949, S. 182, Anm. 3.

45 http://wwwislaminstitut.de/index.php?templateid=artikel&id=50

46 »Ein Verstoß gegen den Islam. Mufti in Ägypten verurteilt Beschneidung bei Mädchen. Eine Kampagne?«, in: *Frankfurter Allgemeine Zeitung* vom 2. Februar 1996.

47 Ebd. Auch aus Ägypten kamen ähnliche Meldungen.

48 Birgit Krawietz: *Die Hurma. Schariarechtlicher Schutz vor Eingriffen in die körperliche Unversehrtheit nach arabischen Fatwas des 20. Jahrhunderts*, Schriften zur Rechtstheorie, Bd. 145, Berlin 1991, S. 128–130.

49 http://www.intact-ev.de/pages/FRAME2.HTM

50 Er tritt u.a. auch die Gegenthese gegen Peter Heine an, der erklärte, Ehrenmorde hätten nichts mit dem Islam zu tun; doch der Islam hat seinen Anteil daran. Siehe Herbert L. Müller: »›Ehrenmorde‹ und ›Taqiya‹. Anmerkungen zu tabuisierten Phänomenen im Zusammenhang mit der Migration aus Ländern des islamischen Kulturkreises«, in: Hans-Georg Ebert/Thoralf Hanstein (Hg.): *Beiträge zum Islami-*

schen Recht II, Frankfurt am Main 2003 (Leipziger Beiträge zur Orientforschung 12), S. 79f.

51 Ebd., S. 79.

52 Siehe die *Tageszeitung, taz*, vom 3. Juli 2004.

53 So der Psychiater Aytekin Sir an der Universität in Diyarbakir, zitiert von Christiane Schlützer: »Ehrenmorde in der Türkei: Wie Gewalt ein Leben zerschneiden kann«, in: *Süddeutsche Zeitung* vom 19. Januar 2004.

54 Abkürzung von Kadin Merkezi, »Frauen-Zentrum«.

55 So die *Milliyet* vom 17.10.2003.

56 Martin van Bruinessen: Innerkurdische Herrschaftsverhältnisse: Stämme und religiöse Bruderschaften. http://www. let.uu.nl/-martin.vanbruinessen/personal/publications/ innerkurdische_herrschaft.htm bzw. epd-Dokumentation (Evangelischer Pressedienst) 7/2003, S. 10.

57 »Imam verurteilt«, in: *Die Welt* vom 15. Januar 2004; ferner http://www.ndrtv.de/panorama/forum/index.phtml?forum= &thread=4684&id=4914.

58 So die *Neue Zürcher Zeitung* vom 23. April 2004, http://www.nzz.ch/2004/04/23/al/page-newzzDTEA9TCI-12.html.

59 So *Deutsches Pfarrerblatt*, 1/2001.

60 Siehe dazu Christine Schirrmacher, S. 107ff.

61 Yusuf al-Qaradawi: *Erlaubtes und Verbotenes im Islam*, München 1989, S. 174f.

62 »Wie züchtigt der Gläubige seine Ehefrau?«, in: *Stuttgarter Nachrichten* vom 1. August 2000.

63 So das Landesamt für Verfassungsschutz Hessen in seinem Jahresbericht 2003, S. 30, unter Bezugnahme auf die *Süddeutsche Zeitung* vom 11. Dezember 2001.

64 Die Internetadresse http://www.islamauskunft.de/ehe/eh0006.htm, zu der man über Links der Hochschulzeitschrift *dunia (Die Welt)* kam, ist gelöscht. In einer Fernsehsendung von »Kontraste« in ARD bekannte sich Abdulkarim Grimm zu diesem Text. Vgl. dazu die Sendung von Anja Dehne und Ahmet Senyurt: »Scharia in Deutschland. Wie muslimische Fanatiker unbehelligt zu Gewalt aufrufen«, in: ARD »Kontraste« vom 13. Mai 2004.

Die Umsetzung der Scharia in der Welt – einige Beispiele

1 Terre des Femmes: Allgemeine Informationen zu »Verbrechen im Namen der Ehre« aus dem Info-Paket zur Jahreskampagne 2004/2005 *NEIN zu Verbrechen im Namen der Ehre*. Stand: Februar 2004, S. 2, abrufbar unter eilaktion@ frauenrechte.de. Mein Dank gilt Terre des Femmes für die sehr freundliche Unterstützung.

2 *Le Monde diplomatique* vom 15. Juni 2001.

3 Ebd. Der Text der *Le Monde diplomatique* ist etwas missverständlich, weil er den Anschein vermitteln könnte, dass die Ermordung u.a. durch Mitgiftjäger mehr Sinn macht als unbegründeter Mord.

4 Ebd.

5 Viele auf Berichte von amnesty international beruhende Falldarstellungen sind aufgelistet unter http://mitglied.lycos.de/focusfrauen/ Ehrenmorde.htm, abgerufen am 7. Juli 2004.

6 *taz* Nr. 6928 vom 12. Dezember 2002.

7 Ehsan Shadiq: *Violence Against Women*, Islamabad 2003, S. 21.

8 Siehe dazu das Shikat Gah Womens Resource Centre in Hyderabad, Pakistan, abrufbar unter http://www.frauenechte.de/themen/ ehrenmorde/allgemeines.html, abgerufen am 6.7.2004.

9 In dem Film von Olenka Frenkiel »Tödliche Liebe. Schicksale muslimischer Frauen in Pakistan», WDR als BBC-Doku, gesendet am 11. Januar 2000.

10 Dokumentiert u.a. durch den 30-minütigen Film: »Für immer entstellt. Säureattentate in Bangladesch«. Er wurde in der Sendereihe »Mona Lisa« am 1. Dezember 1999 in 3sat ausgestrahlt.

11 Die dpa-Meldung war u.a. nachzulesen in: *taz* vom 3. März 2002.

12 http://www.amnesty-muenchen.de/frauenrechte/index.php4?subcase=themen&subsubcase=2, abgerufen am 10. Juli 2004.

13 http://www.huda.de/frauenklagenan/5006459408124ab03.html, abgerufen am 9. Juli 2004.

14 Muhammad Yunus, Wirtschaftsprofessor aus Bangladesch und Gründer der Grameen-Bank (übersetzt: ›Dorf-Bank‹), zitiert in http:// home.t-online.de/home/humanist.aktion/ grameen.htm, wiederum

zitiert in: *Bankspiegel* 3/90 der GLS-Gemeinschaftsbank eG – Internet: www.gemeinschaftsbank.de. Die Bank-Homepage lautet: http://www. grameen-info.org/. Seine in viele Sprachen übersetzte Autobiografie *Banker to the Poor* erschien unter dem Titel *Grameen. Eine Bank für die Armen der Welt* 1998 in Mönchengladbach.

15 Ein Beispiel für Kleinkredite bietet auch: http://horyzon.ch/projects/bangladeschde.html.

16 Wer unter dem Steinhagel entfliehen kann, was technisch schier unmöglich ist, gilt als unschuldig und bleibt straffrei. – Die zuletzt über ein 13-jähriges Mädchen, das von dem zwei Jahre älteren Bruder geschwängert worden war, verhängte Todesstrafe durch Steinigung wurde im Oktober 2004 durch 55 Peitschenhiebe nach der Geburt des Kindes ersetzt. Der Bruder blieb straffrei. Siehe auch den prätentiösen Artikel von Katajun Amirpur, »Eine Hinrichtung, die weniger grausam sein soll« in der *Süddeutschen Zeitung* vom 25. August 2004.

17 Mit einem Eklat und Freispruch endete im Juli 2004 der Prozess gegen einen Justizbeamten und Geheimagenten, der wegen der Ermordung von Zahra Kazemi angeklagt worden war. Der iranisch-kanadischen Fotojournalistin war u.a. Verbreitung staatsfeindlicher Propaganda vorgeworfen worden, weil sie Aufnahmen von dem berüchtigten Evrin-Gefängnis gemacht hatte. Das Anwaltsteam unter Schirin Ebadis Leitung vertrat die Mutter der Ermordeten. – Dies war nur einer von vielen spektakulären Fällen, die ihre Zivilcourage erforderten.

18 Siehe dazu Wolfgang Günter Lerch: »Schirin Ebadi. Kämpferin für Reformen«, in: *Frankfurter Allgemeine Zeitung* vom 11. Oktober 2003. Ebadi hatte 1996 den Human Rights Watch Award und 2001 den norwegischen Rafto-Preis zur Förderung der Zivilgesellschaft erhalten. Siehe ferner Katajun Amirpur: *Gott ist mit den Furchtlosen. Schirin Ebadi – Die Friedensnobelpreisträgerin und der Kampf um die Zukunft Irans*. Freiburg. 2. Auflage 2003.

19 Siehe das von Alain-Xavier Wurst mit Schirin Ebadi geführte Interview: »Die Frauen haben die Demokratie immer verteidigt«, in: *Die Zeit* vom 12. Oktober 2003.

20 S. Güsten: »Ohne Mädchen. Trotz Schulpflicht bleiben in der Tür-

kei 650 000 Mädchen daheim«, in: »Weltspiegel« vom 22. September 2003.

21 Heide Wedel: a.a.O.

22 Ebd.

23 Dies berichtet die »Aksam« vom 6. Mai 2003.

24 Siehe dazu *Jungle World* vom 1. August 2001.

Frauen im öffentlichen Leben

1 Dazu Nilüfer Göle: *Republik und Schleier. Die muslimische Frau in der modernen Türkei*, Berlin 1993. S. 138f. Türkei« (Originalausgabe: *Modern mahrem*, Istanbul 1991)

2 Die Vita von Shazia Mirza und einige ihrer Artikel in der *Birmingham Evening Mail* findet man unter http://www. shaziamirza.org/main.html.

3 Siehe dazu Ulrike Ruppel: »Mit Kopftuch und britischem Humor«, in: *Berliner Zeitung* vom 15. Januar 2003.

Literatur

Abadan-Unat, Nermin (Hg.): *Die Frau in der türkischen Gesellschaft.* Dagyeli: Frankfurt, 1985

Abd-Elrahim, Gaafer M.: *The Concept of Punishment in Islamic Law in Relation to Contemporary Legal Trends.* Dissertation UMI: Ann Arbor/Michigan, Cincinnati, Ohio, 1987

Abu-Lughod, Lila (Hg.): *Remaking Women. Feminism and Modernity in the Middle East.* Princeton University Press: Princeton/New Jersey, 1998

Aguda, Akinola T. (Hg.): *The Marriage Laws of Nigeria.* National workshop. Papers presented, held at the Nigerian Institute of Advanced Legal Studies. The Nigerian Institute of Advanced Legal Studies: Lagos/Nigeria 1981

El Alami, Dawoud Sudqi: *The Marriage Contract in Islamic Law in the Shari'ah and Personal Status Laws of Egypt and Morocco.* Arab and Islamic Laws Series. Graham & Trotman: London, 1992

El Alami, Dawoud/Hinchcliffe, Doreen: *Islamic Marriage and Divorce Laws of the Arab World.* Cimel/Kluwer Law International: London, 1996

El Azhary Sonbol, Amira: »Law and Gender Violence in Ottoman and Modern Egypt«. In: Fernea, Elizabeth Warnock: *Women, the Family and Divorce Laws in Islamic History.* Hg. von Amira El Azhary Sonbol. Syracuse University Press: Syracuse/New York, 1996, S. 277–289

Ameer Ali, Syed: *Muhammadan Law.* 2 Bde., Kitab Bhavan: New Delhi, ^{7}1976/1986

El-Awa, Mohamed S.: *Punishment in Islamic Law: A Comparative Study.* American Trust Publications: Indiana/USA, 1993

Baffoun, Ayla: »Woman and Social Change in the Muslim Arab World«. In: al-Hibri,Azizah (Hg.): *Women and Islam*. Pergamon Press: Oxford, 1982, S. 227–242

El-Bahnassawi, Salim: *Die Stellung der Frau zwischen Islam und weltlicher Gesetzgebung*. SKD Bavaria Verlag: München, 1993

Bakhtiar, Laleh: *Encyclopedia of Islamic Law. A Compendium of the Major Schools*. ABC International Group/Kazi Publications: Chicago/Illinois, 1996

Balewa, B. A. T.: *Common Law and Sharia in Nigeria: An unresolved Problem of Coexistence*. Fourth Dimension Publishing: Enugu/Nigeria, 2000

El Baradie, Adel: *Gottes-Recht und Menschenrecht. Grundlagenprobleme der islamischen Strafrechtslehre*. Nomos: Baden-Baden, 1983

Baroody, George M. (Übers.): *Crime and Punishment under Islamic Law, being a translation from Manar al-sabil in explanation of the text al-dalal in accordance with the School of the Imam Ahmad ibn Hanbal by Shaykh Ibrahim ibn Muhammad ibn Salim ibn Dayan*. Kairo, 1961

Bercher, Léon: *Les délits et les peines de droit commun prévus par le Coran, leur réglementation dann les rites malékite, chaféite et hanéfite*. Société Anonyme de l'imprimerie rapide: Tunis, 1926

Biehl, Frauke/Kabak, Sevim: *Muslimische Frauen in Deutschland erzählen über ihren Glauben*. Gütersloher Verlagshaus: Gütersloh, 1999

Bilgin, Beyza: »Das emanzipatorische Potential des Islams«. In: Schöning-Kalender, Claudia/Neusel, Ayla/Jansen, Mechthild M. (Hg.): *Feminismus, Islam, Nation. Frauenbewegungen* im *Maghreb*, in *Zentralasien und in der Türkei:* Campus Verlag: Frankfurt, 1997, S. 199–216

Bliss, Frank: *Frau und Gesellschaft* in *Nordafrika. Islamische Theorie und gesellschaftliche Wirklichkeit*. Arbeitsmaterialien für den landeskundlichen Unterricht, Heft 8. Deutsche Stiftung für internationale Entwicklung: Bad Honnef, 1986

Breuer, Rita: *Familienleben im Islam. Traditionen, Konflikte, Vorurteile*. Herder: Freiburg, ^{4}2002

Byang, Danjuma: *Shari'a* in *Nigeria. A Christian Perspective*. Challenge Press: Jos/Nigeria, 1988

Carra de Vaux, B./Schacht, J.: »hadd«. In: *Encyclopedia of Islam*. Bd. 3, E. J. Brill: Leiden, 1986, S. 20–21

Coulson, N. J.: *A History of Islamic Law.* Edinburgh University Press: Edinburgh, 1964
Dilger, Konrad: »Tendenzen der Rechtsentwicklung«. In: Ende, Werner/Steinbach, Udo (Hg.): *Der Islam in der Gegenwart.* Verlag C. H. Beck: München, ^{4}1996, S. 186–212
Doi, 'Abdul Rahman L: *Woman in Shari'ah (Islamic Law)*.Ta-Ha Publishers: London, 1996
Doumato, Eleanor Abdella: »Women in Saudi-Arabia: Between Breadwinner and Domestic Icon?« In: Joseph, Suad/Slyomovics, Susan (Hg.): *Women and Power in the Middle East.* University of Pennsylvania Press: Philadelphia/Pennsylvania, 2001, S. 166–175
Ebert, Hans-Georg: »Zur Anwendung der shari'a in Libyen«. In: *Zeitschrift der Deutschen Morgenländischen Gesellschaft,* 143/1993, S. 362 bis 370
Ebert, Hans-Georg: *Das Personalstatut arabischer Länder. Problemfelder, Methoden, Perspektiven. Ein Beitrag zum Diskurs über Theorie und Praxis des Islamischen Rechts.* Leipziger Beiträge zur Orientforschung Bd. 7. Peter Lang: Frankfurt, 1996
Ebert, Hans-Georg: »Wider die Schließung des ›Tores des igtihad‹: Zur Reform der Sari'a am Beispiel des Familien- und Erbrechts.« In: *Orient,* 43/2002, S. 365–381
Emekwue, Henry: *Sharia in Nigeria.* Snaap Press: Enugu/Nigeria, 2000
Engineer, Ashgar Ali: *The Rights of Women in Islam.* C. Hurst & Company: London, 1992
Esposito, John L.: *Women in Muslim Family Law.* Syracuse University Press: Syracuse/New York, 1982
Fasola, Lawrence F.: *Shari'a Controversy in Nigeria: A Christian Response.* Pomik Nigeria Limited: Ibadan/Nigeria, 2001
Fernea, Elizabeth Warnock: *Women, the Family and Divorce Laws in Islamic History.* Hg. von Amira El Azhary Sonbol. Syracuse University Press: Syracuse/New York, 1996
Fluehr-Lobban, Carolyn: *Islamic Law and Society in the Sudan.* Frank Cass: London, 1997
Gilani, Riazul Hasan: »A Note on Islamic Family Law and Islamization in Pakistan«. In: Mallat, Chibli/Connors, Jane (Hg.): *Islamic Family Law.* Graham & Trotman. London: 1990/1993, S. .339–347

Goodwin, Jan: »*Der Himmel der Frau ist unter den Füßen ihres Mannes*«. *Muslimische Frauen erzählen*. Fischer: Frankfurt, 1994

Gräf, Erwin/Krüger, Hilmar: »Rechtsschulen«. In: *Lexikon der Islamischen Welt*. Hg. von Klaus Kreiser und Rotraud Wielandt, Verlag W. Kohlhammer: Stuttgart, 1992. S. 231–235

Gräf, Erwin/Krüger, Hilmar: »Recht«. In: *Lexikon der Islamischen Welt*. Hg. von Klaus Kreiser und Rotraud Wielandt, Verlag W. Kohlhammer: Stuttgart, 1992. S. 225–231

Gräf, Erwin: »Die Todesstrafen des islamischen Rechts«. In: *Bustan*. (Wien) Heft 4/1962. S. 8–22 und Heft 1/1965. S. 9–22

Gribetz, Arthur: *Strange Bedfellows: Mut'at al-nisa' and Mut'at al-hajj. A Study based on Sunni and Shi'i Sources of Tafsir, Hadith and Fiqh*. Islamkundliche Untersuchungen, 180. Klaus Schwarz: Berlin, 1994

Griffel, Frank: *Apostasie und Toleranz im Islam. Die Entwicklung zu al-Ghazalis Urteil gegen die Philosophie und die Reaktionen der Philosophen*. E. J. Brill: Leiden, 2000

Gruenbaum, Ellen: »Sudanese Women and the Islamist State«. In: Joseph, Suad/Slyomovics, Susan (Hg.): *Women and Power in the Middle East*. University of Pennsylvania Press: Philadelphia/Pennsylvania, 2001, S. 115–125

Haeri, Shahla: *Law of Desire. Temporary Marriage in Shi'i Iran*. Syracuse University Press: Syracuse/ New York, 1989

Haeri, Shahla: »Divorce in Contemporary Iran: A Male Prerogative in Self-Will«. In: Mallat, Chibli/Connors, Jane (Hg.): *Islamic Family Law*. Graham & Trotman. London: 1990/1993, S. 55–69

Hallaq, Wael B.: *A History of Islamic Legal Theories*. Cambridge University Press: Cambridge, 1997

Hallaq, Wael. B.: »Was the Gate of Ijtihad closed?« In: *International Journal of Middle East Studies*, 16/1984, S. 3–41

Hasan, Ahmad: *The Principles of Islamic Jurisprudence*. Bd. 1. Islamic Research Institute, International Islamic University: Islamabad, 1983

Hassan, Riffat: »Feministische Interpretationen des Islams«. In: Schöning-Kalender, Claudia/Neusel, Ayla/Jansen, Mechthild M. (Hg.): *Feminismus, Islam, Nation. Frauenbewegungen im Maghreb, in Zentralasien und in der Türkei*. Campus Verlag: Frankfurt, 1997, S. 217–233

Heine, Peter: *O ihr Musliminnen … Frauen in islamischen Gesellschaften*. Herder: Freiburg, 1993

al-Hibri, Azizah (Hg.): *Women and Islam*. Pergamon Press: Oxford, 1982

Hodkinson, Keith: *Muslim Family Law. A Sourcebook*. Croom Helm: London, 1984

Jag Jivan, Jennifer: »Im Namen der Ehre«. In: *Länderheft Pakistan*. Evangelisches Missionswerk in Deutschland (EMW): Hamburg, 2002, S. 141–148

Jastrow, Morris: »Veiling in Ancient Assyria«. In: *Révue archéologique. V.* Sér. XIV/1921. S. 209–238

Joseph, Suad/Slyomovics, Susan (Hg.): *Women and Power in the Middle East*. University of Pennsylvania Press: Philadelphia/Pennsylvania, 2001

Kamali, Mohammad Hashim: *Law in Afghanistan. A Study of Constitutions, Matrimonial Law and the Judiciary*. Social, Economic and Political Studies of the Middle East, Bd. 36. E. J. Brill: Leiden, 1985

Khoury, Adel Theodor (Übers.): *So sprach der Prophet. Worte aus der islamischen Überlieferung*. Gütersloher Verlagshaus Gerd Mohn: Gütersloh, 1988

Khoury, Adel Theodor/Heine, Peter/Oebbecke, Janbernd: *Handbuch Recht und Kultur des Islams in der deutschen Gesellschaft*. Gütersloher Verlagshaus: Gütersloh, 2000

König, Karin: *Tschadar, Ehre und Kulturkonflikt. Veränderungsprozesse türkischer Frauen und Mädchen durch die Emigration und ihre soziokulturellen Folgen*. Verlag für interkulturelle Kommunikation: Frankfurt, ³1994

Klinkhammer, Gritt: *Moderne Formen islamischer Lebensführung. Eine qualitativ-empirische Untersuchung zur Religiosität sunnitisch geprägter Türkinnen in Deutschland*. Diagonal: Marburg, 2000

Knieps, Claudia: *Geschichte der Verschleierung der Frau im Islam*. Ergon Verlag:Würzburg, 1993

Krawietz, Birgit: *Die Hurma. Schariarechtlicher Schutz vor Eingriffen in die körperliche Unversehrtheit nach arabischen Fatwas des 20. Jahrhunderts*. Schriften zur Rechtstheorie, Heft 145. Duncker & Humblot: Berlin, 1991

Layish, Aharon: *Women and Islamic Law in a Non-Muslim State. A Study based an Decisions of the Shari'a Courts in Israel.* Shiloah Center for Middle Eastern and African Studies: Tel Aviv, 1975

Layish, Aharon/Warburg, Gabriel R.: *The Reinstatement of Islamic Law in Sudan under Numairi. An Evaluation of Legal Experiment in the Light of its Historical Context, Methodology, and Repercussions.* Studies in Islamic Law and Society. Bd. 16, E. J. Brill: Leiden, 2002

Lemsine, Aicha: *Die Entpuppung.* Rowohlt: Reinbek, 1996

Lemu, B. Aicha/Heeren, Fatima: *Woman in Islam.* The Islamic Foundation: Leicester, 1978

Lightfood-Klein, Hanny: *Prisoners of Ritual. An Odyssey into Female Genital Circumcision in Africa.* Harrington Park Press: NewYork, 1989

Lightfood-Klein, Hanny: *Das grausame Ritual. Sexuelle Verstümmelung afrikanischer Frauen.* Fischer: Frankfurt, 2001

Löschner, Harald: *Die Dogmatischen Grundlagen des Shi'itischen Rechts.* Erlanger Juristische Abhandlungen Bd. 9. Carl Heymanns Verlag: Köln, 1971

Lohlker, Rüdiger: *Schari'a und Moderne. Diskussionen zum Schwangerschaftsabbruch, zur Versicherung und zum Zinswesen.* Franz Steiner: Stuttgart, 1996

Mahmood, Yahaya (Hg.): *Sharia Law Reports of Nigeria.* Bd. 1 (1961–1989). Spectrum Books Ltd.: Ibadan/Nigeria, 1993

Malekian, Farhad: *The Concept of Islamic International Criminal Law. A Comparative Study.* Graham &Trotman: London, 1994

Mallat, Chibli/Connors, Jane (Hg.): *Islamic Family Law.* Graham & Trotman: London, 1990/1993

Masri, Ghalib A.: *What About Women in Islam.* Riyadh, 1996

Maududi, S. Abul A'la: *Purdah and the Status of Women in Islam.* Islamic Publications: Lahore, [15]1997

Mernissi, Fatima (Hg.): *Der Harem ist nicht die Welt. Elf Berichte aus dem Leben marokkanischer Frauen.* Luchterhand: Darmstadt, 1988

Mernissi, Fatima: »Virginity and Patriarchy«. In: al-Hibri, Azizah (Hg.): *Women and Islam.* Pergamon Press: Oxford, 1982, S. 183–192

Minai, Naila: *Schwestern unterm Halbmond. Muslimische Frauen zwischen Tradition und Emanzipation.* Klett-Cotta: Stuttgart, 1984

Mir-Hosseini, Ziba: *Marriage on Trial. A Study of Islamic Family Law.* I. B.Tauris Publishers: London, 1993/2000

Motzki, Harald: *Die Anfänge der islamischen Jurisprudenz. Ihre Entwicklung in Mekka bis zur Mitte des 2. /8. Jahrhunderts*. Deutsche Morgenländische Gesellschaft. Kommissionsverlag Franz Steiner: Stuttgart, 1991

al-Muhairi, Butti Sultan Butti Ali: »Islamisation and modernisation within the UAE Penal Law: Shari'a in the Modern Era«. In: *Arab Law Quarterly*, 11/1996, S. 34–49

Murata, Sachiko: *Temporary Marriage (Mut'a) in Islamic Law*. Ansarian Publications: Ghom/Iran, 1991

Mutahhari, Murtada: *The Rights of Women in Islam*. World Organization for Islamic Services: Teheran, 1981

Nagel, Tilman: *Das islamische Recht. Eine Einführung*. WVA-Verlag Skulima: Westhofen, 2001

Nagel, Tilman: *Der Koran. Einführung – Texte – Erläuterungen*. Verlag C. H. Beck: München, 1983

Nasir, Jamal J.: *The Islamic Law of Personal Status*. Graham & Trotman: London, 1986

Nasir, Jamal J.: *The Status of Women under Islamic Law and under Modern Islamic Legislation*. Arab and Islamic Laws Series. Graham & Trotman: London, 1990

Newton, P./Rafiqul Haqq, M.: *The Place of Women in Pure Islam*. Pioneer Book Company: Caney/Kansas, ^{3}1994

Nwogugu, E. I.: *Family Law in Nigeria*. Heinemann Educational Books (Nigeria): Ibadan, 1974/1985

Pearl, David: *A Textbook on Muslim Law*. Croom Helm: London, 1979

Pearl, David/Menski,Werner: *Muslim Family Law*. Sweet & Maxwell: London, 1998

Pearl, David: »Three Decades of Executive Legislative and Judicial Amendments to Islamic Family Law in Pakistan«. In: Mallat, Chibli/Connors, Jane (Hg.): *Islamic Family Law*. Graham & Trotman. London, 1990/1993, S. 321–337

Peters, Ruud: *The Reintroduction of Islamic Criminal Law in Northern Nigeria*. A Study conducted on behalf of the European Commission. Lagos/Nigeria, 2001

Qureshi, M. A.: *Muslim Law of Marriage, Divorce and Maintenance*. Deep & Deep Publications: New Delhi, 1992

Radtke, Bernd: »Der sunnitische Islam«. In: Ende, Werner/ Steinbach, Udo (Hg.): *Der Islam in der Gegenwart.* Verlag C. H. Beck: München, 1984. S. 54–69

Ibn Rassoul, Abu-r-Rida' Muhammad Ibn Ahmad: *Handbuch der muslimischen Frau.* Verlag Islamische Bibliothek: Köln, 1996

Rauscher, Thomas: *Shari'a. Islamisches Familienrecht der sunna und shi'a.* Verlag für Standesamtwesen: Frankfurt, 1987

Reuter, Bärbel: *Gelebte Religion. Religiöse Praxis junger Islamistinnen in Kairo.* Ergon: Würzburg, 1999

Rohe, Mathias: *Der Islam – Alltagskonflikte und Lösungen.* Herder: Freiburg, 2001

El Saadawi, Nawal: »Woman and Islam«. In: al-Hibri,Azizah (Hg.): *Women and Islam.* Pergamon Press: Oxford, 1982, S. 193–206

Sadat, Jehan: *Ich bin eine Frau aus Ägypten.* Heyne: München, [13]1987

Sahih al-Bukhari: *Arabic-English*, Bd. 1, hg. von Dr. Muhammad Muhsin Khan. Kitab Bhavan: New Delhi, 1984

Salem, Isam Kamel: *Islam und Völkerrecht. Das Völkerrecht in der islamischen Weltanschauung.* Express Edition: Berlin, 1984

Sanad, Nagaty: *The Theory of Crime and Criminal Responsibility in Islamic Law: Shari'a.* Office of International Criminal Justice: Chicago/Illinois, 1991

Schacht, Joseph: *An Introduction to Islamic Law.* Clarendon Press: Oxford, 1996

Schacht, J.: »Kisas«. In: *Encyclopaedia of Islam*, Bd. V., E. J. Brill: Leiden, 1986, S. 177–180

Schacht, J. »Katl«. In: *Encyclopaedia of Islam*, Bd. IV, E. J. Brill: Leiden, 1990, S. 766–772

Schöning-Kalender, Claudia/Neusel, Ayla/Jansen, Mechthild M. (Hg.): *Feminismus, Islam, Nation. Frauenbewegungen im Maghreb, in Zentralasien und in der Türkei.* Campus Verlag: Frankfurt, 1997

Shabbir, Shaikh: *Muslims and Family Planning.* Dattsons: Nagpur, 1991

Shaham, Ron: »Judicial Divorce at the Wife's Initiative: The Shari'a Courts in Egypt, 1920–1955«. In: Johansen, Baber u. a. (Hg.): *Islamic Law and Society*, Bd. I. E. J. Brill: Leiden, 1994, S. 217 bis 253

Shaham, Ron: *Family and the Courts in Modern Egypt. A Study based on Decisions by the Shari'a Courts 1900–1955.* E. J. Brill: Leiden, 1997

Shaheed, Abdul Qader: *'Oudah. Criminal Law of Islam.* 3 Bde. International Islamic Publishers: New Delhi, 1991

Spies, O./Fritsch, E.: »Klassisches Islamisches Recht. 1. Wesen des Islamischen Rechts«. In: *Handbuch der Orientalistik.* Abt. 1. Ergänzungsband, 3. Orientalisches Recht. E. J. Brill: Leiden, 1964. S. 220–343

Spuler-Stegemann, Ursula: *Muslime in Deutschland. Informationen und Klärungen.* Herder: Freiburg, ³2002

Stowasser, Barbara Freyer: »Women and Citizenship in the Qur'an«. In: Fernea, Elizabeth Warnock: *Women, the Family and Divorce Laws in Islamic History.* Hg. von Amira El Azhary Sonbol. Syracuse University Press: Syracuse/NewYork, 1996, S. 23–38

Sunan Abu Dawud: English translation with explanatory Notes by Ahmad Hasan. Bd. III. Sh. Muhammad Ashraf: Lahore, 1984

Tellenbach, Silvia: *Strafgesetze der Islamischen Republik Iran.* Walter de Gruyter: Berlin, 1996

Tawil, Raymonda: *Mein Gefängnis hat viele Mauern. Eine Palästinenserin berichtet.* Verlag Neue Gesellschaft: Bonn, 1979

Tucker, Judith E.: *In the House of the Law. Gender and Islamic Law in Ottoman Syria and Palestine.* University of California Press: Berkeley/Kalifornien, 1998

Vagt, Holger: *Die Frau in Saudi-Arabien zwischen Tradition und Moderne.* Klaus Schwarz Verlag: Berlin, 1992

Vatandoust, Gholam-Reza: »The Status of Iranian Women during the Pahlavi Regime«. In: Ashgar Fathi (Hg.): *Women and the Family in Iran. Social, Economic and Political Studies of the Middle East.* Bd. XXXVIII. E. J. Brill: Leiden, 1985. S. 107–130

Waletzki, Stephanie: *Ehe und Ehescheidung in Tunesien.* Klaus Schwarz Verlag: Berlin, 2001

Walther, Wiebke: »Die Frau im Islam heute«. In: Ende, Werner/Steinbach, Udo (Hg.): *Der Islam in der Gegenwart.* Verlag C. H. Beck: München, ⁴1996, S. 604–629

Walther, Wiebke: *Die Frau im Islam.* Edition Leipzig: Leipzig, ²1983

Montgomery Watt/Welch, Alford T.: *Der Islam. 1. Mohammed und die Frühzeit, Islamisches Recht, Religiöses Leben.* Die Religionen der Menschheit. Bd. 25,1. W. Kohlhammer: Stuttgart, 1980

Weiss, Anita M.: *Islamic Reassertion in Pakistan. The Application of Islamic*

Laws in a Modern State. Syracuse University Press: Syracuse/New York, 1986

Weiss, Anita M.: »Implications of the Islamization Program for Women«. In: Dies., *Islamic Reassertion in Pakistan. The Application of Islamic Laws in a Modern State*. Syracuse Universiry Press: Syracuse/New York, 1986, S. 97–113

Welchman, Lynn: *Beyond the Code. Muslim Family Law and the Shari'a Judiciary in the Palestinian West Bank*. Kluwer Law International: Den Haag, 2000

Register